Haridas Chaudhuri

Die Lebensprobleme meistern

W0054953

Haridas Chaudhuri

Die Lebensprobleme meistern

Verlag Hinder + Deelmann
Gladenbach

Titel des amerikanischen Originals: *Mastering the Problems of Living*
(First Edition published by Citadel Press, Inc., New York 1968)
© by Bina Chaudhuri

Ins Deutsche übertragen von Ekkehart Kiesel und Rolf Hinder

ISBN: 3-87348-169-3

© 2000 für die deutsche Ausgabe
Verlag Hinder + Deelmann
Gladenbach (Hessen)

Druck: WS-Druckerei Werner Schaubruch GmbH, Bodenheim
Titelbild: *Princely Doorkeeper*, Mahabalipuram, 7. Jh. (Foto: Olivier Barot)
Printed in Germany – Alle Rechte vorbehalten

Inhalt

Mahatma Gandhi gewidmet

Vorwort des deutschen Herausgebers

Das vorliegende Buch soll vor allem einen praktischen Zweck erfüllen. Es soll dem Leser helfen, den Durchblick durch seine inneren Nöte zu finden, und zugleich brauchbare Hinweise auf die Möglichkeiten schöpferischer Bemeisterung und Gestaltung seines Dasein vermitteln. Ein solches Vorhaben bedarf, bei aller tiefen Fundierung im philosophisch-geistigen Wissen unserer Zeit, einer einfachen, klaren, lapidaren Sprache. Zugleich bedarf es der Verankerung in einem umfassenden gesamtgesellschaftlichen Verantwortungsbewußtsein, aus dem Wegweisung heute einzig erfolgen darf. All dies scheint im Vorliegenden gewährleistet.

Der indische Verfasser hat mehrere Jahre in geistiger Nähe zu Sri Aurobindo verbracht. Nach seiner Auswanderung in die USA hat er dort intensiv an der integralen Zusammenführung von westlichen und östlichen Denkweisen gearbeitet. In seinen theoretischen Grundlagen weiß er sich neben den beiden Großen seines Herkunftslandes, Sri Aurobindo und Mahatma Gandhi, dem dieses Buch auch zugeeignet wurde, vor allem zwei großen Europäern deutscher Provenienz, Sigmund Freud und Martin Heidegger, verpflichtet. Aber man würde fehlgehen mit der Annahme, er sei ein Nachbeter. Der Verfasser hat eigenständige Qualität. Er bricht alle Tabus und erarbeitet für eine global zusammenwachsende Welt das jedem Menschen dringend erforderliche Rüstzeug zur Bemeisterung der alltäglich auftretenden Lebensprobleme.

Auch wenn die angebotenen Hilfen bereits vor mehr als dreißig Jahren formuliert wurden, so haben sie doch nichts an Aktualität eingebüßt. Im Gegenteil, sind sie doch in der weltumspannenden Bedrängnis durch Aussicht auf neue Rüstungswettläufe und die Auswirkungen des elektronischen Medienzeitalters noch bedeutsamer und unverzichtbarer geworden. Der Text konnte deshalb unverändert übernommen werden. Lediglich das Vorwort von Dr. R. Gordon Agnew, eigens für die amerikanische Erstausgabe des Buches geschrieben, konnte entfallen. Es diente seinerzeit in erster Linie der aktuellen Würdigung des Verfassers und seiner Bedeutung für die inneramerikanische wissenschaftliche Situation. Abweichend wurden sonst nur die wenigen Anmerkungen des Verfassers hier erst am Schluß des Buches aufgelistet.

Dem Leser unserer deutschsprachigen Ausgabe sei aber noch ein terminologischer Hinweis mit auf den Weg seiner Lektüre gegeben. Der Verfasser, Haridas Chaudhuri, gründet im traditionellen indischen Denken sowie im yogischen Bewußtsein, ist aber ebenso durch Lebensphilosophie, Psychoanalyse und Existentialismus geprägt. Von daher geht es ihm um Erweckung eines integralen (d.h. vollständigen, umgreifenden) Herangehens an die Probleme des Daseins. Er versucht, die anvisierten Tatbestände sowohl *objektiv* wie *existentiell* zu analysieren, wobei das Existentielle sich in den verschiedenen Dimensionen des Daseins verwirkliche. Existenz hat für ihn u.a. – wie er es nennt – eine *ontologische* Dimension. Darunter versteht der Verfasser nichts anderes als den (entscheidenden) *Bezug des Menschen zum Sein selbst* als dem tiefsten Wurzelgrund seiner innerweltlichen Existenz.

Vorwort des Verfassers

Das vorliegende Buch basiert auf Vorlesungen, die ich über die Jahre hin aus zahlreichen Anlässen am East-West Research Center und unter der Schirmherrschaft der Cultural Integration Fellowship in San Francisco gehalten habe. Diese Vorlesungen hatten eher die Form eines fortdauernden Dialoges als die der Darlegung von feststehenden Ansichten. Ich sah in den ängstlichen Fragen der jungen Leute, die unsere Klassen und Vorlesungen besuchten, die Krise unseres Zeitalters sich widerspiegeln. Ich fühlte den Pulsschlag dieser verzweifelt nach dem Sinn des Lebens jenseits von Plattheiten und hochtönendem Blabla suchenden Menschen. Was für einen Sinn haben ethische Vorgaben und religiöse Moralpredigten, wenn sie in keiner Beziehung zu den fundamentalen Lebensproblemen in einer gegebenen historischen Situation stehen? Was für einen Nutzen haben phantastische philosophische Theorien, wenn sie keine Hilfe im Ringen mit den Problemen des Daseins bieten, denen sich der Mensch in den schwierigsten Augenblicken konfrontiert sieht?

Getrennt vom Zusammenhang des aktuellen Lebens verlieren Ethik, Religion und Philosophie tatsächlich jegliche Bedeutung. Sie werden zu Fluchtwegen aus der Wirklichkeit. Sie helfen den Menschen, die brennenden Probleme des Lebens zu umgehen und sich im Reich subjektiven Wunschdenkens selbstgefällig und selbstzufrieden niederzulassen. Bei existentieller Ausrichtung hin-

gegen spielen Ethik, Religion und Philosophie jeweils eine vitale
Rolle für die Entwicklung des menschlichen Selbst. Jede von
ihnen erhellt einen wesentlichen Aspekt der menschlichen Persönlichkeit und wirft Licht auf einen besonderen Bereich des Lebens.
Insgesamt sind sie unentbehrlich für die integrale Entwicklung und
vollständige Verwirklichung des Menschseins.

In diesem Buch werden grundlegende Daseinsprobleme wie
Ego-Zentriertheit und Unreife, Angst und Identität, Depression
und Verzweiflung, Leiden und Tod, menschliche Beziehungen und
das Treffen von Entscheidungen, Selbst-Entfremdung und Einsamkeit besprochen. Häufig sind Verweise auf die Ergebnisse der
modernen Psychologie zu finden, um die Wurzeln dieser Probleme
im menschlichen Gemüt zu erhellen. Aber bloße psychologische
Innenschau genügt nicht für wirkungsvolle Lösung von Lebensproblemen.

Die menschliche Wirklichkeit ist ihrem Charakter nach vieldi-
mensional. Der Mensch ist nicht nur eine in ihrem Selbst einge-
schlossene psycho-physische Wesenheit. Ihm sind ebenso die
sozialen, religiösen und ontologischen Seiten seines Wesens zu
eigen. Das Psychische, das Sozial-Ethische, das Religiöse und
das Ontologische sind in der komplexen Struktur seines Daseins
untrennbar ineinander verwoben. Als soziales Wesen kann er
keine Zufriedenheit finden, wenn er sich nur mit dem eigenen
persönlichen Vergnügen befaßt. Beschäftigung mit sozialer Wohlfahrt ist lebenswichtig für sein eigenes Wohlergehen. Aufgrund
seiner religiösen Veranlagung kann er nicht ohne einen gewissen
Glauben leben. Er braucht ein Ideal, für das er leben kann und
wofür er auch sein Leben geben würde. Erst durch vollständige
Verpflichtung gegenüber einer positiven Anzahl von Werten wird
sein Leben sinnvoll. Schließlich hat der Mensch noch eine ontologische Dimension. Sowohl seine sozialen und zwischenmenschlichen Beziehungen als auch seine Vorstellungen von Zweck und
Wert beziehen ihren Sinn nach endgültiger Analyse aus seiner
Weltanschauung. Was ist der Mensch? Wo ist sein Platz im Uni-

versum? In welchem Bezug steht er zum Urgrund allen Daseins? Welche Bedeutung hat der Tod? Welches Licht wirft er auf den Lebenszweck? Die Suche des Menschen nach dem Sinn und nach einem sinnvollen Leben, seine Suche nach Glück und Erfüllung kann nicht erfolgreich und vollständig sein, ohne daß er in irgendeiner Form Antworten auf diese fundamentalen Fragen gefunden hat.

Die Grundprobleme des Daseins sind von solcher Art, daß letzten Endes nur eine existentiell erfahrene Aufklärung zufriedenstellen kann. Jedes Individuum muß Antwort finden, muß die Wahrheit aufs neue in der Tiefe seines eigenen Wesens entdecken, im Zusammenhang seiner eigenen lebendigen Erfahrung, im Verlauf seiner eigenen inneren Entwicklung. Jeder hat in der Tat sein eigenes Heil auszuarbeiten.

Die Darlegungen dieses Buches erfolgen daher notwendigerweise in der Form eines Fingerzeigs in Richtung Wahrheit. Sie bestehen aus der Klarstellung und näheren Ausführung der Fragen, die uns stark betreffen. Sie unterscheiden in möglichst knapper Form die psychologischen, ethischen, religiösen und ontologischen Aspekte der Probleme. Das Buch schlägt Wege vor, auf denen die Probleme mit einiger Hoffnung und Zuversicht angepackt werden können. Aber diese Wege, daran muß immer wieder erinnert werden, sind nicht als Patentlösungen gedacht – ganz einfach weil es keine Patentlösungen gibt. Sie geben nur die Richtung an, in der man hoffnungsvoll nach der Lösung suchen kann. Sie sollen all jenen, die nach dem Licht der Wahrheit suchen, das allein retten kann, Hilfe anbieten, indem sie die Gedanken anregen und die Kraft des Glaubens erwecken. Wie weit der Verfasser mit diesem Versuch erfolgreich war, kann allein der Leser beurteilen.

Mein aufrichtiger Dank gilt Dr. R. Gordon Agnew für sein freundliches Vorwort zu diesem Buch (der amerikanischen Ausgabe, d.Ü.). Sein leidenschaftliches Eintreten für die Ziele einer humanen Ökologie war mir eine Quelle der Inspiration. Mein aufrichtiger

Dank gilt auch dem Board of Directors der Cultural Integration Fellowship für dessen freundliche Erlaubnis, meine Vorlesungen, die ich unter seiner Schirmherrschaft gehalten habe, in dieses Buch aufzunehmen. Schließlich möchte ich die Gelegenheit wahrnehmen, um Edith Reames, Lucille Tarbell und Gladys Nordquist für ihre liebevollen Dienste in Form des Abschreibens der Bänder und Vorbereitens des Manuskriptes meinen Dank auszusprechen.

Haridas Chaudhuri
San Francisco, August 1967

1. Kapitel

Die Problematik des Daseins

In unserem Zeitalter rückte die Problematik des Daseins in den Vordergrund des Bewußtseins. Das hat verschiedene Gründe.

Zuallererst müssen wir uns mit der Realität des Atomzeitalters auseinandersetzen. Wir stehen heute am Scheideweg der Geschichte. Die Menschheit sieht sich der entscheidenden Wahl zwischen atomarer Auslöschung und friedlichem Miteinander konfrontiert. Die drohende Gefahr globaler Zerstörung, auslösbar durch einen einzigen Fehler oder falschen Schritt irgendwo in der internationalen Politik, hängt wie das Schwert des Damokles über dem Kopf des modernen Menschen.

Vor dem Hintergrund der beiden letzten Weltkriege hat die Nutzbarmachung der Atomenergie die heikle Situation allen Lebens und die Fragwürdigkeit des Daseins gewaltig erhöht. Unser Leben hängt in der Tat an einem sehr dünnen Faden. Jeden Augenblick kann alles passieren. Der Glaube an die Vernunft des Menschen wurde erschüttert. Und auch der Glaube an die Vernunft der Welt, die ein immerguter persönlicher Gott beschützt, wurde erschüttert. Dieser Verlust des Glaubens zeigt sich jeden Tag in absonderlichen Geschehnissen – unsinnigen Autounfällen, Morden, Sexualverbrechen, Selbstmorden und dergleichen – wie täglich in der Zeitung nachzulesen ist. Herr Jones, auf dem Heimweg von der Arbeit, wird plötzlich in einen tödlichen Unfall verwickelt, verursacht durch die verrückte Jagd eines waghalsigen Fahrers – und er kommt nie mehr zu Hause an. Auf seinem Heimweg von der Schule wird ein junges Mädchen von einem sexuell Gestörten entführt, und ihre Eltern sehen sie nie wieder. Über hundert Menschen werden durch die plötzliche Explosion einer Zeitbombe, die ein Irrer irgendwo gelegt hat, erbarmungslos getötet. Wo ist da die Sicherheit des Lebens in der vielgepriesenen Zivilisation unserer Tage?

Die industrielle Revolution hat unser Gefühl von Sicherheit erheblich beeinträchtigt, indem sie das traditionelle Familienleben und die friedliche Dorfgemeinschaft zerrüttet hat. In den großen Industriezentren wurden die zwischenmenschlichen Beziehungen zum größten Teil entmenschlicht. Sie wurden formal und unpersönlich, beherrscht von dem Gedanken des Geschäftemachens. Wenn jeder mit dem anderen Geschäfte machen will, erreicht keiner mehr das Herz des anderen. Somit spielt das Herz keine Rolle mehr. Und mit dem Herzen verliert man alle menschlichen Werte aus dem Auge. Folglich leiden alle, die noch etwas Herz in sich haben. Wir sind Zeugen des Wirkens von Greshams Gesetz auf dem Gebiet der zwischenmenschlichen Beziehungen. Diejenigen mit einem empfindsamen Herzen werden durch die Herzlosen und knallharten Denker aus dem Verkehr gedrängt. Das Dasein wird von einem durchdringenden Gefühl der Leere und des Nichts bedroht. Trotz all der luxuriösen Dinge, die man mit Geld erwerben kann, verliert das Leben seinen Sinn.

Die wissenschaftliche Revolution hat dem Menschen seine uralten emotionalen Krücken weggerissen. Der traditionelle Glaube an eine übernatürliche Ordnung als den Ursprung und die wahre Heimat des Menschen wurde untergraben. Die altehrwürdigen Illusionen von persönlicher Unsterblichkeit und einem gesegneten Leben im Jenseits wurden zerstört. Die rosigen Erwartungen himmlischer Belohnungen sind zerplatzt wie Seifenblasen. Nachdem sein bequemes religiöses Luftschloß abgerissen ist, sieht sich der Mensch heute den kalten schneidenden Winden von Zufall und Wechsel, von harter Arbeit und verhängnisvollem

Risiko, der Vorschau „Es geht ums Ganze!" ausgesetzt. Infolgedessen hat das Dasein die beängstigenden Ausmaße einer entscheidenden Problematik angenommen.

Es ist jedoch nicht meine Absicht, hier auf die sozialen, ökonomischen, politischen und philosophischen Aspekte der Problematik des Daseins einzugehen. Ich werde mich auf eine kurze Erörterung der Frage vom seelisch-geistigen Standpunkt aus beschränken.

Auf welch unterschiedliche Weise reagieren die Menschen auf
das Lebensproblem? Wie sehen die verschiedenartigen Idealvor-
stellungen von Dasein und Selbstverwirklichung aus? Welches ist
das umfassendste, das integrale Ideal des Daseins?

Die Weisen früherer Zeiten verglichen das Leben mit einem
ewigen Fließen, mit einem sich allezeit ändernden Fluß. Erfolgreich
leben heißt, in der Lage zu sein, den Fluß des Lebens zu überqueren. Diejenigen, die dabei scheitern, zerstören den Kräftevorrat
des Daseins.

Es gibt eine nette alte Geschichte über einen einfachen Bootsmann und einen anspruchsvollen Gelehrten. Der Gelehrte stieg in
ein kleines Boot und bat den Ruderer, ihn über den Fluß zu
bringen. Ziemlich bald fing der Gelehrte ein akademisches
Gespräch an. Er sang einige Verse aus der Bhagavadgita und
fragte dann den Bootsmann: „Erinnern Sie sich an das 18. Kapitel
der Bhagavadgita?" Der Bootsmann antwortete: „Nein, Sir, ich
erinnere mich nicht." Nach einer Pause stellte der Gelehrte wieder
eine Frage: „Haben Sie die Katha Upanishad gelesen?" Der
Bootsmann blickte schamhaft zu Boden und sagte: „Nein, Sir, ich
habe nie ein Gymnasium oder eine höhere Schule besucht." Dennoch fuhr der Gelehrte fort, ähnliche Fragen zu stellen. Als das
Boot etwa in der Mitte des Flusses war, blitzte und donnerte es am
Himmel. Ein Sturm schien zu nahen. Nun war es an dem Bootsmann, dem Gelehrten eine kleine Frage zu stellen: „Wissen Sie,
wie man schwimmt, Sir?" Der Gelehrte antwortete: „Nein, ich weiß
es nicht." „Wenn das so ist, wie wollen Sie dann ihr Leben retten,

wenn wir von einem Sturm überrascht werden und das Boot kentert?"

Die Kunst des Daseins besteht darin, im Strom des Lebens zu schwimmen. Es ist die Fähigkeit, den Fluß der Zeit in beiden Richtungen zu überqueren, wenn verfügbar mit einem Boot, wenn nötig durch Schwimmen, und mit beidem, wenn das Boot nach Entfernung vom Ufer kentert.

Wir wollen nun, mit dem Bild des Flusses vor Augen, die unterschiedliche Art und Weise betrachten, mit der die Menschen auf das Problem des Daseins reagieren.

Die Unreifen

Einige Menschen stehen voll Furcht und Zittern am Flußufer. Die schnelle Strömung mit ihren dunklen Strudeln jagt ihnen Angst ein. Die Angst vor dem Unbekannten bemächtigt sich ihrer Gedanken, wenn sie in Richtung der verschwommenen, schattenhaften, fast unsichtbaren Linie des anderen Ufers blicken. Sie können nie den Mut aufbringen, sich in den Fluß zu begeben. Dies sind die geistig Unreifen. Sie ängstigen sich angesichts der rätselhaften Probleme des Lebens zu Tode. Sie fühlen sich wie gelähmt, wenn sie sich der Ellbogengesellschaft der Erwachsenen gegenübersehen. Sie sehnen sich heimlich und verzweifelt danach, in die zärtlichen Arme des Vaters oder den absolut sicheren Schoß der Mutter zurückzukehren. Sie weigern sich, einen Schritt vorwärts zu gehen. Sie möchten sich zurückbewegen. Oder sie sitzen am Flußufer, schauen himmelwärts und erschaffen sich in Gedanken ein großes Wolkenkuckucksheim der eigenen Phantasie, in dem sie frei schweben wollen.

Die Unpraktischen

Manche Menschen haben das starke Verlangen, den Lebensfluß zu überqueren. Aber sie haben nie Schwimmen gelernt. Sie möchten den Fluß überqueren, indem sie auf den Schultern eines anderen sitzen. Sie sind vollkommen abhängig von einer geliehenen Hand. Sobald die äußere Hilfe versagt, sind sie verloren.

Es sind dies vorwiegend intellektuelle oder einseitig gefühlsbetonte Menschen. Wie der eitle Gelehrte in oben zitierter Geschichte suchen sie die Lösung in Belesenheit und Gelehrsamkeit. Sie setzen das Lernen aus Büchern mit der Weisheit gleich. Sie versäumen es, sich mit dem Lauf der Welt vertraut zu machen. Folglich sind sie trotz ihrer guten Absichten naiv und unpraktisch. Sie verschließen ihre Gedanken vor den stets neuen Erfahrungen und vor den neuen Entwicklungen des wogenden Stromes. So werden sie immer wieder unter Wasser getaucht, wenn sie nicht gar in den Strömungen und Gegenströmungen des Lebens ertrinken.

Das gleiche gilt für den übermäßig gefühlsbetonten Menschenschlag. Diese Menschen werden häufig von Wogen der Emotion davongetragen und verlieren ihren Halt angesichts der ernsten Realitäten der konkreten Welt. Sie versagen dabei, die Dinge so zu sehen, wie sie sind, da sie es gewohnt sind, die Dinge und Geschehnisse durch das Prisma der Emotion wahrzunehmen. Sie neigen dazu, sich zu stark an andere anzulehnen, da sie in ihrer eigenen Schau der Dinge unsicher sind. Sie verfangen sich in den verschiedenen Fesseln emotionalen Festhaltens. Im Herzen davon überzeugt, daß das Problem des Daseins emotional gelöst werden kann, treiben sie unbewußt in eine emotionale Fixierung auf eine große und starke Persönlichkeit zu. So geben sie ihre eigene Fähigkeit, zu gehen und zu schwimmen, auf. In diesem Zusammenhang ist wichtig, daran zu erinnern, daß weder abstrakter Intellektualismus noch weiche Rührseligkeit eine Antwort auf das Problem des Lebens bieten. Intellekt wie Emotionalität müssen dazu angehalten werden, sich in den Dienst des persönlichen Wachstums zu stellen. Sie sind Hilfen für die Entwicklung eines eigenen starken, unabhängigen Charakters. „Dasein heißt wählen," sagt Jean-Paul Sartre. Jeder muß diese Kraft der freien Wahl und unabhängigen Entscheidung entwickeln. Hierzu ist wiederum die Entwicklung der intellektuellen Fähigkeit notwendig, objektive und vorurteilslose Informationen über alle relevanten Tatsachen und Standpunkte einholen zu können. Außerdem ist es notwendig, ein Gefühlsleben zu entwickeln, das es einem ermöglicht, mit den Mitmenschen und den Mitarbeitern zu harmonieren. Es gibt keinen Ersatz für ungekünstelte Liebe und Mitgefühl. Liebe zeugt von tiefem Verständnis und verwandelt kalte Berechnung in warmherzige Anteilnahme. Wissen verwandelt sie von prahlerischer Selbst-Suche in mitfühlendes Selbst-Geben.

Die Individualisten

Dann wieder gibt es Menschen, die den Fluß des Lebens in großer Hast überqueren wollen. Sie versuchen mit jedem Mittel, das ihnen zur Verfügung, oder auf jedem Pfad, der ihnen offen steht, das andere Ufer zu erreichen. Und nachdem sie das andere Ufer erreicht haben, widerstrebt es ihnen, zurückzukommen. Sie möchten alles über ihre Herkunft, ihre Verknüpfung mit den Mitmenschen und ihre Lebensfreuden und -gefahren auf dem Fluß oder im Land ihrer Geburt vergessen.

Dies sind die erklärten Individualisten. Sie sind hauptsächlich mit ihrer privaten Selbst-Verwirklichung oder persönlichen Erlösung beschäftigt. Vom weltlichen Standpunkt aus gesehen, repräsentieren sie den narzißtischen Menschentyp, der sein Leben lang im eigenen Ego eingewickelt ist. Sie mögen begabt sein. Es mag ihnen aufgrund ungeheurer Anstrengung großer Erfolg beschieden sein. Aber sie scheren sich nicht um die anderen. „Nach mir die Sintflut!" ist ihre Devise. Sie möchten überall ihr eigenes Bild vergöttert und angebetet sehen. Sie hassen es, irgendwelche Leiden um eines Mitmenschen willen durchzumachen. Aufgrund des unerbittlichen Gesetzes vom Karma enden sie gewöhnlich einsam und verlassen. Die Krone ihres Erfolges und Ruhmes kann eines Tages in Asche zerfallen. Womöglich finden sie sich eines Tages völlig niedergeschlagen und weinend in der Wildnis wieder.

Dies sind, religiös ausgedrückt, die nach persönlicher Erlösung strebenden oder Welt und Leben verneinenden Mystiker. Sie sind begierig darauf, den Fluß des Lebens zu überqueren und in Berührung mit dem Nichtzeitlichen und dem Übernatürlichen zu kommen. Ihr ganzes Leben lang ist ihr Blick auf die übernatürliche Herrlichkeit im Jenseits gerichtet. Oder sie ignorieren den rasch fließenden Strom der Entwicklung und verlieren sich in der Betrachtung des Unwandelbaren und Ewigen.

Im Westen sind dies die Asketen und Eremiten. Sie sind auf das Jenseits und das Übernatürliche ausgerichtet. Im Osten sind es die weltverneinenden Sadhus und Mystiker. Gleichgültig gegenüber der Zeit und ihrer Bewegung in die Zukunft, sind sie zum Ewigen hingewendet, das die Vergangenheit, die Gegenwart und die Zukunft transzendiert. In ihrer intensiven Konzentration auf das Ewige beachten sie weder die Geschichte noch das Leuchtfeuer der Zukunft. Sie erfahren eine vollständige Auflösung ihres Egos und ihres Geistes. Die riesige Weite des Unendlichen verschluckt ihre Individualität. Alle Quellen ihres Handelns versiegen. Sie verlieren die Initiative und den Antrieb zum Handeln, sobald sich alles Begehren aufgelöst hat. Nachdem sie so das andere Ufer erreicht haben, kommen sie nie mehr zurück.

Die kosmischen Menschen

Dann gibt es Menschen, die zurückkommen, nachdem sie das andere Ufer erreicht haben. Wie lange sie auch immer weg gewesen sein mögen in ihrer einsamen Suche nach Wahrheit, kehren sie doch nach ihrer Erleuchtung in die Gesellschaft zurück. Sie sind eifrig darauf bedacht, ihren tiefen Frieden und ihre tiefe Erleuchtung mit ihren Mitmenschen auf der Erde zu teilen. Sie geben sich nicht mit ihrer eigenen Erlösung zufrieden, sondern widmen ihr Leben dem Ziel der Befreiung des ganzen Kosmos. Im Christentum wird dieses Ziel „das himmlische Königreich" genannt. Im Mahayana-Buddhismus wird es maha karuna genannt: Sorge tragen für die Befreiung der ganzen Schöpfung. Im Hinduismus kennt man es als sarva-mukti, was die Befreiung aller bedeutet. Für diesen Menschentyp ist die persönliche Erlösung nicht das letzte Ziel sondern nur ein Mittel für ein noch höheres Ziel, nämlich die kollektive Befreiung der Welt. Diese Menschen werden von Liebe und Mitgefühl motiviert.

Da sie ihr Leben dem Wohlergehen des gesamten Kosmos widmen, könnte man sie kosmische Menschen nennen. Grob gesprochen gibt es drei Arten von kosmischen Menschen: jenseitsbezogene, weltlich ausgerichtete und integrale.

Die jenseitsbezogenen kosmischen Menschen sehen die phänomenale Welt als bloße Erscheinung des Transzendenten. Sie mögen auf das übernatürliche Königreich Gottes ausgerichtet sein, von dessen Standpunkt aus die natürliche Ordnung des Daseins als von äußerstem Übel erscheint. Sie können auch auf die zeitlose Wirklichkeit ausgerichtet sein, von deren Standpunkt aus die Welt des Raumes, der Zeit und der Entwicklung illusorisch und unwirklich erscheint. Es bleibt ihr Hauptanliegen, selbst wenn sie nach ihrer geistigen Befreiung zur Gesellschaft zurückkehren, den Mitmenschen bei der Überquerung des Stromes phänomenalen Daseins zum anderen Ufer hin beizustehen.

Für unsere Zwecke hier ist nebensächlich, ob man sich das andere Ufer als das Übernatürliche oder als das rein Nichtzeitliche vorstellt. Die humanitären Dienste der jenseitsgerichteten kosmischen Menschen konzentrieren sich letzten Endes darauf, die natürliche Welt aufzugeben, mit der Absicht, den unvergleichlichen Frieden des anderen Ufers zu gewinnen. So verweigern sie ihre eigene Integration in das Leben des Kosmos, während sie ihr Leben dem weltumspannenden Wohlergehen widmen. Sie fühlen sich als Abkömmlinge von Vater Himmel und verstoßen so die Mutter Erde. Oder sie fühlen sich in solch starkem Maße als Kinder der Unsterblichkeit, daß sie die Zeit verleugnen und deren Ruf nach historischem Handeln mißachten. Sie lehnen es ab, Kinder der Erde oder der Zeit zu sein. In all ihrem Handeln auf der Erde sind ihre Gedanken anderswo, außerhalb dieser Welt.

Die innerweltlich ausgerichteten oder daseinsorientierten kosmischen Menschen haben ihren Blick auf die Erde gerichtet. Sie bilden den Gegenpol zum jenseitsgerichteten Typus Mensch. Sie legen ihre Betonung auf die Welt des Raumes, der Zeit und der Evolution als der letzten Wirklichkeit. Für sie ist das Sein ein ständiges Werden. Die menschliche Realität sei die Geschichte. Existieren heiße, zu ändern, zu wachsen und zu werden. Das Nichtzeitliche habe ontologisch keinen Vorrang vor dem Prozeß der Zeit. Es sei nichts als eine Sphäre der menschlichen Aspiration und des menschlichen Ideals. Das Ewige sei nur ein Bereich von Werten, die abseits des menschlichen Bewußtseins und Begehrens keine Realität haben.

Karl Marx, Bertrand Russell, Jean-Paul Sartre, Albert Camus und ähnliche könnte man zu den innerweltlich ausgerichteten kosmischen Menschen zählen. Ihre kosmische Qualität liegt in ihrer aufrichtigen Hingabe an das Wohlergehen der gesamten Menschheit. Sie treten für eine Verbesserung der Lebensbedingungen der Masse der Menschen weltweit ein. Sie sind befreit, nicht im traditionellen religiösen Sinne sondern im humanistischen Sinne des Begriffs. Sie sind aus den engen Begrenzungen durch Rassismus, Engstirnigkeit, kulturellen Provinzialismus, ausschließlichen Nationalismus usw. befreit.

Der eine Makel im Ansatz der innerweltlich ausgerichteten kosmischen Menschen besteht im Mangel an Verständnis für die nichtzeitliche Dimension des Seins. In ihrem berechtigten Protest gegen Jenseitigkeit und Übernatürlichkeit fallen sie in das gegen-

teilige Extrem zurück und verschließen ihre Augen gegenüber
Wert und Wirklichkeit des Nichtzeitlichen als der Grundlage allen
Lebens in der Zeit. Ein flüchtiger Blick auf das Nichtzeitliche in der
einen oder anderen Form war die Quelle vieler erhabenen Schöp-
fungen des Menschen in Kunst, Literatur, Religion und Philosophie. Ohne Einbeziehung des zeitlosen Daseinsgrundes bleibt das
geistige Potential des Menschen ungenutzt. Der nichtzeitlichen
Dimension des Seins entfremdet, ist der Mensch in der Tat dazu
verdammt, eine „sinnlose Leidenschaft" zu sein. Sein ganzer
Wohlstand in Form materieller Besitztümer erscheint dann leer
und oberflächlich. Es mag schwierig sein – ja, außerordentlich
schwierig –, die wesentliche Struktur des Ewigen zu beschreiben.
Das Ewige bleibt untrennbar in die Struktur der menschlichen
Wirklichkeit eingearbeitet, wie problematisch seine Definition auch
sein mag.

Die integralen kosmischen Menschen

Zum Schluß wollen wir den integralen Typus der kosmischen
Menschen betrachten. Die integralen kosmischen Menschen bleiben den verwandten Eigenschaften von Himmel und Erde treu. Sie
bleiben sowohl der Zeit als auch der Ewigkeit treu. Für sie ist das
Ewige nicht nur das Reich der Gedanken und Werte. Es ist die
letzte Grundlage von Dingen und Ideen, von Fakten und Werten,
von Existenzen und Essenzen. Und es ist ebenso der letzte Grund
alles Werdenden, sowohl der schöpferischen als auch der zerstörerischen Prozesse, sowohl der Entwicklung als auch der Auflösung.

Nachdem sie das Licht des Himmels erblickt haben, verleugnen
die integralen kosmischen Menschen keineswegs die Mutter Erde,
sie hören nicht auf, Kinder der Erde zu sein. Sie streben vielmehr
danach, sich selbst – ihr ganzes Wesen – durch das himmlische
Licht zu transformieren. Sie betrachten beide Seiten des Flußufers

der Zeit als wirklich. Auf der anderen Seite des Flusses ist die Herrlichkeit der reinen Transzendenz, das Ewige, das überkosmische Göttliche. Auf dieser Seite des Flusses entwickelt sich die Natur, entfaltet sich die Zivilisation, drückt sich der Mensch in immer neuen Formen und Werten aus.

So widmet der integrale Typus der kosmischen Menschen, wenn er nach der Schau des Ewigen sich wieder der Gesellschaft zuwendet, sein Leben nicht nur einem weltumspannenden Wohlergehen. Die integralen Menschen beschließen, den Himmel auf die Erde zu holen, sie beschließen, etwas vom Licht des Ewigen, vom Duft des Unendlichen in den Fluß der menschlichen Verhältnisse und sozialen Beziehungen hineinzutragen. Sie möchten im Licht der Pracht, die sie am anderen Ufer erblickt haben, eine neue Weltordnung aufbauen. Sie möchten sich am evolutionären Wesen dieser Welt, hier und jetzt, als Kanal für den Ausdruck des Ewigen beteiligen. Sie widmen ihr Leben nicht nur dem kosmischen Guten, sondern sind ebenso im kosmischen Leben integriert. Sie haben keinerlei Gefühl der Entfremdung, weder von der Erde noch vom Himmel, weder von der Gesellschaft noch von der Ewigkeit. Mit dem Ewigen durch spirituelle Erleuchtung geeint, sind sie durch existentielle Beteiligung und Teilnahme ebenso mit der schöpferischen Kraft der Evolution wie mit dem Geist der Geschichte vereint. Wie Martin Heidegger sagt[1], ist es das „Zusammengehören von Mensch und Sein" in einem gemeinsamen Bezug, worin die höchste Erfüllung des Lebens liegt.

Der integrale kosmische Mensch ist ein Mensch mit integralem Wahrheitsbewußtsein. Er ist nicht nur ein Bodhisattva sondern auch ein Vinanasattva. Er ist nicht nur um das weltumspannende Wohlergehen tief besorgt. Er zielt auch auf die Transformation der kosmischen Ordnung in ein Bild des Höchsten Seins ab, in eine vereinte Weltordnung des Friedens, der Liebe, der Gerechtigkeit und der Freiheit. Seine Erleuchtung dringt nicht nur zum Mysterium des Ewigen durch. Sie umfaßt ebenso die tiefgründige Bedeutung von Zeit, Entwicklung und Geschichte.

Der Gedanke der Entsagung

Einige glauben, daß intime menschliche Beziehungen aufgegeben werden müssen, um in der Lage zu sein, am schöpferischen Leben des Ewigen teilnehmen zu können. Sie betrachten die emotionalen Bindungen menschlicher Liebe als wirkliche Behinderung bei der Bewältigung der geistigen Aufgabe, das Licht des Ewigen in das Leben auf der Erde zu bringen.

Diese Haltung veranschaulicht beispielhaft das Leben von Søren Kierkegaard. Er verliebte sich in Regina und verlobte sich mit ihr. Aber innerhalb eines Jahres mußte er die Verlobung lösen, um sich mit der ganzen Fülle seiner Liebe Gott zu nähern. Irgendwie empfand er seine Geliebte Regina als eine Konkurrentin Gottes. Sie schien im Weg zu stehen. Er sah keine Möglichkeit, Regina in den Plan seines Verlangens nach Gott hineinzunehmen.

Indem er diese Haltung einnahm, folgte Kierkegaard bei all seinem Daseinsbezug dem mittelalterlichen Weg der Lebensverneinung. Wie Martin Buber richtig bemerkte, wurde Regina von Gott geschaffen, um bei der Suche nach Gott zu helfen, nicht um dabei zu behindern. Die Methode der Lebensverneinung gleicht dem Durchschneiden des Gordischen Knotens der Spiritualität, sie ist kein Versuch, ihn aufzuknoten. Zu entsagen ist leicht. Man entzieht sich der Verantwortung und ist nicht mehr den Gefahren und Härten des Lebens ausgesetzt. Es ist ein Zeichen von Mut und Reife, wenn man die Bindungen und Verantwortlichkeiten der menschlichen Liebe akzeptiert. Es erfordert Selbstvertrauen und die Gewißheit innerer Stärke. Es erfordert jenen reifen Glauben an Gott, der alle negativen Einstellungen in positive Werte für das kreative Abenteuer des Lebens zu wenden vermag.

Intime menschliche Beziehungen werden zu einem konstruktiven Faktor bei der vollkommenen Verwirklichung Gottes, wenn dem Leben gegenüber eine selbstbewußte Haltung gegeben ist. Durch die richtige Art der Liebesbeziehung zwischen dem Ich und dem Du taucht das ewige Du auf, die Stimme des Höchsten, als der treue Kamerad, als der Freund, Weise und Führer der menschlichen Seele. Der Weg der Lebensverneinung führt im besten Falle zu einem sehr einseitigen Kontakt mit dem Göttlichen. Nur eine ausgeglichene Bejahung des Lebens mit all seinen Aspekten bringt Gott als letzten Sinn des Lebens dem Herzen nahe. Durch kluge, umfassende Selbst-Organisation wird Gott als das Selbst des Selbst realisiert. Durch Bejahung der eigenen existentiellen Rolle im Drama des Lebens ist es möglich, völlig mit Gott als dem Urgrund des Daseins geeint zu sein.

Das Symbol des vollkommenen Daseins

In der Hindu-Philosophie gibt es ein wunderbares Symbol für den vollkommenen Menschen, für die durch und durch integrierte Person. Es ist das Bild des Schwanes. Dieses Bild schließt viele Ideen ein.

Erstens ist der Schwan in allen Elementen der Natur vollkommen heimisch. Er kann auf dem Land spazieren, im Wasser schwimmen und in der Luft fliegen. Aufgrund seiner intelligenten Anpassung in allen Bereichen des Daseins nennt man ein solch vollkommen integriertes Wesen Schwan (Hamsa). Er ist übersinnlich integriert und so mit seinem eigentlichen Selbst vereinigt. Die verschiedenartigen Elemente seiner Persönlichkeit, seine verschiedenen Triebe, Begehren, Bestrebungen, Gedanken, Gefühle usw. harmonieren zu einer Symphonie freudigen Selbst-Ausdrucks.

Zweitens ist der Schwan in seiner sozialen Umgebung vollkommen heimisch. Im Frieden mit sich selber, ist er zugleich im Frieden mit der äußeren Welt. Wo immer er hingeht und in welchen Teil der Erde ihn die Lebensumstände auch bringen mögen, er fühlt sich wie unter Blutsverwandten. Wie erhaben seine persönliche Errungenschaft auch sein mag, keine eitle Einbildung trennt ihn von seinen Mitmenschen. Rasse-, Glaubens- und Nationalitätsschranken schmelzen in der Wärme seines allesumarmenden Herzens dahin. Sein Verständnis für den Lauf der Welt und sein tiefes Mitgefühl mit menschlichem Leiden machen ihn zu einer Quelle geistigen Trostes für all jene, die mit ihm in Berührung kommen.

Drittens ist er mit dem Höchsten Sein, dem Ewigen, vereinigt. Den Frieden, der jedes Verstehen übersteigt, erreicht er im Geeintsein mit dem letzten Grund des Daseins. Sein ganzes Wesen ist vom Licht der Weisheit und vom Geist der Liebe erfüllt. Auf unsichtbare Art und Weise strahlt er Licht, Liebe und Frieden aus. Sein ganzes Wesen schwingt vor Freude am Ewigen. Und diese Freude enthält heilende Kraft für all jene, die an Körper, Geist und Seele krank sind. Aus der Sicht des Ewigen erblickt er die dynamische und sinnvolle Aufeinanderbezogenheit der beiden anderen Bereiche des Daseins, nämlich von Selbst und Gesellschaft, Geist und Natur.

Eine weitere Bedeutung des Schwansymbols liegt in der höchsten Weisheit. Der Schwan ist ganz weiß, und Weiß ist das Farbsymbol für Weisheit. Weisheit ist das vollkommene Gewahrsein der Wirklichkeit in ihrer vielgestaltigen Fülle. Es ist das Bewußtsein des Ewigen als dem Grund des Daseins. Es ist das Bewußtsein des Selbst als dem dynamischen Brennpunkt des Ewigen. Es ist das Bewußtsein der Welt als dem ständig wechselnden Feld der Offenbarung des Ewigen.

Geistige Urteilskraft weist auf noch eine weitere Bedeutung des Schwansymboles hin. Man nimmt an, speziell in Bezug auf eine besondere Schwanenart, daß der Schwan die wundersame Fähigkeit hat, für seine eigene Nahrungsaufnahme Milch von Wasser zu trennen. So ist der menschliche Schwan die erkennende Seele, die ein tiefes Gefühl für Werte besitzt. Er hat die Kraft, scharf zwischen Wahrheit und Falschheit, Schönheit und Häßlichkeit zu unterscheiden. Er kann sofort Dinge von universaler Bedeutung und dauerhaftem Wert von Dingen mit örtlicher Bedeutung und vorübergehendem Wert trennen. Er kann mit unfehlbarer

Innenschau zwischen Dingen unterscheiden, die Gott gehören, und solchen, die Caesar gehören, zwischen Werten, die sich um das wahre Selbst zentrieren, und solchen, die vom Nicht-Selbst oder dem Pseudo-Selbst stammen. Seine Handlungen werden von dieser unfehlbaren Wertunterscheidung geleitet.

Schließlich weist das Schwansymbol auf kreative Harmonie und Ausgeglichenheit hin. Es deutet das dynamische Zwischenspiel zwischen dem Innen und dem Außen, von Introvertiertheit und Extravertiertheit, von Meditation und Aktion an. Das Sanskritwort Hamsa für Schwan besteht aus zwei Teilen: Ham und Sa. Sa bedeutet Es, das Höchste Sein. Es ist der Ton des Ausatmens, ein Akt des Herausgehens und Sich-Selbst-Gebens an das Unendliche. Ham bedeutet Ich, das Selbst. Es ist der Ton des Einatmens, des Sich-nach-innen-Wendens auf der Suche nach der eigenen innersten Mitte des Seins. Auf der physischen Ebene befindet sich der Mensch mittels rhythmischen Ein- und Ausatmens in dynamischem Kontakt mit der universalen Lebenskraft. Er stützt sich darauf und teilt auch wieder aus. Das gleiche Gesetz von Geben und Nehmen, von Selbst-Finden und Selbst-Geben gilt auf der geistigen Ebene. Ein Mensch, der das ganze Potential des Daseins realisiert hat, hält die introvertierten und extravertierten Neigungen seiner Natur im Gleichgewicht. Meditation und selbstloses Handeln entsprechen Einatmen und Ausatmen, gleich der Systole und der Diastole seines geistigen Lebens. Mittels Meditation befindet er sich in aktiver Gemeinschaft mit seinem eigentlichen Selbst. Er bejaht sich als einzigartigen Brennpunkt des Ewigen. Mittels selbstlosem Handeln ist er in aktiver Vereinigung mit der äußeren Welt. Er stellt sich in den Dienst aller. Solche Selbst-Hingabe vertieft seine Selbst-Erkenntnis. Und Selbst-Erkenntnis bereichert seine Selbst-Hingabe.

Auf diese Weise erreicht das Dasein den Gipfel der Herrlichkeit in der Vereinigung mit dem vieldimensionalen Sein.

2. Kapitel

Wie man Depression bezwingt

Depression ist ein weitverbreitetes emotionales Problem. Sie ist häufiger anzutreffen als eine gewöhnliche Erkältung. Und gewiß ist sie lähmender und gefährlicher. Neun von zehn Menschen leiden gelegentlich an ihr. Tausende von Menschen begeben sich wegen krankhafter Depression in Hospitäler. Mehr als 20 000 Amerikaner verüben alljährlich Selbstmord (Stand: 1968, Anm. d. Ü.), weil sie hilflos dem dunklen Flüstern tiefer Depression ausgeliefert sind.

Depression kann normal oder pathologisch sein. Selbst die normalsten Menschen erleiden zuweilen eine Depression. Aber gesunde Leute verfügen über natürliche Quellen, sie zu überwinden. Der vitale Drang ist unbezähmbar. Der Lebensstrom kann alle Hindernisse auf seinem Weg überfluten oder überwinden, selbst wenn er vorübergehend blockiert wird. Das Geistige im Menschen weigert sich, durch Bedrückungen und Probleme, durch Konflikte und Krisen zu lange niedergeschlagen zu sein. Einsicht in die verschiedenen Ursachen von Depression vermag die Lebensimpulse erheblich zu stärken und zu untermauern.

Wenn die Depression pathologische Gestalt annimmt, wird äußere Hilfe in Form von psychiatrischer Behandlung, Krankenhausaufenthalt, kompetenter geistiger Hilfe oder ähnliches erforderlich. Die Lage ist dann für das depressive Individuum außer Kontrolle geraten. Der natürliche Auftrieb und Optimismus des Lebensgeistes ist gebrochen. Aber mit geeigneter Übung und

Bildung kann der Betroffene gegen solch eine Möglichkeit gefestigt und gewappnet werden. Ein gesundes Verständnis der Lehre von den Ursachen der Depression und eine ausgeglichene Lebensphilosophie können den Menschen sehr wohl gegen die erdrückende oder lähmende Wirkung der Depression schützen. Solch geistige Waffen können auch in hohem Maße hilfreich sein, um schnelle und vollständige Heilung von psychopathischer Depression zu erreichen.

Wir werden hier kurz einige der Hauptursachen von Depression betrachten. Sind die Ursachen einmal klar erkannt, werden sich Gegenmittel von selbst empfehlen. Mittel und Wege, das Problem der Depression zu lösen, werden mit Bezug auf die verschiedenen Ursachen dargelegt.

Versagen in der Schule

Versagen, Zurücksetzung oder Enttäuschung im Leben sind weitverbreitete Ursachen von Depression.

Junge Menschen fallen mitunter in Depression, wenn sie nur geringen Erfolg in der Schule oder an der Universität haben oder dort scheitern. Es gibt sogar Fälle, in denen Studenten Selbstmord verüben, weil ihr Auftritt im Examen ärmlich war. Man sollte aber nicht vergessen, daß Fehlschläge ein integrierender Bestandteil des Lebens sind. Das Leben setzt sich aus Erfolgen und Mißerfolgen zusammen. Es gibt zahlreiche hochentwickelte geistige Menschen, deren frühe Schulzeugnisse eher dürftig waren. Wenn eine Person ihre klare Bestimmung und die rechte Haltung zum Leben hat, können Fehlschläge Stufen zum Erfolg sein. Nachdem der anfängliche Schock des Fehlschlags überwunden ist, geht der Betroffene stärker und weiser daraus hervor. Er ist besser dafür gerüstet, durch klügeres Verständnis seiner eigenen Stärken und Schwächen und damit auch durch wirkliches Erkennen der

Schwierigkeiten und Gelegenheiten in einer gegebenen Situation sein Lebensziel zu erreichen.

Scheitern in der Schule ist mitunter zu deprimierend für Schüler, weil den Ergebnissen der Schulprüfungen übertriebene Bedeutung beigemessen wird. Das Verhalten der Familie oder das von Autoritätspersonen kann starkes Schamgefühl und Qualen im Zusammenhang mit den Fehlschlägen im schulischen Bereich hervorrufen. Deshalb ist es gut, daran zu denken, daß Schulergebnisse nicht als endgültiger Beweis für die Intelligenz eines Menschen und seine latenten Möglichkeiten angesehen werden können. Ein Student, der in dem einen Studiengebiet Fehlschläge erleidet, kann im anderen erfolgreich sein. Wer in schulischen Anstrengungen scheitert, kann im Geschäftsleben oder im schöpferischen Handeln glänzen. Man muß nach den verborgenen Talenten eines Menschen fragen. Wohlüberlegte Auswahl der Möglichkeiten individueller Selbstentwicklung ist vonnöten.

Enttäuschung in der Liebe

Enttäuschung in der Liebe oder im häuslichen Leben ist eine weitere häufige Ursache von Depression. Stellen wir uns einen jungen Mann vor, der sehr in seine Freundin verliebt ist. Er glaubt, daß er ohne sie nicht leben kann. Und dann entdeckt er eines Tages, daß sie sich einer anderen Person versprochen hat, die sie bald heiraten will. Die Enttäuschung kann für den jungen Liebhaber so unerträglich sein, daß er sich in furchtbare Depression zurückzieht. Er sieht rings umher nichts als Dunkelheit und weist das Leben und die Gesellschaft zurück. Er kann im Selbstmord einen Ausweg suchen. In ähnlicher Weise kann eine Hausfrau, die ihrem Manne treu und ergeben ist, eines Tages feststellen, daß er sich nicht mehr um sie kümmert. Er hat vielleicht Beziehungen zu einer anderen Frau. Oder er ist vielleicht so sehr von seinem geschäftlichen oder politischen Erfolg geblendet, daß ihm wenig

Zeit für Frau und Kinder verbleibt. So verdüstert Mutlosigkeit ihr Leben.

Ist ein Mensch mit dem rechten Wissen vom Leben ausgerüstet, kann sich die Depression aus Enttäuschung in der Liebe als vorüberziehende Wolke erweisen. Andernfalls kann sie sein Leben zerstören. Liebe sollte niemals die Form totalen Verhaftetseins annehmen. Sie sollte nicht mit Sichanklammern gleichgesetzt werden. Man sollte ihr niemals gestatten, die Grenzen des Gleichgewichts zu überschreiten oder das Wachstum des Selbst-Seins zu behindern. In seiner Lebens-Liebe sollte einer niemals an den Punkt kommen, wo er das Leben ohne ein ganz bestimmtes Liebesobjekt wertlos findet. Keine besondere Person verfügt über solch absoluten Wert. Betrachtet man einen speziellen Menschen als von absolutem Wert, erfolgt dies im wesentlichen aus blindem Verhaftetsein. Das läuft auf Götzenanbetung hinaus. Wahre Liebe bejaht das spezielle Liebesobjekt lediglich als eine Art von Manifestation des Absoluten, nicht als das Absolute selbst. Demzufolge bewirkt das Verschwinden eines besonderen Liebesobjektes natürlicherweise Besorgnis, aber sie sollte nicht das Leben entwerten oder zerstören. Absolute Liebe gebührt nur dem Absoluten. Aber da das Absolute kein äußeres Objekt ist, da es den Grund allen Daseins bildet, können alle besonderen Liebesobjekte lediglich als Symbole des Absoluten dienen. Sie bilden Bausteine für vollständige Entwicklung der Liebe. Sie haben letztendlich ihren Sinn darin, unsere Liebe hin zur Vereinigung mit dem Absoluten zu lenken.

Unsere Erwartungen im Liebesleben sind manchmal übertrieben. Die Realität ist nicht darauf zugeschnitten, solche übertriebenen Erwartungen zu erfüllen. Von daher enden zahlreiche Liebesbeziehungen in tragischen Fällen von Enttäuschung. Man tut gut daran, sich zu erinnern, daß nichts Menschliches, nichts Vergängliches, nichts auf dieser Erde die Liebesbedürfnisse der menschlichen Seele vollständig zufriedenstellen kann. Allein Gott kann das. Daß man die höheren geistigen Werte richtig einschätzt, ist wesentlich für tiefere emotionale Zufriedenheit. Wenn wir einen besonderen Gegenstand oder eine bestimmte Person mit Liebe überschütten, sollten wir darauf achten, daß solch Engagement nicht zur starren Festlegung wird. Der Kanal der Verständigung mit dem Absoluten oder Gott sollte stets offen gehalten werden. Falls uns das gelingt, hören wir auf, zu fordernd oder allzu verlangend in unseren Liebesbeziehungen zu sein. Wir können es uns sogar leisten zu lieben, ohne Anerkennung oder Gegenliebe zu erwarten. Auf diese Weise wird Liebe mehr und mehr reif und vergeistigt. Sie wird zu einem freien und spontanen Ausströmen der Freude, die eine mit dem Göttlichen in Einklang gebrachte Seele erfährt. Sie wird zur bedingungslosen Hingabe des emotional voll entwickelten Selbst.

Um emotionale Fixierungen zu vermeiden, ist es wünschenswert, über vielfältige Interessen zu verfügen. Es ist gut, im Leben zahlreiche Freunde zu besitzen, auch wenn nur einer davon letztlich treu in der Liebe zu seinem Ehepartner ist. Neben der Freude am Familienleben sollte man an sozialen und humanitären Werten interessiert sein. Es ist gut, an kulturellen Bestrebungen und geistigen Erkundungen teilzunehmen. Abwechslungsreich gestaltetes Interesse an vielfältigen Werten gewährleistet den freien Fluß der Liebesenergie. Es verhütet emotionale Unbeweglichkeit und Erstarrung. In Folge davon können Enttäuschung und Frustration leicht aufgefangen werden. Liebe kann stets erneut auf wohl erwogene Werte ausgerichtet werden. Alle besonderen Liebesobjekte müssen bei gründlicher Untersuchung als Formen der Offenbarung des Absoluten verstanden werden, das der Leitstern alles emotionalen Verlangens ist. Schließlich ist es das Absolute, das in allen endlichen Dingen geliebt wird. Die Seele ist in ihrer Leidenschaft nach Liebe letzthin auf das Absolute ausgerichtet. Klares Verstehen dieser fundamentalen geistigen Wahrheiten liefert die entscheidende Garantie gegen alle Niedergeschlagenheit. Wird dies vergessen, so wird der Mensch in seinem Verlangen nach Liebe einem Zustand vergeblicher Leidenschaft unterworfen, wie Jean-Paul Sartre sagt. Doch wenn er lernt, diese Wahrheit im Gedächtnis zu bewahren und zu praktizieren, beginnt die Liebe zu erblühen und reichlich Erfüllung zu versprechen.

Da war einmal eine Frau, die ihr Heim sehr liebte und ihrem Gatten äußerst liebevoll zugeneigt war. Sie hatte sehr wenige nahe Freunde und ging selten aus. Sie war aufgebracht, weil ihr Gatte durch geschäftliche Dinge übermäßig in Anspruch genommen war. Aber seine erste Liebe galt dem Erfolg im Geschäft. Sein Geschäftsvolumen vergrößerte sich mehr und mehr, und sein Bekanntenkreis weitete sich aus. Er hatte immer weniger Zeit, die er daheim verbringen konnte. Die Frau war schließlich davon überzeugt, daß ihr Mann sie gar nicht mehr liebt. Sie wurde äußerst traurig und lustlos. Sie fühlte den starken Drang, sich das Leben zu nehmen. Eines Nachts kam ihr Mann nach Hause und sah, daß sie einen erfolglosen Selbstmordversuch unternommen hatte. Sie wurde ins Krankenhaus gebracht. Nach wenigen Monaten dortiger Behandlung kam sie, anscheinend geheilt, zurück. Sie schien wieder ganz vergnügt zu sein. Aber eines Morgens bereitete sie ihrem Mann das Frühstück und schickte ihn ins Büro. Sie reinigte sorgfältig das Haus und stellte alles an seinen Platz. Dann ging sie in die Scheune und erhängte sich.

Dieser Fall zeigt, daß eine Person äußerlich heiter und doch innerlich niedergeschlagen sein kann. Und so werden viele emotional gestörte Menschen vorzeitig aus dem Krankenhaus entlassen, ihr heiteres Erscheinen trügt auf tragische Weise: Hinter der irreführenden Maske des Frohsinns kann ein Mensch wohlüberlegt seine Selbstzerstörung planen.

Es erscheint wünschenswert, daß der Einzelne neben seinem Leben daheim nach draußen soziale Interessen hegt und umfassend am kulturellen und religiösen Leben teilnimmt. Auch muß man wissen, daß ein Mensch nicht im Familienkreis zu sehr festgebunden werden kann oder soll. Das widerspricht ganz und gar der männlichen Veranlagung. Der Besitzanspruch der Frau könnte den Gatten eher vertreiben. Gibt die Frau ihren Besitzanspruch

auf, kommt sie viel besser zu ihrem Recht. Wenn die Frau als Frau
ohne Kette und Peitsche auftritt, vermag ihre zurückhaltende
Anhänglichkeit eine natürliche Brücke zwischen dem häuslichen
Leben und dem expandierenden Geschäftsleben ihres Mannes zu
schlagen. Auf Seiten des Mannes ist es wünschenswert zu begreifen, daß kein noch so großer Erfolg im Geschäftsbereich, keine
noch so große Popularität auf Parties und in Vereinen ein Ersatz
für die einfachen Freuden des Lebens daheim sein kann. Es ist
töricht, wenn die Frau versucht, die Welt des Mannes auf die Form
der Familie einzuschränken, es ist Torheit des Mannes, die Welt
der Frau aus seinem Leben herauszutrennen. Wenn er es dennoch
tut, handelt er wie einer, der einen Baum höher wachsen sehen
will, während er ihn entwurzelt. Mann und Frau, beide haben ihre
Wurzeln im Familienleben. Um höher zu wachsen, müssen sie ihre
Wurzeln tiefer in den Nährboden der familiären Liebe eindringen
lassen. Es kommt auf starke und stabile Wurzeln an, die tief in
Liebe verankert sein müssen, damit glückhafte Selbstverwirklichung im sozialen Bereich erzielt werden kann.

Gefühlsmäßige Schwankungen

Häufig ist Depression das periodische Leiden eines bestimmten
launenhaften Persönlichkeitstyps. Es gibt eine Reihe von Menschen, die seltsame emotionale Gefühlsschwankungen bzw.
wechselnde Stimmungen erleben. Manchmal sehen sie sich oben-
auf. Sie sind in gehobener Stimmung, überschwenglich bereit,
alles zu vollbringen. Sie fühlen sich leicht und freudig wie ein
Ballon, der frei am Himmel aufsteigt. Aber dieser Stimmung von
Weite und Triumph folgt mitunter das gegenteilige Gefühl von
Enge und Niedergeschlagenheit. Solche Veränderungen können
noch am selben Tag, im Verlauf einer Woche oder in längeren
Intervallen auftreten. In der Stimmung der Niedergeschlagenheit
hat die Person das Gefühl, für nichts gut genug zu sein, das Leben

hat dann weder Reiz noch Farbe für sie. Sie verliert alles Selbstvertrauen und leidet an Schuld- und Minderwertigkeitsgefühlen. Sie empfindet sich als platten Reifen oder geplatzten Ballon. Sie fängt an, Todeswünsche und nihilistische Wahnvorstellungen zu hegen. Und diese albdruckartigen Stimmungen treten wie eine pechschwarze Nacht auf, die nie zu Ende geht.

Wenn die Gefühlsschwankungen eines niedergeschlagenen Menschen unkontrollierbare Ausmaße annehmen, spricht die Psychiatrie von einem manisch-depressiven Fall. Ein Krankheitsfall dieser Art muß im Krankenhaus und mit den erforderlichen psychiatrischen Mitteln behandelt werden. Aber angemessenes psychologisches und geistiges Verständnis vermag die Lage einer niedergeschlagenen Person zu verbessern und kann die Wende seiner gefühlsmäßigen Instabilität zum Krankhaften verhindern. Je mehr die Ursachen des emotionalen Hin und Her bekannt sind, umso besser ist eine Person in der Lage, sie zu überwinden.

Es ist natürlich bis zu einem gewissen Grade ganz normal, wenn ein Mensch in seinen Handlungen oder im Strom seiner verfügbaren Energien Ebbe und Flut erlebt. Aber extreme Reaktionen hierauf schaffen ein emotionales Problem. Es gibt im Leben eines Menschen Perioden, da die Lebensaussichten glänzend sind, spontane Lebensfreude vorherrscht und der Leistungswille unbezähmbar ist. Alles scheint seinen Weg zu nehmen, und das Glück scheint äußerst gewogen. Es ist klug, von solch günstigem Wind äußersten Gebrauch zu machen. Aber manche Menschen reagieren auf ihn in übertriebener Form. Sie werden vermessen und überschätzen sich. Sie werden blind für die eigenen Unzulänglichkeiten und für die Kräfte der Dunkelheit in der Welt. Sie unterschätzen ihre Feinde und nehmen Freunde als selbstverständlich hin. Im Überschwang von Begeisterung und scheinbarem Erfolg können sie sich leicht übernehmen und in Essen, Trinken und anderen Gewohnheiten unbeherrscht werden. Sie fühlen sich stark genug, unter Vernachlässigung der Gefühle und Interessen anderer Menschen zu handeln. Infolgedessen wendet sich das Blatt, sobald eine harte Reaktion der anderen eintritt. Unmäßigkeiten und Überanstrengungen provozieren die gegenteiligen Extreme von hoffnungsloser Erschöpfung und törichter Verzagtheit. Die Zeit der Ebbe vergrößert sich dann über alle Maßen zu grenzenloser Schwermut und Selbstvernichtung. Dunkle Wolken verdüstern den mentalen Horizont und lassen keinen Silberstreifen aufkommen. Die positiven Züge des Lebens werden ausgeblendet. Man tritt gleichsam in den schrecklichen Kerker der Selbstbestrafung ein.

Aber Übertreibung auf der negativen Seite ruft wiederum das Gegenteil auf der positiven Seite hervor. Extreme Selbst-Unterdrückung kehrt sich jenseits eines gewissen Punktes um in übertriebene Selbst-Ausweitung und Erregung. Die Lebenskraft gleicht einem starken, elastischen Band, das nicht für immer an seiner Ausdehnung gehindert werden kann. Die unbändigen Lebenstriebe reagieren auf krankhafte Zusammenziehung mit übertriebenem Rückschlag. Darüber hinaus stellt die Periode der Niedergeschlagenheit für einige Menschen eine Zeit der Bestrafung des Egos für seine Übertreibungen während der heiteren Stimmung dar. Nachdem es sich in seine vorübergehende Einkerkerung gefügt hat, glaubt das Ego erneut an sein Recht, sich grenzenlos durchsetzen zu dürfen. Aber übertriebene Nachsicht gegenüber sich selbst sät die Saat von Schuldgefühlen und Reue, was nach gewisser Zeit das Dunkel der Depression zurückbringt. Und so geht das weiter. Es ist wie in der Geschichte von dem Mann, der in den Teufelskreis von Whisky und Zwiebeln verstrickt war. Nach einer Flasche Whisky pflegte er den Geruch von Alkohol durch das Essen von Zwiebeln zu tilgen. Aber dann beeilte er sich, den Geruch der Zwiebeln, den er gänzlich ablehnte, wieder durch Whiskygenuß zu übertönen.

Man sollte nicht vergessen, daß es auch in unserem subjektiven Dasein einen dynamischen Fluß der Gegensätze wie Tag und Nacht, Flut und Ebbe, Frühling und Winter gibt. Ein besseres Verständnis dieses Gesetzes des psychischen Wechsels könnte viel seelische Spannung vermeiden helfen. Ein niedergeschlagener Mensch neigt zu der Annahme, daß die dunkle Nacht niemals enden wird. Dieses Gefühl verschlimmert die Situation. Sobald er daran denkt, daß selbst die dunkelste Nacht mit der Ankunft der Morgenröte vorübergeht und daß selbst die schwärzesten Wolken einen Silberstreifen haben können, verbessert sich sofort seine Lage. Wenn ein Mensch auf dem Boden auftrifft, kann er erkennen, daß er nicht tiefer fallen kann. Auf dem Boden landen kann einem tatsächlich dazu verhelfen, die Furcht vor dem Auftreffen auf dem Boden zu bezwingen. Die nächste Bewegung kann nur aufwärts gehen. Unsere emotionale Stimmungslage bestimmt weithin die Richtung unseres Denkens. Ein trübsinniges Mental nimmt nur die düsteren Tatsachen unserer Lebenslage wahr. Wir neigen dazu, den Silberstreifen zu übersehen, auch wenn er vorhanden ist. Umgekehrt neigen wir in einer heiteren Stimmung dazu, die dunklen Mächte, die in unserem Leben am Werk sind, zu ignorieren. Es ist wünschenswert, daß wir während der Aufwärtsphase der gefühlsmäßigen Stimmung Zurückhaltung üben. Umgekehrt ist es notwendig, die Flamme des Glaubens und des Selbstvertrauens während der Abwärtsphase am Brennen zu halten. Selbst wenn wir auf eine hilflose Position beschränkt werden, vermögen wir uns zur Quelle aller Hilfen und Kräfte hinzuwenden. Immer ist es dem Menschen möglich, die Kräfte des Höchsten, der ihn umgibt, einzubeziehen. Der Kollaps des Ego mit all seinen Ressourcen kann, bei rechter Haltung, neue, bislang verborgene reiche Hilfsquellen eröffnen. Das Elend des Menschen kann zur Gelegenheit Gottes werden. Selbstöffnung zum Unendlichen hin kann einen Fluch in Segen verwandeln.

Der Druck von Perfektionismus

Manche Leute fallen gelegentlich wegen ihrer perfektionistischen Neigung in Depression. Sie hegen ihr Tugendideal zu hochmütig. Sie mögen von dem Ideal engelhafter Reinheit oder gott-gleicher Heiligkeit beseelt sein. Aber sie wollen die animalische Seite des menschlichen Daseins nicht anerkennen. Sie ringen verzweifelt darum, so natürliche Lebenstriebe wie das Verlangen nach guter Nahrung, Behaglichkeit, liebevoller Gemeinschaft, per-sönlicher Würde, sozialer Anerkennung und so weiter zu verdrän-gen. Beim Verfolgen bestimmter Ideale wird viel Kraft für das Unterdrücken sogenannter niederer Triebe verschwendet, die kaum vollständig zu tilgen sind. Zwischen der menschlichen Wirk-lichkeit und dem ausgebildeten Ideal einer gott-gleichen Perfek-tion tut sich ein gähnender Abgrund auf. Die Wahrnehmung dieses Abgrunds bringt dem Menschen einen Anfall von Schwindel und Niedergeschlagenheit. Innerpsychische Spannung, die Kluft zwi-schen wirklichem und erhabenem Ideal, das begleitende Schuldgefühl, die kolossale Verschwendung von Kraft, die ein unendlicher innerer Kampf mitsichbringt – all dies zusammen verursacht in vielen frommen, puritanischen und heiligen Men-schen Niedergeschlagenheit. Niedergeschlagenheit löst selbst-zerstörerische Raserei aus. Demgemäß leiden hochmütige Ideali-sten und Perfektionisten häufig unter schrecklicher Seelenqual. Sie gehen den Weg langsamen Selbstmords, der oft in vorzeiti-gem Tod endet. Volkstümliche Meinung erklärt dies als den Preis des Gutseins, als eine Abkürzung zum Himmel. Aber Gutsein muß nicht einen so traurigen Preis haben. Auch sollte es nicht mit vorzeitigem Abflug in den Himmel gleichgesetzt werden. Man sollte nicht vergessen, daß Heiligkeit ihrem Wesen nach nicht etwa Selbstverstümmelung bedeutet sondern Ganzheit der Per-sönlichkeit. Gutsein ist seinem Wesen nach nicht bewaffnete Rebellion des Geistes gegen das Fleisch, vielmehr die glückliche Vereinigung von Geist und Fleisch im Dienst an der Gottheit.

Manchmal geraten Menschen in Depression, weil sie sich ein-bilden, gescheitert zu sein. Wenn sie sich zu hochfliegende Ziele setzen, Ziele, die in keinem Verhältnis zu ihren Fähigkeiten stehen, sehen selbst solide Ergebnisse wie Fehlschläge aus. Eine gesunde, optimistische Einstellung verwandelt Fehlschlag in Erfolg. Eine ungesunde, unrealistische, perfektionistische Haltung kehrt Erfolg in Fehlschlag um. Es gehört zur Weisheit, den Erfolg akzeptieren und genießen zu lernen, ohne über das Ziel hinauszuschießen.

Benommenheit durch Erfolg

Es gibt Menschen, die auf der Höhe ihres wachsenden Erfolgs und Ruhms in Depression verfallen. Eine allgemeine Erfahrung lehrt, daß solche Menschen offenbar unfähig sind, das Glück auszuhalten. Nehmen wir zum Beispiel den Fall eines jungen Mannes, der vermittels harter Arbeit und Ausdauer in seiner Karriere stetig weiter nach oben gelangte. Es kam der Zeitpunkt, zu dem seine Tüchtigkeit durch höhere Autoritäten anerkannt wurde. Es wurde ihm eine große Beförderung mit einer erheblichen Aufstockung seines Gehalts zuteil. Er wurde als Leiter einer Niederlassung eingesetzt. Eine Zeitlang ging alles gut. Doch eines Tages schien plötzlich etwas zu zerbrechen. Er verlor seinen Elan. Sein Leben fing an, ihm dunkel zu erscheinen, ganz dunkel, ohne Sinn und Farbe. Die Menschen um ihn herum schienen gegen ihn zu konspirieren. Wo er aß und trank, lag etwas wie Vergiftung in der Luft. Er fühlte sich so, als ob er sich selbst tötete, als ob er sich vor einen Zug werfe.

Verschiedene Ursachen mögen zusammenkommen, um eine solche Situation hervorzurufen. Es gibt Leute, die arbeiten hart und gut, solange sie Befehle von einer übergeordneten Autorität entgegennehmen können. Aber sie schrecken instinktiv vor einer Situation zurück, in der sie selber Verantwortung zu übernehmen und Entscheidungen zu treffen haben. Rücksichtslos in eine Position unabhängiger Autorität versetzt, werden sie verwirrt und von eingebildeten Ängsten geplagt. Unglückliche Kindheitserfahrungen unterhöhlen ihr Selbstvertrauen in Lagen uneingeschränkter

Freiheit. Sie nehmen an, daß Unterwerfung unter Autorität mit Gutsein und Tugend verknüpft sei.

Einige Menschen können Glück und Wohlstand nicht ertragen, weil tief in ihrem Gemüt eine Neigung zur Untat verwurzelt ist. Tugend ist für sie unbewußt mit hartem Kampf und Leiden verknüpft. Glück wird als Negation von Tugend empfunden. Auch können innere Schuldgefühle sie zu der Annahme verleiten, sie verdienten kein Glück. Für andere ist persönlicher Ehrgeiz eine Sünde, so daß sie Erfolg, Ruhm und soziale Anerkennung innerlich als eine Art Teufelsfalle empfinden. Solche Vorstellungen sind offensichtlich das Ergebnis falscher ethischer und religiöser Lehren. Wenn wir ihrer bewußt werden, verschwinden zahlreiche verborgene Ursachen der Depression. Das Leben setzt sich aus Erfolg und Scheitern, aus ungünstigen und günstigen Umständen, aus Mißgeschick und Glück, aus Widerstand und Anerkennung, Frustration und Erfüllung zusammen. Man sollte unbedingt in der Lage sein, Fehlschlag und Vereitelung konstruktiv zu verarbeiten, ohne dabei den Mut zu verlieren. Ebenso wichtig ist, Erfolg und Ruhm dankbar und freudvoll entgegennehmen zu können, ohne übermütig zu werden. Es gilt unbedingt, unter allen Umständen, günstigen wie ungünstigen, eine aufbauende Lebenshaltung zu bewahren und dies im Geiste der Hingabe an die höheren Lebenswerte.

Depression im mittleren Alter

Viele Menschen erfahren tiefe Niedergeschlagenheit im mittleren Alter. Für Frauen bilden die vierziger, für Männer die fünfziger Jahre eine kritische Phase. Es ist die Zeit, in der sich das innersekretorische Drüsensystem radikal verändert. Die Menschen werden sich ihrer abnehmenden physischen Kraft und der verringerten Gelegenheit bewußt, Liebe zu erfahren. Auf diese Symptome des Alterungsprozesses reagieren manche mit Panik und

Niedergeschlagenheit. Depression dieser akuten Art wird in der Psychiatrie als Rückbildungs-Melancholie bezeichnet.

Das mittlere Alter ist außerdem die Zeit, in der Menschen damit beginnen, in mehr oder weniger großem Umfang mit dem „Danach" befaßt zu sein. Das Problem des Todes und das Geheimnis des Jenseits suchen hin und wieder das Gemüt heim. In Folge davon erwachen religiöse Bedürfnisse und philosophische Antriebe. Falls nichts als Verwirrung über diese letzten Probleme das Gemüt erfüllt, kann die Niedergeschlagenheit abgrundtief werden.

Das Fehlen eines ausgeglichenen Lebensideals ist eine weitere machtvolle Ursache der Depression im mittleren Alter. Menschen, die in ihrem Lebensstil äußerst hedonistisch oder genußsüchtig gewesen sind, geraten im mittleren Alter in Panik. Sobald sie spüren, daß ihre Jugend nachläßt und ihre Fähigkeit, sich des Lebens zu erfreuen, abnimmt, erfahren sie den Schrecken des Todes. Das Leben verliert seinen Sinn. Hinwiederum erfahren jene, die in der Jugend zu selbstlos und sozial engagiert waren, eines Tages, wenn sie älter werden, ihren abnehmenden sozialen Nutzen. Ihre Kinder brauchen sie vielleicht nicht mehr so sehr. Neue berufliche Möglichkeiten bieten sich ihnen nicht mehr. Neue Generationen suchen nicht mehr so sehr ihre Gesellschaft. Sie sind nicht flexibel genug, um sich sozial anzupassen. Sie können nicht mehr mit den ewig wechselnden Modeerscheinungen und Ideen Schritt halten. Gelegentlich werden sie daran erinnert, daß sie altmodisch sind, mit der Zeit nicht mehr übereinstimmen. Sobald sie von der Gesellschaft zurückgesetzt werden, erleben sie Enttäuschung. Es fehlt ihnen im Kern an Selbstgenügsamkeit, auf die sie zurückgreifen könnten. Außerdem empfinden sie wahrscheinlich zu dieser Zeit eine neue Aufwallung an Eigennutz und ichhafter Motivation. Diejenigen, die dazu erzogen sind, den Drang ihres Eigennutzes als ein Übel zu betrachten, werden emotional aus der Fassung gebracht, weil sie in sich so etwas wie den Teufel

des Egos entdecken. Infolgedessen geraten sie in Niedergeschlagenheit mit starken Gefühlen der Selbstverdammung.

Es ist sinnvoll, sich zu vergegenwärtigen, daß das Alter eher für
den Körper als für den Geist charakteristisch ist. Ein Mensch ist so
alt, wie er sich fühlt. Immerwährende Frische ist ein Wesenszug
des Geistes. Durch angemessenes geistiges Training vermag ein
Mensch die Qualitäten mentaler Beweglichkeit und Anpassungs-
fähigkeit zu entwickeln und sie sein ganzes Leben lang zu bewahren. Flexibilität ist Jugend und Freiheit. Die Kraft, die aus der
Flexibilität erwächst, kann den Nachteil sich verringernder physischer Kräfte ausgleichen. Indem man mit den neuesten Entwicklungen der Hygiene, der Diätetik und der medizinischen Wissenschaft Schritt hält, kann man auch den degenerativen Prozeß
erheblich verlangsamen. Man kann neue Verhaltensformen entwickeln, die Gesundheit fördern und das Leben verlängern helfen.

Wie wir gesehen haben, ist Niedergeschlagenheit oft das
Ergebnis einer einseitigen und unausgeglichenen Lebensplanung.
Vergnügen, Freude, Glück sind wesentliche Bestandteile des
Lebens. Lebensfreude ist ein Zeichen von Gesundheit. Es ist
daher töricht, das Übel mit solch unschuldiger Lebensfreude wie
guter Nahrung, Behaglichkeit, ehelicher Zuneigung, sportlicher
Betätigung, Kunst und Unterhaltung in Verbindung zu bringen.
Ebenso töricht ist es, die schwelgerische Lebensart zu übertreiben
und die anderen Werte wie selbstlosen Dienst an der Gesellschaft,
Aufopferung für die Menschheit, Mühsal und Disziplin im Suchen
nach der Wahrheit und dem Göttlichen zu verurteilen. Um der
höheren Selbstverwirklichung willen sollten Selbstsucht und Egoismus gebrandmarkt werden. Aber gleichzeitig liegt es im besten
Interesse der Gesellschaft, daß jedes Individuum ehrlich zu sich
selber ist und sich auf sein eigenes Potential konzentriert. Durch
Entwicklung seiner eigenen höchsten Möglichkeiten vermag man
der Gesellschaft am besten zu dienen. Von daher ist es töricht,
das Übel mit Selbstinteresse zu verwechseln. Wie sehr sich einer
auch immer im Dienst an der Gesellschaft einbringt, er bedarf

einer festen inneren Grundlage an Selbstgenügsamkeit. Geistige Entfaltung vermag das Gefühl der Selbstgenügsamkeit zu stärken und mit dem Geist der Selbsthingabe zu vereinbaren. Das Gefühl von Freiheit und Selbstgenügsamkeit ist am stärksten, wenn man sein Verwurzeltsein im Ewigen entdeckt.

Das Erfordernis geistiger Übungen

Regelmäßiges Praktizieren von Meditation kann dem Einzelnen wirksame geistige Waffen in die Hand geben, mit denen er Depression überwindet. Wenn sich jemand verloren glaubt, identifiziert sich sein Gemüt mit dem alles verschlingenden Gefühl der Depression. Ein in Meditation geübter Mensch kann Depression als einen vorübergehenden mentalen Zustand vergegenständlichen und ihn so überwinden. Wenn er in Niedergeschlagenheit gerät, hat er die Stärke und Kraft, sich aus ihr zu lösen. Indem er sich analysiert und um Deutung und Selbstprüfung bemüht, kann er sich über sie erheben. Indem er Einsicht in die Ursachen seiner Depression gewinnt, kann er sie bezwingen. Er kann ferner die niedergeschlagene Kraft in neue, aufbauende Kanäle umleiten. So würde eine Neuausrichtung der psychischen Energie stattfinden. Die Kraft, die seinen üblichen Beschäftigungen entzogen wurde, kann auf neue Ziele der geistigen Schau konzentriert werden.

Meditation hilft dem Menschen, sein Verwurzeltsein im Ewigen zu entdecken. Dies gibt ihm die Möglichkeit, sich ohne Selbstentfremdung im Fluß des Wandels zu bewegen. Keine noch so große Veränderung in Sitten und Bräuchen, in sozialem Stil und kulturellen Tendenzen vermag ihn aus dem Gleichgewicht zu bringen. Auch die Veränderung seiner physischen Möglichkeiten und seines sozialen Status kann ihn nicht umwerfen. Er erkennt, daß jede Lebensphase ihren eigenen Nutzen und Sinn hat. Jeder Lebenszustand hat seine ihm eigenen Werte. So vermag er, statt an der vorübergehenden Lebensphase zu hängen, sich rasch auf den nächsten Lebensabschnitt einzustellen, der durch seine eigenen Werte gekennzeichnet ist. Am Lebensabend zum Beispiel wird er nicht versuchen, weiter am Jungsein, das vorübergegangen ist, zu hängen, sondern mit der Menschheit demütig die Früchte seiner lebenslangen Erfahrung und Weisheit teilen, wie sich das für ein hohes Alter geziemt. Indem man lernt, in der Gegenwart des Ewigen zu existieren, kann man die eigene Gegenwart zur stillen Quelle von Kraft, Trost und Inspiration für die jüngere Generation machen. Mit dem Verschwinden der Jugendkraft kann eine neue Kraft erscheinen, die aus Weisheit und Liebe geboren ist.

3. Kapitel

Wie man Angst überwindet

Angst ist das fundamentalste psychische Problem. Alle mentalen Störungen, neurotische wie psychotische, sind letztendlich auf Angst zurückzuführen. Viele körperliche Unpäßlichkeiten wie Schlaflosigkeit, Kopfschmerzen, Herzleiden und hoher Blutdruck haben ihre psychische Wurzel in der Angst. Zahlreiche Formen abnormen Verhaltens wie Alkoholismus, Drogensucht, Zwang zu Straftaten und Jugendkriminalität sind im Grunde durch Angst bedingt.

Angst ist nicht auf ein besonderes Alter oder eine bestimmte Menschengruppe begrenzt. Die menschliche Situation ist von ihr durchdrungen. Aber jedes Alter bringt mit seinen neuen Gelegenheiten eigene besondere Nöte und Probleme mit sich. Daraus entstehen neue Formen von Furcht und Angst. Die Angst wird in vielerlei Hinsicht erzeugt. Heute sieht es bis zu einem gewissen Grad so aus, als ob wir in einem Zeitalter der Angst lebten. Der moderne Mensch sieht sich tief versunken in einem Abgrund von Angst. Er ist in gefährlicher Weise zwischen der Scylla atomarer Vernichtung und der Charybdis seelischer Entfremdung und Entwurzelung gefangen. Einerseits steht das Überleben der menschlichen Rasse und Zivilisation auf dem Spiel. Ein dritter Weltkrieg könnte die ganze menschliche Rasse vom Antlitz der Erde verschwinden lassen. Sorgloser Druck auf einige wenige Knöpfe genügt, um die Menschheit mehrmals zu vernichten. Andererseits ist der moderne Mensch von seinen überlieferten psychosozialen und geistigen Bindungen losgekommen. Einsamkeit, Isolation, Selbstentfremdung, Verwirrung durch den Zusammenbruch der herkömmlichen Werte haben ihm den Boden unter den Füßen weggezogen. Die vernichtende Macht des Nichtseins wird im Innersten seines Wesens intensiv empfunden.

Angst und Furcht

Befaßt man sich näher mit dem Problem der Angst, ist es notwendig, sie von Furcht zu unterscheiden. Furcht besteht in unserer emotionalen Reaktion auf etwaige erkennbare äußere Gefahr. Beim Spazierengehen auf der Straße sieht ein Mensch in kurzer Entfernung einen losgelassenen Tiger. Er fürchtet sich. Da seine Furcht ein klar umrissenes Objekt hat, kann er versuchen, etwas dagegen zu tun. Entweder schreit er so laut, daß Menschen kommen, um ihm zu helfen, oder er rennt davon, um im nächstgelegenen Haus Schutz zu suchen. Oder er greift nach einer geeigneten Waffe, um sich selbst gegen den Tiger zu verteidigen. Sollte er zu willensschwach sein, fällt er sofort in Ohnmacht, so daß die Wahrnehmung der großen Gefahr samt der untragbaren Nervenanspannung aus seinem Bewußtsein ausgelöscht wird.

Angst ist demgegenüber nicht mit einem bestimmten Gegenstand verbunden. Sie bezeichnet einen undefinierbaren Zustand mentaler Unsicherheit oder Unpäßlichkeit, der gegenstandslos zu sein scheint. Wenn ein Mensch im Banne der Angst gefragt wird, was ihn beunruhigt, vermag er lediglich zu sagen: „Es ist nichts." Von daher ist Angst irgendwie auf „nichts" bezogen. Sie wird durch die Macht des Nichtseins erzeugt. Aber was ist dieses Nichts oder Nichtsein? Einige sagen, die Macht des Nichtseins bestehe in eingebildeter oder fiktiver Gefahr. Würde zum Beispiel dem Manne, der sich vor dem Tiger fürchtete, jetzt von einem Freund erklärt, daß der Tiger lediglich ein Papiertiger sei, ein

lebendig wirkendes realistisches Gemälde, würde sich normaler-
weise seine Furcht sofort auflösen, weil da nichts mehr zu fürchten
wäre. Aber hier geschieht es gerade so, daß der Mann weiterhin
seltsam von Furcht erfüllt ist. Er hat Angst, sich dem Tiger zu
nähern oder ihn gar zu berühren. Er hat Angst vor nichts, aber er
hat nichtsdestoweniger Angst. Sein Affekt ist irrational und sinnlos. Vielleicht sieht er den Papiertiger von dunklen und zerstörerischen Kräften umgeben und durchdrungen. Solche schrecklichen Kräfte sind natürlich für andere unsichtbar. So fürchtet er
sich vor etwas, das nichts ist. Er fürchtet sich vor jenem nichts,
das doch etwas ist.

Ist nun unsere Darlegung abgeschlossen, wenn wir sagen, daß
die Macht des Nichtseins eine solche von eingebildeter Gefahr
sei? Warum stellt sich dieser Mann solche dunklen, unsichtbaren
Kräfte vor? Sehr wahrscheinlich handelt es sich um Projektionen
gewisser unbekannter dunkler Kräfte, die tief in seinem Unbewußten vergraben sind. In diesem Fall kann die Macht des Nichts als
das verborgene Unbewußte bezeichnet werden. Vielleicht hatte er
in seiner Kindheit traumatische Erlebnisse, die mit dem Bild eines
Tigers in Zusammenhang stehen. Heute hat er keine bewußte
Erinnerung mehr an jenes Erlebnis. Vielleicht verliert er dessen
geheimen Schrecken ein für allemal, wenn er sich im Verlauf einer
gründlichen Aufarbeitung der Vergangenheit das längst vergessene traumatische Erlebnis wieder ins Gedächtnis zurückruft und
emotional neu durchlebt. Ein Mann, der sich vor einem Papiertiger
fürchtet, gleicht „einem Elefanten, der beim Anblick einer Maus
zittert", wie Karl Menninger es ausdrückt[2]. Die Furcht ist irrational,
in keinem Verhältnis zur äußeren Situation. Sie ist subjektiv
bedingt. Sie ist Unruhe in Form von „Angst vor nichts".

Genügt es nun zu sagen, die Macht des Nichtseins sei ein
verborgener und unbekannter Inhalt des Unbewußten? Dies gilt
gewiß für neurotische Angst. Aber Angst wird ebenso von allen
vollkommen normalen Menschen erfahren. Wenn einer sagt, er
hege überhaupt keine Sorge oder Angst, haben seine wohlwollen-

den Freunde allen Grund, um ihn besorgt zu sein. Je intelligenter und erfahrener ein Mensch ist, umso wahrscheinlicher erfährt auch er Angst. Er gerät in Sorge, ob er seinen eigenen Daseinszweck erfüllen kann. Er hat ein Empfinden für den Sinn des Lebens und gleichzeitig ein Bewußtsein der negativen Möglichkeit der Nichterfüllung dieses Lebenszweckes. Als endliches Wesen kann er niemals hinsichtlich der Verwirklichung seiner verborgenen Möglichkeiten sicher sein. Je mehr er nachdenkt, umso mehr wird ihm das Nichtsein als ein wesentlicher Bestandteil des Aufbaus seines Daseins bewußt. Das ist der Sinn von Endlichkeit. Endliches Dasein besteht aus Sein und Nichtsein. Das Leben kann plötzlich beendet sein, die sich entwickelnden Möglichkeiten des Daseins eines Menschen können rücksichtslos zerstört, sein Lebenstraum kann jeden Augenblick durch das unbarmherzige Wirken des Schicksals aufgelöst werden. Von daher liegt die Angst tief im Kern des Daseins verborgen. Die Bedrohung durch Nichtsein ist ein Bestandteil des Seins, der nicht zu entkommen ist.

Diese Bemerkungen können wie folgt zusammengefaßt werden: Während Furcht sich auf einen konkreten Gegenstand bezieht, ist Angst auf etwas bezogen, das nichts ist. Sie kann durch eingebildete Gefahr, durch einen unbekannten Inhalt des Unbewußten oder durch die Macht des Nichtseins, die dem Dasein innewohnt, erzeugt werden.

Verschiedene Arten von Angst

Eine vernünftige Betrachtung des Problems der Angst macht es unerläßlich, die verschiedenen Arten von Angst zu untersuchen. Sie werden durch unterschiedliche Ursachen erzeugt. Die heutigen Haupttheorien der Angst richten ihr Augenmerk vor allem auf die eine oder andere Form oder Ursache von Angst. Allgemein gesprochen gibt es zwei Arten von Angst: die normale oder

Daseinsangst und die krankhafte oder pathologische Angst. Auf den folgenden Seiten werden wir bestimmte Formen von Angst betrachten und darlegen, auf welche Weise sie überwunden werden können.

Die Theorie von Freud

Sigmund Freuds frühe Theorie der neurotischen Angst folgte den Leitlinien der Physiologie. Freud war von dem Begriff der psychosomatischen Korrelationen von Helmholtz beeinflußt und darauf bedacht, die physische Wurzel von Angst zu finden. Und er fand diese Wurzel in vereitelter oder behinderter Sexualität. „Wenn die im Körper entstehende sexuelle Spannung einen bestimmten Grad erreicht, kommt es im Mental zu sexuellem Begehren, der Libido, mit den verschiedenen Begleitideen und Emotionen. Wird aus irgendeinem Grund dieser natürliche Prozeß aufgehalten, so wird die Spannung in Angst verwandelt"[3]. Freud spielte noch mit einem weiteren Gedanken, der sogenannten toxikologischen Theorie. Unter dem Einfluß seines Freundes Fließ neigte er zu der Annahme, daß die Behinderung der sexuellen Funktion eine toxische Lage erzeuge, was so viel heißt wie eine gewisse Störung in der Chemie des Körpers. Dieser toxische Zustand wurde als physische Wurzel der Angst betrachtet. Eine andere Variation dieser frühen Ansicht ist als die Libido-Umwandlungstheorie[4] bekannt, die davon ausgeht, daß starkes sexuelles Begehren oder starke Libido bei Verbot ihrer Erfüllung in Angst verwandelt wird.

Später erkannte Freud die Unzulänglichkeit seiner physiologischen Theorie. Warum wird somatisch-physische Erregung im Bereich des Mentalen nicht zugelassen und in ihrem Ausdruck als bewußtes Begehren untersagt? Solche Untersagung setzt offenbar eine verdrängende Triebkraft der Seele mit dem Ziel der Abwehr voraus. Von daher ist eine rein physiologische Erklärung der neurotischen Angst abwegig. Psychische Faktoren, die der sexuellen Funktion entgegenarbeiten, müssen in die Betrachtung miteinbezogen werden.

Darüber hinaus äußert sich pathologische Angst, die als unterdrückte Sexualität (oder umgewandelte Libido) verstanden wird, im Ursprung völlig anders als reale Angst angesichts physischer Gefahr. Reale Angst ist eine Schutzhaltung des Ego. Sie ist ein Ausdruck des Instinkts der Selbstbewahrung. Pathologische Angst geht letztlich auch vom Ego aus. Freud tat diesen logischen Schritt in der endgültigen Formulierung seiner Angst-Theorie. In „Hemmung, Symptom und Angst" betrachtete er krankhafte Angst als eine defensive Triebkraft des Ichs, das sich vor unbewußten Trieben und Antrieben wegen möglicher gesellschaftlicher Verdammung oder Bestrafung fürchtet[5]. Gewisse sexuelle Triebe oder aggressive Instinkte werden verdrängt, weil sich das Ego vor der Zensur des Über-Ichs oder vor Bestrafung von außerhalb ängstigt. Man kann hier zwischen primärer und sekundärer Angst unterscheiden. Primäre Angst ist der Auslöser für die psychische Verdrängung oder Untersagung einiger unbewußter Triebe. Sekundäre Angst ist das Ergebnis solcher Verdrängung. Sie ist die angestaute innere Spannung, wie sie sich im Bewußtsein reflektiert, ohne daß der Verstand konkret weiß, was vor sich geht.

Es besteht kein Zweifel, daß Freud den Finger auf eine fundamentale Ursache der pathologischen Angst gelegt hat. Je mehr der Mensch Einsicht in die Formen von Verdrängung und Selbstverstümmelung, wie sie die Zivilisation aufbürdet, gewinnt, umso eher kann er Mittel und Wege zur Überwindung von pathologischer Angst ersinnen. Sitten- und Religionslehrer müssen damit aufhören, über Sexualität als eine tadelnswerte Angelegenheit zu sprechen. Sie ist geradezu ein natürlicher Drang mit einer legitimen Funktion im schöpferischen Fluß des Lebens und im seelischen Wachstum der Persönlichkeit. Sexuelle Verdrängung kann nur dahin führen, daß die Sexualität in perverse und abnorme Kanäle geleitet wird. Die voreilige Unterdrückung von Sexualität im Interesse religiöser Ziele erweist sich am Ende trotz einigem scheinbaren oder tatsächlichen Gewinn als verhängnisvoll. Sie unterminiert zwangsläufig die Gesundheit und den Lebenswillen eines Menschen. Sie ermutigt zu allmählichem Rückzug aus der gesellschaftlichen Wirklichkeit. Sie läßt die äußere Welt als trügerisch erscheinen, da alle sexuelle Kraft abgezogen worden ist. Sie offenbart das physische Dasein eines Menschen als reines Gefängnis der Seele. Eine entsexualisierte Person stellt sich leidenschaftlich darauf ein, diesem dunklen Kerker irdischen Daseins zu entfliehen.

Die rechte Haltung gegenüber den unbewußten Trieben der Persönlichkeit liegt weder in asketischer Unterdrückung noch in wirrem Ausleben. Sie verlangt gestaltete und kluge Selbstverwirklichung, die in der Realität gründet. Im Verlauf eines wohlgestalteten und klugen Lebens wird die Libido voraussichtlich in ein Streben nach immer höheren Werten transformiert. Unsere unbewußten Triebe werden häufig symbolisch durch das Bild einer Schlange dargestellt. Die Schlangenkraft soll nicht unterdrückt oder zerstört werden. Sie muß vielmehr taktvoll in ein vitales und wesentliches Element einheitlicher Personalität verwandelt werden.

Die Hindu-Mythologie lehrt uns, daß Lord Shiva, als er von einer gefährlichen Schlange (Kobra) angegriffen wurde, diese nicht vernichtete, sondern unter Kontrolle brachte und als leuchtende Girlande um seinen Hals legte. Damit wurde ein heimtückischer Feind in einen wertvollen Freund verwandelt. In ähnlicher Weise bezwang Krishna die Macht der Schlange. Die Schlange lebte in einem Fluß. Als er sich in deren gefährliche Wicklungen verstrickt fand, tanzte er auf ihrer Brillenzeichnung. So richtete er die Schlange vom Fluß in Richtung Ozean aus. Anders ausgedrückt lenkte er die Libidokraft in Richtung der Erfüllung weltumspannender Wohlfahrt. Er richtete die Basis-Energie des Unbewußten auf die Entfaltung des kosmischen Bewußtseins, auf allumgreifende Liebe und Weisheit.

Durch gestaltete Erfüllung der unbewußten Seele kann die Libido tatsächlich in reine Leidenschaft nach Wahrheit, Rechtschaffenheit und Freiheit verwandelt werden. Vernichtung der Schlange = Verdrängung der Libido kann zwar eine übernatürliche Kraft oder ungewöhnlich intensive religiöse Glut erzeugen, aber am Ende führt sie zur Desintegration der Persönlichkeit und damit zur Abspaltung der Person von Natur und Gesellschaft.

Angst und das Trauma der Geburt

Während Freud pathologische Angst von der ethisch-religiösen Zensur unbewußter Triebe ableitet, betont Otto Rank das Trauma der Geburt als den Prototyp aller Angst. Das Ungeborene fühlt sich vollkommen sicher und behaglich im Mutterleib. Im Augenblick der Geburt kommt es zur Qual des Eintritts in die äußere Welt. Dies ist der Widerwille, den Zufällen des Unbekannten ausgesetzt zu werden. Behaglichkeit und Sicherheit des Mutterleibes sind dahin. Geburt ist von daher ein traumatisches Erlebnis. Der Schrei des Neugeborenen drückt dieses Trauma deutlich aus. Aber diese Angst der Abtrennung und des radikalen Wechsels der Umgebung ist eine notwendige Begleiterscheinung im Wachstumsprozeß des Lebens. Es ist die Conditio sine qua non für das Auftauchen des Individuums als eines unabhängigen Wesens. Im Verlauf des Heranreifens muß das Individuum auf den verschiedenen entscheidenden Lebensstufen durch ähnliche Erfahrungen der Abtrennung und des radikalen Wandels hindurchgehen. Wenn das Kind zum ersten Mal zur Schule geht und es von Eltern und Heim getrennt wird, empfindet es eine Art Angst, die sich kaum vom Trauma der Geburt unterscheidet. Später muß der erwachsene junge Mensch das Heim verlassen, um zum Beispiel in die Gefahren des Schlachtfelds zu geraten, weit weg von aller gewohnten Umgebung. Der „Ruf der Pflicht" bedeutet dann für ihn eine neue Angst-Situation. Die solche Angst auf sich nehmen und sich mit aller Kraft und den ihnen zur Verfügung stehenden Hilfen den Verantwortlichkeiten des Lebens stellen, sind in der Tat wirklich mutig. Wer unter dem Druck solcher Angst zusammenbricht, versäumt die Gelegenheit zur Entwicklung der inneren Stärke seines Charakters.

Die Kunst zu leben schließt die Fähigkeit ein, Angst vor Wandel, Wachstum und kontinuierlicher Wiedergeburt zu integrieren. Das geeignete Training dazu beginnt schon auf den Knien der Mutter. Eine Mutter, die übertrieben Schutz gewährt, kann das Kind verderben. Eine nachlässige Mutter, die hauptsächlich mit ihrem eigenen Glück oder sozialen Status befaßt ist, läßt das Kind bei der Meisterung der Angst emotional im Stich. Erst wenn das Kind durch genügend Nahrung und Liebe gedeiht und gleichzeitig ermutigt wird, auf eigenen Füßen zu stehen, hört die peinigende Angst für das Kind auf. Im Gegenteil, im Aufwuchs des selbstbewußten Individuums wird die Angst, die den radikal neuen Situationen innewohnt, zu einem stimulierenden Faktor. Sie feuert das Individuum an, seine höchsten Fähigkeiten zu entfalten.

Angst vor Wandel und Wiedergeburt begünstigt extremen Konservativismus. Menschen im Zugriff solcher Angst opponieren gegen alle radikalen Reformen. Sie sind gegenüber dem Entstehen neuer Werte blind. Sie kreuzigen diejenigen, die es wagen, die bestehende Ordnung zu stören. Werden sie in eine neue, ihnen fremde Lage hineingezwungen, machen sie instinktiv Anstrengungen, zum früheren Zustand der Dinge zurückzukehren. Sie sind die Erzfeinde von Innovation, Initiative und Abenteuer.

Die Bedeutung des Wandels als Lebensstoff zu begreifen, das ist der Weg, auf dem man das Beharrungsvermögen und die Starrheit, die durch Angst erzeugt werden, überwindet. Leben ist stets erneuerte Schöpfung. Nur ein falsches Sicherheitsgefühl verleitet einen dazu, dem Wandel zu widerstreben. Mit dem Fluß des Wandels zu fließen und doch im Ewigen verankert zu bleiben, ist das Geheimnis des Lebens. Unsere größte Sicherheit liegt in unserer Fähigkeit, uns mit der Bewegung der Zeit vorwärts zu bewegen mit klarem Blick auf das Ziel. Nicht in der Lage zu sein, sich vorwärts zu bewegen, heißt zurückgestoßen zu werden. Angst kann nicht gemeistert werden, indem man an der Vergangenheit festhält, sondern durch Integration der Vergangenheit in die Gegenwart und durch schöpferisches Zugehen auf die Zukunft.

Soziale Angst

Eine weitere Form von Angst ist die soziale Angst. Jeder wird in einem bestimmten sozialen Zusammenhang, in einem mehr oder weniger organisierten Gemeinwesen geboren. Seine Beziehung zum sozialen Umfeld geht in die besondere Art seines Wesens ein. Wenn ein Mensch mit der überlieferten Norm der Gesellschaft konform geht, gewinnt er ein Gefühl von Sicherheit. Aber wenn aus diesem oder jenem Grund das soziale Bezugssystem gestört wird, befällt ihn Angst. Wenn er in einer sittlich orientierten Gesellschaft unsittlich handelt, gerät er in Angst. Die Grundursache solcher Angst liegt in dem Konflikt zwischen persönlichem Verhalten und gesellschaftlicher Norm. Einige versuchen, dieses Problem zu lösen, indem sie die Taktik einer gedankenlosen Anpassung an die Forderungen der Gesellschaft anwenden. Aber ist das Problem wirklich auf diese Weise zu lösen? Im Verlauf gedankenloser Anpassung kann das persönliche Gefühl eines Menschen für sittliche Werte unterdrückt werden. Und ganz gewiß wird das eigene tief verwurzelte Verlangen, sich selbst als Individuum, als ein besonderes geistiges Wesen, als eine schöpferische Quelle neuer Werte zu bestätigen, rücksichtslos unterdrückt. Konsequent entstehen neue Formen von Angst. Am entgegengesetzten Ende gehen einige den Weg offener Rebellion, den Weg des Protestes und der Nichtanpassung. Sie sind erfüllt von dem Ideal individueller Selbstbehauptung, unerachtet der Reaktion der Gesellschaft. Mit zunehmender sozialer Schande und Unterdrückung wächst die Tendenz, sie zu vernichten. Gesellschaftliche Ächtung kann einen in extreme Isolation und Einsamkeit treiben, wenn nicht gar an den Rand des Wahnsinns. Die Belastung durch all dies muß die Angst bis zum äußersten steigern.

Aus dem Bisherigen wird ersichtlich, daß es bei einem Menschen, was auch immer für einen Weg er bei der Gestaltung seiner Beziehung zur Gesellschaft einschlägt, zwangsläufig in der einen oder anderen Form zu Angst kommt. Gänzliche Vermeidung von Angst kann nicht erwartet werden. Es gehört zur Lebensschulung, immer mehr die Fähigkeit zu entwickeln, Angst zu ertragen. Zum Ideal eines ausgeglichenen Lebens gehört es, zwei wichtige Dinge im Auge zu behalten, wenn man Entscheidungen trifft: 1. umfassende Wohlfahrt und Fortschritt von Gesellschaft und Menschheit, und 2. maximale Selbstbehauptung als Vermittlung höherer geistiger Werte und größtmöglichen Wohlergehens der Menschen. Je mehr der Mensch sein Leben entsprechend erfolgreich organisiert, umso mehr wird Angst von einer zerstörenden Kraft in einen anregenden Faktor umgewandelt. Was das mentale Gleichgewicht bedroht, wird so zu einem Bestandteil mentaler Entwicklung.

Existentielle Angst

Existentialistische Denker wie Kierkegaard, Heidegger, Sartre, Paul Tillich und andere haben viel über Angst als existentielle Kategorie geschrieben. Angst sei nicht nur ein unbequemes Gefühl der Furchtsamkeit, das durch wechselnde Lebensumstände hervorgerufen wird. Existentielle Angst sei vielmehr diejenige Art von Angst, die im Dasein des Menschen wesenhaft verankert ist. Sie sei unentrinnbar und unvermeidbar. Je mehr ein Mensch der wesenhaften Struktur des Daseins bewußt wird, umso mehr werde diese Art von Angst ausgelöst. Man könne diese Angst nur durch Zurückweisen des Lebens selbst eliminieren.

Lebensverneinende Philosophen haben versucht, im Namen des transzendenten und zeitlosen Geistes den Menschen aus existentieller Angst herauszuheben. Der Geist ist dabei als verfeinerte Verneinung des Lebens mit all seinen Möglichkeiten und Verwandlungen, seinen Glücksfällen und Schrecken bezeichnet worden.

Wer aber das Leben mit all seinen Glücksfällen und Schrecken, seinen grenzenlosen Versprechen und Triumphen akzeptieren will, muß Angst als einen wesentlichen Bestandteil des Daseins akzeptieren. Sie kann nicht vom Leben getrennt werden, aber sie kann dazu gebracht werden, dem Zweck des Lebens als eine Quelle der Anregung und inneren Kraft zu dienen. Man kann die Angst auf sich nehmen und in dem Abenteuer des Lebens schöpferisch voranschreiten.

Es gibt zwei wesentliche Züge menschlicher Existenz: Begrenztheit und Freiheit. Als begrenztes Wesen erhebt sich der Mensch aus dem Nichts und steuert stetig und unausweichlich auf das Nichts zu. Jeder Schritt nach vorn im Leben ist auch ein Schritt in Richtung Tod. Sein ganzes Leben gleicht einem bunten Blubbern, das ein kurzes Geräusch auf der Oberfläche der flüchtig dahineilenden Zeit macht. Es bildet ein kurzes Intervall von Licht zwischen zwei unergründlichen Reichen der Finsternis. Allseits ist sein Leben der Gefahr des Nichtseins ausgesetzt. Möglichkeit steht in großen Buchstaben quer über das Gesicht der Welt geschrieben, in der er lebt. Alles kann jeden Augenblick in dieser Welt passieren. Wenn er sein Haus verläßt, die Straße kreuzt, im Auto fährt oder im Flugzeug fliegt, kann ihn ein plötzlicher Unfall zu Boden werfen. Politisches Buschfeuer, stets gegenwärtig rund um die Erde, kann jederzeit in eine globale Katastrophe münden und die Zivilisation auf ein Schlachthaus reduzieren. Selbst wenn ein Mensch daheim friedlich schläft – niemand vermag zu sagen, was mit seinem behaglichen Nest der Sicherheit passieren wird. Ein plötzliches Erdbeben oder ein böswilliger Akt von Brandstiftung kann mit einem Schlag seine Sicherheit zur Farce werden lassen.

Selbst wenn man all solche Zufälle und unglücklichen Ereignisse überlebt, reißt einen schließlich die grausame Hand des Todes mit Sicherheit hinweg. Nichts vermag diese endgültige Verurteilung zum Nichtsein zu stoppen. Die Intensität von existentieller Angst steht in direktem Verhältnis zum Bewußtsein der Begrenztheit und Zufälligkeit des Lebens. Deshalb hat Paul Tillich recht, wenn er sagt: „Angst ist Begrenztheit, erfahren als die Begrenztheit von einem selbst."[6] Sie ist „das existentielle Gewahrwerden des Nichtseins".

Angst und Freiheit

Ein weiteres wesentliches Kennzeichen des Menschen ist seine Freiheit. Von allen lebenden Geschöpfen wird der Mensch als das hilfloseste mit einem sehr flexiblen Nervensystem geboren. Aber in dieser seiner Hilflosigkeit liegt gleichzeitig seine Chance. Er wird als gewaltiges Potential geboren. Er hat die Fähigkeit, seine Zukunft zu gestalten oder zu ruinieren. Er verfügt über die Möglichkeit, sich zur Höhe göttlichen Ruhmes zu erheben, indem er seine höheren Werte wie Wahrheit, Schönheit, Gerechtigkeit, Freiheit und Liebe schöpferisch zum Ausdruck bringt. Aber er verfügt auch über die Möglichkeit, auf das Niveau des Scheusals hinabzusteigen, tiefer noch als auf das des Tierischen. Sinnlose Grausamkeit und teuflische Zerstörung, die der wildesten Tiere noch übertreffend, können ihm zu Eigen sein. Solche brutalen Möglichkeiten schließt die menschliche Freiheit ein. Angst entsteht durch Reflexion über die Möglichkeiten der Freiheit.

Man hat beobachtet, daß Angst „das Schwindligsein der Freiheit"[7] ist. Wenn ein Mensch gelegentlich in den gähnenden Abgrund seiner schlimmsten Möglichkeiten hinabblickt, wird ihm schwindlig vor Angst und Schrecken. Es ist ihm möglich, sein geistiges Potential zu verschwenden und das innere Heiligtum seiner Seele zu beschädigen. Es ist ihm möglich, auf das Verkehrte zurückzugreifen oder in die Falle des Diabolischen zu tappen. Es ist ihm ebenso möglich, unbesonnen eine Fehlgeburt der höheren Möglichkeiten seines Wesens in Kauf zu nehmen.

Freiheit erzeugt außerdem Angst als Folgeerscheinung des Verantwortungsgefühls, das sie erzeugt. Sobald wir in freier Wahl eine Aufgabe wie zum Beispiel die Gründung einer Familie oder den Dienst in einer sozialen Institution übernehmen, fühlen wir die Verantwortung für die von uns gewählte Handlungsweise. Wir mögen gegen Kleinigkeiten zu kämpfen haben. Wir mögen Mittel gegen viele Feinde und Opposition mobilisieren müssen. Sorgsam haben wir unsere verschiedenen Handlungen gegeneinander abzuwägen, um zu ermitteln, inwieweit sie das Wohl und Wehe der anderen Menschen beeinträchtigen. Solche ständige Unsicherheit liegt auf jedem Haupt, das Verantwortung trägt. Beachtlicher emotionaler Streß wird erzeugt. Dies ermuntert zu dem Bestreben, der Freiheit zu entkommen. Solch ein Entrinnen ist der Weg des geringsten Widerstandes. Er reflektiert emotionale Unreife. Eine starke und reife Persönlichkeit akzeptiert Verantwortung unerschrocken und nimmt die daraus resultierende Angst auf sich.

Mit der Flucht vor der Freiheit wendet sich eine Person von ihrer verbürgten inneren Kraft des Selbstseins oder In-der-Welt-Seins ab[8]. Indem sie der Angst vor der Freiheit aus dem Wege geht, folgt sie der Menge und verliert sich selbst in der Menge. Sie verliert sich im anonymen Massendasein. Sie wird von der Unmittelbarkeit unechten Seins durchdrungen. Dies führt unbedingt zu einer anderen Art von Angst, der Angst vor dem geistigen Tod. Des Menschen Wunsch nach Entwicklung als einer geistigen Wesenheit ist viel zu tief verankert, als daß er ignoriert werden könnte. Vollständige Unterdrückung dieses Wunsches führt zur Angst vor Selbst-Entfremdung, aus der man sich nicht selber befreien kann. Wenn man hingegen die Angst langsam fortschreitender Selbst-Entwicklung und schöpferischer Freiheit akzeptiert, kann man sie in die Kraft kreativer Selbst-Verwirklichung transformieren.

Zunehmende geistige Einsicht vermag den zerstörerischen Einfluß der Angst zunichte zu machen. Sie kann die Angst vor der Freiheit in Freude an der inneren Fülle umwandeln.

Angst und Unwissenheit

Die Kernursache von Angst, die als negative Kraft wirkt, ist ontologische Unkenntnis. Der Vedanta nennt dies ursprüngliche (primäre) Unkenntnis oder Unwissenheit (avidya). Es ist die Unkenntnis des Menschen über sein authentisches Selbst und dessen Beziehung zum Sein. Es ist die Unkenntnis oder Entfremdung von der zeitlosen Dimension des Daseins (turiya), in der das Individuum und das Allumfassende wesenhaft eins sind. Die Weisen der Upanishads sagen, daß das Bewußtsein der zeitlosen Dimension des Seins dem Menschen hilft, alle Furcht und Angst zu bezwingen.

Es gibt eine alte vedantische Erzählung, die uns zeigt, wie ein mutiges Tier durch Unwissenheit zum Feigling wird. Ein alter halbblinder Wäscher brachte jeden Tag seine schmutzige Wäsche auf dem Rücken seines geliebten Esels zum Flußufer. Eines Tages hatte er eine ungewöhnlich schwere Ladung Wäsche. Als er mit Waschen und Trocknen all der Kleider fertig war, war es ziemlich dunkel geworden. Der beunruhigte alte Mann, der bei Nacht kaum sehen konnte, rief seinem Esel folglich zu: „Wo bist du, mein Lieber, es ist jetzt so finster! Ich fürchte mich nicht so sehr vor Löwen und Tigern, ich fürchte mich vor der Nacht." Gerade in dem Augenblick, als sich dies ereignete, befand sich ein Löwe in einem nahe gelegenen Busch. Der Löwe hörte die Worte des Mannes. Er dachte, die Nacht müsse eine Art schreckliches Monster sein, weitaus mächtiger als er selbst. Und so bekam er Angst. Der Wäscher, der nach seinem Esel suchte, hörte ein Geräusch im Busch und legte seine Wäscheladung auf den Rücken des Löwen, weil er annahm, der sei sein Esel.

Von äußerster Furcht und Angst ergriffen, glaubte der Löwe, dies müsse das schreckliche Monster Nacht sein, das bereits in Erscheinung getreten sei. Daher unterwarf er sich demütig dem Wäscher und führte ihn nach Hause. Der Löwen-Esel wurde im Stall angebunden, und der Wäscher zog sich für die Nacht zurück. Am nächsten Tag vor Sonnenaufgang stellte der Wäscher wie gewöhnlich eine weitere Ladung schmutziger Wäsche zusammen, legte das Bündel auf den Rücken des „Esels" und bewegte sich in Richtung Flußufer, während der „Esel" ihm folgte. Gerade stieg die Sonne am Himmel auf. Der Vorhang der Dunkelheit wurde vom Antlitz der Erde emporgehoben. Da erschien ein anderer Löwe in der Nähe und wurde Zeuge der Prozession des alten Wäschers und seines treuen „Esels". Schamerfüllt schrie er seinem Verwandten zu: „He, was machst du da? Arbeitest wie ein Esel?" Der Löwen-Esel antwortete im Flüsterton: „Pst! Sprich nicht so laut! Hier ist das schreckliche Monster Nacht. Wenn du schreist und prahlst, wird dich das Monster einfangen und dir das Genick brechen." Unbeeindruckt antwortete der Löwe: „Ist das wirklich so? Laß uns sehen, was passiert, wenn du meiner Anweisung folgst! Stoß einen brüllenden Laut aus und erkläre, wer du bist!" Der „Esel" folgte der Anweisung und erhob seine Stimme zu einem gewaltigen Gebrüll. Als er das Gebrüll des Löwen hörte, fuhr der Wäscher zusammen. Er blickte sich um und wurde in Schrecken versetzt durch das, was er sah. Er nahm allen Mut und alle Kraft zusammen und rannte, so schnell er konnte, davon, wobei er seine Wäsche und alles andere zurückließ. Der Löwe war im Nu von seinem Esel-Zustand befreit und zog sich mit majestätischem Satz in seine Freiheitswelt zurück.

Dies ist eine Geschichte über jene Art von Unwissenheit, die einen hypnotischen Zustand hervorruft und einen Löwen in einen Esel verwandelt, d.h. die Ketten der Sklaverei um den Hals der Freiheit legt. Die Angst vor der Nacht macht den Löwen zum Feigling. Und was ist die Nacht? Sie symbolisiert das Nichts – das Monster der Unwissenheit. Sie symbolisiert Angst, die treffend beschrieben worden ist als „die gestaltlose Tochter der gestaltlosen Nacht".

Es liegt in der Macht des Menschen, sich von den Fesseln der Vergangenheit zu lösen und sich einen neuen Weg der Selbst-Entwicklung zu bahnen. Es liegt in seiner Macht, sich über die bedrohliche Verschwörung der Umstände zu erheben und seine Umgebung in Übereinstimmung mit seinem inneren Wertgefühl umzugestalten. Endloses Reden über Vorherbestimmung läßt ihn sein geistiges Wesen vergessen und sich als Spielzeug zufälliger Umstände betrachten, als einen hilflosen Holzklotz, der auf dem Strom der Ereignisse treibt. Das gesellschaftliche Monster „du sollst nicht" springt ihm in die Augen. Unaufhörliche Hinweise über „sollst" und „sollst nicht" verwandeln sein Dasein in ein gesellschaftlich und politisch manipulierbares Objekt, so wie der Löwe in den Esel verwandelt wurde.

Der Geist im Menschen ist wesenhaft im Ewigen verwurzelt – der zeitlosen Dimension des Daseins, wo Furcht und Zweifel, Tod und Zerstörung, Feigheit und Knechtschaft unbekannt sind. Ursprüngliche Unkenntnis in der Form von Selbst-Vergessenheit oder Selbst-Entfremdung entwurzelt ihn aus seinem Daseinsgrund. Solange sich ein Mensch im Reich der Unwissenheit befindet, peinigt ihn Angst, ganz gleich, was er tut. Lebt er in der Achtlosigkeit gegenüber den höheren geistigen Werten, versinkt er im Abgrund unbekannter Ängste. Wenn er seinem höheren geistigen Potential gegenüber blind ist oder die Stimme des Unendlichen in sich erstickt, verliert er sich selbst. Unterdrückung jener Stimme erzeugt, was Kierkegaard als die Angst vor Heidentum bezeichnete.

Aber wenn es im Heidentum latente Angst aufgrund der Entfremdung vom Geist gibt, kommt es im Christentum offenkundig zur Angst aufgrund des Gefühls von Sündhaftigkeit und teuflischer Besessenheit. Heidentum heißt Eintauchen in das Unmittelbare, in die Gegebenheit der Natur. Das Christentum schwingt zum anderen Extrem der Entfremdung vom Unmittelbaren, von der soliden

Unterstützung durch die Natur zurück. Je mehr sich ein Mensch Gott zuwendet, umso mehr treten aufgrund der Furcht vor dunklen Kräften seine latenten Ängste in seinem Leben hervor. Dies kann als Angst aus religiösem Verlangen bezeichnet werden. Es ist die Angst der Entfremdung von der instinktiven Lebensgrundlage.

Angst ist wirklich überwunden, wenn der Vorhang der Unwissenheit gehoben ist – sobald das Individuum mit dem letzten Grund des Daseins vereint ist. Dann wird der Mensch seines innersten Selbst als eines höheren Prinzips der Einheit gewahr, die beides, Natur und Geist, in ein harmonisches Ganzes zusammenfügt. In solch dynamischer Selbst-Verwirklichung werden die Unmittelbarkeit des Instinkts und die Vermittlung der Vernunft miteinander verbunden. Verschiedene Triebe und Wünsche werden im Hinblick auf das zentrale Lebensziel in ein System gebracht. Glückselige Verwirklichung des Ewigen eröffnet neue Richtungen, in die die instinktiven Triebe der Persönlichkeit erfolgreich gelenkt werden können.

4. Kapitel

Wie man sich über Verzweiflung erhebt

Das Problem der Verzweiflung reicht viel tiefer als dasjenige der Depression. Depression, Niedergeschlagenheit, Gram und ähnliches sind Leiden des Gemüts. Sie mögen vorübergehen, ohne den Punkt der Verzweiflung zu erreichen. Verzweiflung scheint irgendwie das Zentrum menschlichen Daseins zu beeinträchtigen. Depression ist eine emotionale Störung, eine mehr oder weniger vorübergehende Krankheit des Gemüts. Verzweiflung ist ein Kranksein der Seele, ein Leiden des innersten Wesens.

Verzweiflung ist der Zustand extremer Hoffnungslosigkeit, wenn auch die letzte Hoffnung im menschlichen Leben, die Hoffnung auf den Tod, gewichen ist. Von daher hat sie Kierkegaard als „Krankheit zum Tode" beschrieben. Krankheit zum Tode ist zu unterscheiden von tödlicher oder lebensgefährlicher Krankheit. Angenommen, ein Mensch leidet an Tuberkulose oder Krebs und ihm wird von seinem Arzt gesagt, daß keine Hoffnung mehr auf Genesung bestehe. Dann ist seine Krankheit tödlich, aber sie kann seinen Geist nicht beeinträchtigen. Er kann bereit sein, den Tod mit lächelndem Gesicht zu umarmen. Er kann den Tod als Tor zu einer höheren Art von geistiger Existenz, zu immerwährendem Leben betrachten. Von daher ist tödliche Krankheit nicht jene Art Krankheit zum Tode, die Verzweiflung heißt. Wenn ein Mensch in Verzweiflung ist, lebt er, um den Tod zu erfahren, „indem er den Tod stirbt"[9].

Wenn ein Mensch Angst vor dem Tode hat, beschäftigt er sich mit dem Leben. Freude an hastigem Leben erfüllt seine Tage. Wenn ein Mensch Angst vor dem Leben hat, möchte er sterben. Tod bringt Hoffnung in sein Leben und verschafft ihm die Möglichkeit, der Lebensqual zu entrinnen. Aber wenn ein Mensch beides, Leben und Tod, sinnlos findet, ist er in Verzweiflung. Die Tür zum Leben ist ihm verschlossen, weil das Leben alle Wärme und Farbe, allen Sinn und Zweck verloren hat. Auch die Tür zum Tod ist ihm verschlossen, weil er in ihm keine Lösung seiner Probleme sieht. Er empfindet den Wunsch zu sterben nicht weniger frevlerisch als ein sündiges Leben. Dergestalt findet sich die verzweifelnde Person im dunkelsten Kerker der Ausweglosigkeit.

Verzweiflung ist hauptsächlich ein geistiges Problem. Ein Mensch mag sich in äußerst widrigen Umständen befinden und gegen überwältigende Überlegenheit kämpfen müssen und kann doch noch von Verzweiflung frei sein. Umgekehrt kann ein Mensch gesellschaftlich gut angepaßt sein, in Reichtum und Luxus schwimmen, und doch kann er verzweifelt sein. Etwas Undefinierbares frißt sich in seine Lebenskräfte ein. Es mag einer äußerlich sehr glücklich und heiter sein, unter seinem jovialen Äußeren kann dennoch eine tiefe Unterströmung von Verzweiflung bestehen. Sie ist nicht so sehr durch äußere Umstände bedingt. Sie hat ihre Wurzeln tief in der Seele des Betroffenen. Folglich ist es ein besonderes menschliches Problem, ob man sich dessen bewußt ist oder nicht. Jene, denen sie nicht bewußt ist, werden zu sehr von den materiellen Lebensaufgaben in Anspruch genommen. Je mehr ein Mensch seiner geistigen Art, seiner tiefer gelegenen Möglichkeiten, seiner Beziehung zum Ewigen bewußt wird, umso mehr Verzweiflung kommt zutage. Je mehr ein Mensch an den Stacheln der Verzweiflung leidet, umso mehr kann er sich auf den Weg zu höherer geistiger Verwirklichung befinden. Geistiger Fortschritt bringt einen Sinn für Verzweiflung mit sich. Wer kein bewußtes Gefühl der Verzweiflung hat, ist in gewissem Sinne geistig tot. Verzweiflung enthält ein Element dessen, was Platon

„göttliche Unzufriedenheit" nannte. In dieser Unzufriedenheit – dem tiefen Gefühl des Unzufriedenseins mit dem herrschenden Zustand vergesellschaftlichten Daseins – liegt der Anfang zu höherer geistiger Entwicklung.

Kann Verzweiflung tatsächlich als eine Krankheit des Geistes beschrieben werden? Das hängt davon ab, was man unter Geist versteht. Das Wort „Geist" wird mitunter gebraucht, um das Element reiner Transzendenz im menschlichen Dasein zu bezeichnen. In diesem Sinne ist „Geist" das, was in der Hindu-Philosophie das Selbst (atman oder purusha) genannt wird. Es ist reines Sein und reines Bewußtsein; es ist die zeitlose Dimension des Daseins. So verstanden, kennt der Geist keine Krankheit. Er ist der Segen des Ewigen. Er liegt jenseits von Qual und Vergnügen, Freude und Sorge, Gesundheit und Krankheit, die allesamt Merkmale unserer psycho-physischen Existenz sind. Die wechselvollen Bedingungen des Körper-Geist-Komplexes berühren nicht den reinen Geist. Wenn der Geist dem Feuer gleicht und der Körper dem Eisen, gleicht das Mental einem Stück roten Eisen, das durch seine Berührung mit Feuer zum Glühen gebracht wird. Der Geist überschreitet in seinem reinen Wesen alle emotionalen Schwankungen, alle psycho-somatischen Störungen. Die höchste Möglichkeit des Menschen liegt in seiner Fähigkeit, ein Leben aus dem Geiste zu leben. Entfremdung vom geistigen Wesen bildet die Wurzel von Verzweiflung.

Aber das Wort „Geist" kann noch in einem anderen Sinne gebraucht werden. In dem oben besagten Sinne bildet der Geist die zeitlose Dimension des Daseins. Er ist der letztendliche Grund des Daseins. Er bildet die tiefste Quelle alles Wissens und aller Freude. In dem zweiten Sinne ist der Geist das Mental insofern, als es durch einigermaßen Begreifen des Überzeitlichen erleuchtet ist. Er ist das, was volkstümlich als des Menschen höhere Natur bezeichnet wird. Er ist geläuterte und transparente Natur, wohingegen im früheren Sinne der Geist Nicht-Natur, eigenschaftslos, nichtmental ist. Im erstgenannten Sinne lebt der Mensch im

Medium des Geistes. Im zuletzt genannten Sinne ist der Geist Grundzug des Menschen: er ist sein Verstand, insofern dieser durch sein Erhaschen des Ewigen und eine folgerichtige Vision der höheren Werte beseelt ist. Aber der Verstand kann auch bei völligem Vergessen des Ewigen wirken. Er mag einen flüchtigen Blick des Ewigen einfangen und wieder verlieren. Seiner augenblicklichen Erleuchtung kann der Sturz in tiefe Dunkelheit folgen. Da das Mental niemals das zeitliche Sein in seiner integralen Fülle vollständig ergreifen kann und da das Ewige eine radikal verschiedene Dimension des Seins ist, die allem Wissen und aller Leistung des Mentals zugrunde liegt, gibt es stets zwangsläufig ein Gefühl des Zweifels, ein unkorrigierbares Gefühl der Unangemessenheit und Unvollkommenheit. Darin beruht der innerste Kern der Verzweiflung. Verzweiflung kann so wie bei Kierkegaard als eine Krankheit des Geistes definiert werden, wenn das Wort Geist im Sinne von auf das Ewige bezogenem Verstand gebraucht wird. Aber es sei hier nochmals vermerkt, daß Geist im Sinne des Ewigen selbst wesenhaft jenseits jeglicher Krankheit und Verzweiflung liegt.

Der Mensch kann nicht sein wahres Selbst sein ohne aktives Bewußtsein seiner Beziehung zum Grunde des Daseins – zum Ewigen –, weil sein Wesen gerade in dieser Beziehung liegt. Sein Selbst ist eine Synthese von Endlichem und Unendlichem, von Zeitlichem und Zeitlosem. Er hat die Fähigkeit, diese Beziehung zur Kenntnis zu nehmen und sich selbst auf der Grundlage dessen wiederherzustellen. Diese Fähigkeit liegt in seiner höheren geistigen Art. Solange er in äußerer Vergessenheit hinsichtlich seiner Beziehung zum Ewigen lebt, ist er in Verzweiflung. Solche Vergessenheit bildet die Unterdrückung seiner tieferen Möglichkeiten, die Verweltlichung des inneren Heiligtums seiner Seele. Je mehr er seiner wesenhaften Beziehung zum Ewigen bewußt wird, umso stärker erlebt er die Mischung der Gefühle von Freude und Verzweiflung, von Spannung und Trennung. Seine Freude kennt keine Grenzen, sobald er seiner Identität als eines dynamischen Brenn-

punktes des Höchsten Seins gewahr wird. Aber gleichzeitig wird
seine Sorge verstärkt. Er empfindet intensiv und qualvoll seine
Trennung vom Höchsten. Bisher wurde die Trennung, obgleich
eine Tatsache, nicht empfunden. Jetzt, nachdem die Trennung im
Bewußtsein erscheint, wird sie zu schmerzvoller Erfahrung. Seine
Freude über das Verwurzeltsein im Ewigen wird von dem quälen-
den Gefühl einer Entfremdung vom Ewigen begleitet. Das Gefühl
von Enttäuschung vertieft sich mit der Erkenntnis, daß keine noch
so große Anstrengung des Menschen den Abgrund zwischen
Endlichem und Unendlichem, zwischen dem zeitlichen Dasein und
dem Außerzeitlichen überbrücken kann. Auf diese Weise wird die
Verzweiflung als Krankheit des Geistes erheblich verschlimmert.

Bewußte und unbewußte Verzweiflung

Vom Standpunkt geistiger Verwirklichung ist die mit Macht
begabte und erleuchtete Verzweiflung aber immer noch besser als
die verdrängte und unbewußte Verzweiflung. Unbewußte Verzweiflung ist geistiger Tod, vollendete Vergessenheit des
göttlichen Erbes des Menschen. Bewußte Verzweiflung bildet mit
all ihren schrecklichen Leiden eine notwendige Phase im Prozeß
der Selbst-Überschreitung (Transzendenz). Unbewußte Verzweiflung ist eine Krankheit des Geistes, weil sie die höhere Art des
Menschen, sein latentes Gefühl für höhere Werte, seine verborgene Möglichkeit bewußter Vereinigung mit dem Ewigen verdun-
kelt. Auch bewußte Verzweiflung ist eine Krankheit des Geistes,
weil sie dem geistigen Sucher tiefes Leiden aufbürdet. Sie ist das
quälende Gefühl des Getrenntseins vom Unendlichen. Sie gleicht
dem Schwindelgefühl, das man erlebt, wenn man in einen boden-
losen Abgrund hinabblickt oder hinauf zu einem gewaltigen Berg-
gipfel. Und doch ist es eine Art von Krankheit, die radikal geheilt
werden kann. Sie ist geheilt, sobald ihre verborgene Ursache, jene
grundlegende ontologische Unwissenheit (avidya), aufgehoben

wird. Es ist zu begrüßen, daß die Verzweiflung im Verlauf unseres Gewahrwerdens des Ewigen mit all ihren Schrecken an die Oberfläche gelangt. Dadurch können wir sie wirksam in Angriff nehmen und bezwingen.

Man hat gesagt, daß das Gefühl der Verzweiflung immens betont wird, wenn der Mensch vor Gott steht. Aber dies trifft nur zu, wenn der Mensch existentiell vor Gott steht. Andernfalls bedarf es keiner Verzweiflung und keines Sündengefühls. Ein Mensch kann ästhetisch oder poetisch vor Gott stehen. In diesem Fall besteht Gott als das Wahre, Gute, Schöne im Medium der Phantasie. Man macht sich schöne, sinnliche Vorstellungen von der majestätischen Großartigkeit des Göttlichen. Poetische Schau des göttlichen Glanzes wird im reichen Widerhall und Rhythmus der Sprache lebendig. Aber trotz solcher ästhetischen Darstellung des Göttlichen kann der Dichter hinsichtlich seiner persönlichen Beziehung zum Göttlichen gänzlich unbekümmert sein. Er kann kraft schöpferischer Vorstellung vom eigenen persönlichen Dasein abstrahieren. Er besingt die Vollendung vom unpersönlichen Standpunkt ästhetischer Kontemplation aus. Wie unvereinbar mit dem Selbst sein persönliches Leben auch sein mag, wie turbulent seine inneren emotionalen Konflikte auch sein mögen, er kann sich auf den Schwingen schöpferischer Phantasie darüber erheben und mit den olympischen Göttern gleichsam Ball spielen.

Ein Mensch kann auch theoretisch oder metaphysisch vor Gott stehen. In diesen Fällen ist Gott entweder die Gestalt des Guten oder das elementare Prinzip der letzten Vereinigung und das erläuternde Prinzip der gottgegebenen Welt. Gott ist entweder die begriffliche Synthese aller höheren Werte oder die begriffliche Einheit der wirklichen Welt. In beiden Fällen abstrahiert der theoretisierende Philosoph in unvoreingenommener Betrachtung der Ganzheit des Seins von seinem konkreten Dasein. Er übernimmt den unpersönlichen Standpunkt des abstrakten Denkens. Alle konkreten Gegenstände der Erfahrung einschließlich seines individuellen Daseins werden von seinem allumfassenden Gedankensystem abgeleitet. Er stellt sich selbst auf eine solch hohe Stufe, daß ihn die inneren Unstimmigkeiten seines persönlichen Lebens nicht kümmern. Seine Fehlschläge in menschlichen Beziehungen erreichen ihn kaum, während er an dem olympischen Spiel „Einkreisen der Welt mit Gedanken" teilnimmt. Er begreift Vollendung vom unpersönlichen Standpunkt abstrakter Spekulation aus. Er wirkt im Medium begrifflichen Denkens. Es stört ihn nicht, in den Kategorien des Denkens zu leben. Die Leidenschaft des Lebens verflüchtigt sich in der kalten Berührung durch Spekulation. Das Problem des individuellen Daseins gerät als individuelles unter die Begrifflichkeit der Dampfwalze.

Verzweiflung und existentielle Begegnung mit Gott

Wenn ein Mensch existentiell vor Gott steht, wird sein Leben in seiner ganzen Nacktheit offenbar. Niemand kann etwas vor dem alles durchdringenden Auge des kosmischen Bewußtseins verbergen. Die inneren Unstimmigkeiten des Lebens kommen an die Oberfläche. Man wird seiner Möglichkeiten und verborgenen Vorzüge gewahr. Man wird seiner schwerwiegenden Begrenzungen und Behinderungen, seiner Übeltaten, der Vernachlässigung seiner Lebenschancen und Gelegenheiten bewußt. Existentielle Beziehung zur göttlichen Vollkommenheit läßt einen glauben, man sei Staub und Asche. Das göttliche Maß an Vollkommenheit gleicht dem mächtigen Lichtstrahl eines Scheinwerfers, der das Nichts des Individuums bloßlegt. Gibt es etwa Hoffnung, die Vollkommenheit in endlicher Gestalt zu verwirklichen? Besteht irgendeine Hoffnung, den Abgrund zwischen Endlichem und Unendlichem zu überbrücken? Kann das Endliche jemals mit dem Unendlichen einssein? Wenn nicht, gehört Unvollkommenheit zum Wesen menschlicher Existenz. Das Bewußtsein dieser Tatsache führt zu äußerster Verzweiflung.

Kierkegaard glaubt, daß der Mensch durch die Macht des Glaubens gerettet werden kann, so unvollkommen und sündhaft er auch sein mag. Seiner Ansicht nach liegt das Wesen der Sünde nicht in Begrenztheit oder Unvollkommenheit, auch liegt es nicht in strafbaren Handlungen. Es liegt im Mangel an Glauben. Das Gegenteil von Sünde ist nicht Tugend, wie das Heidentum meint, sondern der Glaube. Unvollkommen zu sein, ist menschlich. Und es ist auch menschlich, strafbare Handlungen zu begehen. Die Sünde liegt darin, daß man dem Fehlverhalten zustimmt und die göttliche Vergebung nicht akzeptiert. Gott wurde geboren, um das sündige Handeln des Menschen zu sühnen und handgreiflichen Beweis für die göttliche Liebe und Vergebung zu liefern. Nimmt der Mensch diese Vergebung freundlich auf, findet er Rettung. Er wird wieder in den Zustand der Harmonie mit Gott zurückversetzt. Um solche Wiederannäherung zu erreichen, muß er an die göttliche Vergebung glauben. Er muß davon überzeugt sein, daß Gottes Leiden genug an Sühne für die Sünden des Menschen waren. Er muß glauben, daß Gott begierig danach ist, den individuellen Menschen trotz all seiner Schwächen, Unvollkommenheit und Sündhaftigkeit anzunehmen und zu lieben. Wenn einer sagt, daß er trotz göttlicher Vergebung selber nicht in der Lage ist, sein ruchloses Fehlverhalten zu vergessen und zu vergeben, offenbart er Stolz, Egoismus und Mangel an Glauben. Infolgedessen wendet er sich mit der Stimme seines Ichs von dem Tor zur Erlösung ab und verfestigt sich weiterhin in herausfordernder Sündhaftigkeit. Er sinkt tiefer in die Verzweiflung des Trotzes. Es ist sein Mangel an Glauben, der ihn in Verzweiflung treibt. Die Bejahung des Glaubens an die Liebe und Vergebung von Christus kann alles anders machen – kann ihn aus der Dunkelheit der Verzweiflung in das Licht der Erlösung hineinziehen.

Kierkegaards Lösung des Problems der Verzweiflung unterscheidet sich nicht sehr vom Standpunkt der christlichen Orthodoxie. Sie wird im Gewand des theologischen Dogmas empfohlen. Glaube, der die Macht hat zu erlösen, wird mit einem eindeutig

mythischen Inhalt angefüllt. Ein besonderes historisches Individuum – Jesus Christus – muß als der einzige gezeugte Sohn
Gottes akzeptiert werden. Gott bietet dem Menschen Vergebung
nur durch ihn. Der himmlische Vater nimmt die Sünde des Menschen auf sich selbst in Form der Kreuzigung seines geliebten
Sohnes. All dies ist bewußt oder unbewußt konstruiert, um das
Christentum mit kirchlicher Autorität auszustatten. Es kann dem
bedingungslos Gläubigen gewiß geistigen Trost und Wohlgefühl
verschaffen. Es versetzt ihn in die Lage, auf Grund der Zusiche-
rung göttlicher Vergebung sich seiner Sündhaftigkeit anzupassen.
Aber solcher Glaube kann nur solange wirksam sein, wie der
Mythos als Wahrheit im intellektuellen Leben des Menschen dien-
lich ist. Im Fall des orthodoxen Christen ist das christologische
Dogma der Inhalt seines Erlösungsglaubens. Gottergebene
fromme Moslems erfahren eine ähnliche Art der Erlösung, indem
sie Mohammed als den größten Botschafter Gottes auf Erden
anerkennen. Gottergebene Hindus können durch die Anerkennung von Krishna als der vollkommensten Inkarnation Gottes auf
Erden ihre religiöse Befreiung erreichen. In gleicher Weise können
fromme Buddhisten ihr Freiwerden von Sünde und Leiden durch
Anerkennung Buddhas als der Verkörperung des Ewigen und des
Geistes universalen Mitleids erfahren. Die Dogmen der verschiedenen Religionen mögen sich unterscheiden. Die Mythen mögen
variieren. Aber das zugrundeliegende Muster religiöser Erklärung
des Problems von Schuld und Sünde ist dasselbe. Die Lehre von
der göttlichen Liebe und Vergebung befähigt den Sünder, trotz
seiner Sündhaftigkeit selbst-angepaßt zu sein. Erkennt man
göttliche Vergebung an, akzeptiert man sie auch als Gegenstand
göttlicher Liebe. Durch die Liebe Gottes lernt man, an der Herrlichkeit Gottes teilzuhaben.

Es ist erstaunlich zu sehen, daß ein brillanter Dialektiker wie
Kierkegaard emotionale Unreife zeigt. Der Verlust seines Vaters
schuf eine abgründige Leere in seinem Gefühlsleben. Die Mittei-
lung über die Sünde des Vaters schockierte ihn so sehr, daß er

überzeugt war, ein Fluch Gottes läge auf der ganzen Familie. Es war ihm daher nicht vergönnt, ein normales Leben mit Glück und gesellschaftlichem Erfolg zu leben. Puritanische Gedanken über die Sündhaftigkeit von Sexualität und Liebesaffären erzeugten in ihm den Geist der Rebellion wider die Natur. Von daher ist es kein Wunder, daß die Beziehung zu seiner Verlobten kaum eine Chance hatte, zu voll entwickelter Liebe und Eheschließung aufzublühen. Mit der Gefühlsleere, die sich in ihm auftat, befand er sich verzweifelt auf der Suche nach einem Vaterbild. Sein Suchen wurde durch die Entdeckung der Lehre vom einzigen gottgezeugten Sohn belohnt. Mit gläubiger Anerkennung der göttlichen Vergebung können sich Sünde und Verzweiflung leicht in gesegnete Wiederannäherung an den himmlischen Vater verwandeln.

Erlösung ohne Mythos

Wir wollen nun sehen, ob das Problem der Verzweiflung nicht ohne Rückgriff auf Dogma oder Mythos gelöst werden kann. Wenn ein Mensch existentiell vor Gott steht, wird seine Verzweiflung natürlicherweise potenziert. Einerseits erreicht er keineswegs das Ideal der Vollkommenheit. Andererseits entdeckt er zahlreiche latente Möglichkeiten seiner Natur, die vernachlässigt worden sind, und wird auf viele Nachteile und Mängel aufmerksam. Natürlich erscheinen sie am schwärzesten, gemessen am Maßstab göttlicher Vollkommenheit. Aber warum über das Unmögliche klagen? Warum nach dem Unnatürlichen greifen? Warum untröstliche Tränen vergießen wegen Begrenzungen, die natürlich und unausweichlich sind? Warum für absolute Freiheit kämpfen, wo doch der Mensch als begrenztes Wesen nur auf begrenzte Freiheit Anspruch hat? Warum absolute Verantwortung für solche Vorgänge im Leben übernehmen, die der Mensch kaum beherrschen kann? Warum voreilig gegen die Natur rebellieren und dabei das Gefühl schaffen, entwurzelt und entfremdet zu sein? Ist es nicht bloßer Perfektionismus und eine unnatürliche Lebensart, wenn man scheinheilig nach Fiktionen verlangt, um Seelenfrieden zu gewinnen?

Das Ideal absoluter Selbst-Vervollkommnung ist die Projektion eines infantilen Verlangens. Es ist die Forderung eines infantilen Gemüts, das nicht tätig sein kann ohne Protektion eines allmächtigen, allweisen und allguten Vaters. Gott verlangt keine Vollkommenheit vom Menschen. Vollkommenheit in endlicher Gestalt ist ein Widerspruch in sich. Sie gleicht dem ewig zurückweichenden Horizont, der sich stets dem Zugriff des Menschen entzieht. Zwar hat der Mensch in der Tat in sich die Macht, unablässig voranzuschreiten und Fortschritte zu erzielen, sich und seine Lebensbedingungen zu verbessern. Aber er kann in seiner endlichen Gestalt niemals Vollkommenheit verkörpern. Er kann den Horizont niemals berühren. Einsicht in diesen menschlichen Zustand der Begrenztheit ist der erste wichtige Schritt, um Verzweiflung zu bezwingen. Der Mensch ist immer zu vervollkommnen aber niemals vollkommen. Diese unvollkommene Vervollkommnungsfähigkeit, diese sich unaufhörlich selbst verbessernde Unvollkommenheit gehört zum Wesen seiner unentrinnbaren Begrenztheit.

Die Fähigkeit zur Vervollkommnung des Menschen leitet sich von der Tatsache her, daß der Mensch ungeahnte Möglichkeiten verborgen in sich trägt. Die ihn begeisternden Ideale stammen aus einem vagen Bewußtsein latenter Möglichkeiten. Verzweiflung bemißt den Abstand zwischen dem Wirklichen und dem Ideal. Aber Verzweiflung kann sich in beharrliches konstruktives Bemühen verwandeln, das im Verhältnis zu seiner Fähigkeit steht, Idealismus mit Realismus zu vereinigen. Von großer Bedeutung ist eine realistische Einschätzung des eigenen Kräftepotentials. Eine realistische Einschätzung der unentrinnbaren Grenzen der eigenen Natur und Lage in der Welt hat ernüchternde Wirkung. Der Mensch verfügt ohne Zweifel über erhebliche Macht, seine Umwelt zu verändern, seine Umstände neu zu gestalten. Aber diese Macht hat ihre Grenzen. Oftmals ist es tragisch, diese

Grenzen zu ignorieren und den Wahn von Größe und göttlicher Allmacht zu hegen. Weisheit besteht darin, die Grenze und den Zwang, den sie auferlegt, zusammen mit den innewohnenden Möglichkeiten zu erkennen. Solche Weisheit vermag Verzweiflung in Wagnis, in furchtloses Eintreten für neue Unternehmungen zu verwandeln. Sie verwandelt auch quälende Reue in fruchtbares Abenteuer. Es nützt nichts, über das, was man hätte sein können oder getan haben könnte, unbeherrscht zu jammern. Der Blick zurück, der die vergangenen Irrtümer und Verkehrtheiten erkennt, gehört zu einem Menschen, der bereits von demjenigen verschieden ist, der sie begangen hat. Das Selbst, das bereut, hat bereits das Selbst, das pflichtvergessen war, überwunden. Eine gesunde Haltung dem Leben gegenüber besteht in einer objektiven Analyse unserer vergangenen Fehler und Vergehen mit dem Versuch, von ihnen zu profitieren. Nachdem man die rechte Einsicht in die Geschehnisse der Vergangenheit gewonnen hat, sollte man es der Vergangenheit überlassen, sich selbst zu begraben. Krankhafte Beschäftigung mit der Vergangenheit, sowohl bezüglich ihrer Sündhaftigkeit als auch hinsichtlich ihrer Freuden, bildet ein großes Hindernis für die Entwicklung der Persönlichkeit. Nachdem die Vergangenheit ihre Lektionen geliefert hat, laß sie in Ruhe! Laß eine aktive Vision der Zukunft die Gegenwart stärken! Laß sachliche Beschäftigung mit der lebendigen Gegenwart diese in Richtung auf die Zukunft in Gang setzen!

Die letztendliche Bezwingung der Verzweiflung kommt aus einer geistigen Quelle. Wie bereits gesagt, liegt die tiefste Ursache der Verzweiflung in der Entfremdung des Menschen von seinem letzten Daseinsgrund. Der letzte Daseinsgrund ist das Erhabene Sein. Die Wurzeln seines Lebens sind darin tief verankert. Das ist, was der moderne Psychologe „die erhaltende Dimension des Daseins"[10] genannt hat. Der Vedanta nennt es turiya, die Transzendenz. Es ist das, was alle bekannten Phasen der Erfahrung durchdringt und erhält: Gehen, Träumen und Schlafen – und doch alle transzendiert. Es ist die Wohnung von Wonne und Seligkeit.

Es ist der Ort ichfreien Bewußtseins und kosmischer Liebe. Das Gewahrsein der erhaltenden, zeitlosen Dimension des Daseins zerstreut jeglichen Zweifel und alle Verzweiflung. Es vertreibt alle Dunkelheit durch die Macht von Licht und Freude. Es verwandelt bloßen Glauben an Gott in persönliche Verwirklichung seiner lebendigen Gegenwart. Mensch und Gott sind in der zeitlosen Dimension vereint, ohne ihre Unterschiedlichkeit einzubüßen. Durchflutet von der Freude der Integration in das Zeitlose, kann der Mensch frei und spontan am Leben teilhaben, im Geiste der Liebe, die nichts fordert und keinen Lohn erwartet.

5. Kapitel

Wie man Entscheidungen trifft

Die Fähigkeit, Entscheidungen zu treffen, ist einer der wichtigsten Faktoren für die Entwicklung der Persönlichkeit. Der Mensch wird allein geboren, und er stirbt allein. Und in gleicher Weise muß er allein von den Wurzeln seines eigenen Wesens her aufwachsen. Er hat sein ihm eigenes Heil bzw. seine ihm eigene schöpferische Selbst-Verwirklichung auszuarbeiten.

Im Verlauf seiner körperlichen Entwicklung entnimmt ein lebendiges Wesen die Elemente der Nahrung aus seiner physischen Umgebung. Es verzehrt Lebensmittel, trinkt Wasser, fängt Licht auf, atmet Luft. Andere Menschen mögen ihm dabei helfen, sich diese unbedingt notwendigen Dinge zu beschaffen, doch muß er selber kauen, verdauen, assimilieren. In ähnlicher Weise muß ein Mensch im inneren Prozeß seiner geistigen Entwicklung Nahrungselemente aus seiner kulturellen und geistigen Umgebung beziehen. Andere mögen ihn mit Schlüsseln zu verfügbaren geistigen Schätzen versehen. Eltern, Lehrer und Propheten helfen ihm bei der Erforschung des grenzenlosen Reichs der Werte, aber er selbst muß die Auswahl treffen, Angleichung und schöpferischen Selbst-Ausdruck finden. Mit einem Wort: er muß die ihm eigene Selbst-Entwicklung betreiben. Die Fähigkeit, seine Entscheidungen in Übereinstimmung mit Zweck und Möglichkeit des ihm eigenen Wesens zu treffen, ist der wichtigste Faktor für konstruktives und sinnvolles Wachstum. Dies meinte Buddha, als er seinen

Schülern zum Zeitpunkt seines Weggangs als Abschiedsbotschaft hinterließ: „Sei ein Licht für dich selbst (Atmadipo bhava)!"

Die Fähigkeit, als Licht für sich selbst zu wirken, ist das wesentlichste Kennzeichen geistiger Entfaltung. Es ist die Quelle der Kraft für den Charakter eines Menschen. Es ist das Geheimnis reifen Erwachsenseins.

Unter den zahlreichen bedauerlichen irrigen Vorstellungen von Spiritualität gibt es die Annahme, ein geistiger Mensch habe in dem Ausmaß selbstlos zu sein, daß er keine unabhängige Ansicht oder Entscheidung aus sich heraus haben, vielmehr ein bloßer Widerhall irgendeiner anerkannten religiösen Autorität, sei es der Papst oder ein Guru, sein dürfe. Um die Wahrheit zu sagen: dies ist nicht Spiritualität sondern infantile Religiosität. Im Namen von religiösem Gehorsam und religiöser Anheimgabe wird hier die Entwicklung der Persönlichkeit behindert. Hier wird die sich regende schöpferische Saat, die verborgen in der Seele des Menschen liegt, erstickt. Hier wird im Namen Gottes die infantile Neigung des Unreifen ermutigt, sich unter den schützenden Fittichen einer Art elterlicher Autorität vollkommen sicher und wohl zu fühlen.

Das Wesen der Spiritualität liegt in der Entwicklung zur vollen inneren Schau von Wahrheit, Schönheit und weltumspannender Wohlfahrt. Es gleicht dem Anzünden des Dochtes der Seele durch das unbegrenzte Licht, das alles Leben schöpferisch erhält. Wenn einst der kreative Funke zur stetigen Flamme wird, leuchtet der Mensch als ein Licht für sich selbst und für die Welt. Dann ist er in der Lage, Entscheidungen zu treffen, die auf die sich wandelnden Lebenslagen Antwort geben. Und er trifft seine Entscheidungen unabhängig und in Übereinstimmung mit seiner inneren Wahrheitsschau. Unabhängige und erleuchtete Entscheidung kennzeichnet seinen Übergang vom pseudo-religiösen Infantilismus zur spirituellen Reife.

Wenn der Mensch durchs Leben geht, wird er hier und da aufgerufen, Entscheidungen zu treffen. Manchmal scheinen Entscheidungen unbewußt in der Tiefe seines Wesens getroffen worden zu sein. Später kann er dann reflektierend dieser relativ unbewußten Entscheidungen bewußt werden. Zum Beispiel kann ein kleines Kind im Hinterkopf eine vage Idee von seinem Lebensstil hegen. Es kann eine unbewußte Vorstellung von seiner Zukunft haben. So kann es von Julius Cäsar oder Alexander dem Großen, von Christus oder Buddha träumen. Oder es träumt von einem berühmten Filmschauspieler oder Baseball-Helden. Sein lebenslanges Streben mag heimlich Gestalt angenommen haben – erfolgreich oder erfolglos – durch die unbewußte Entscheidung hinsichtlich seines Lebensstils. Oder es passiert, daß es über sich selbst zu reflektieren lernt und sein unbewußtes Selbstbild entweder zurückweist oder im Lichte seiner revidierten Selbsteinschätzung wandelt. Es trifft eine neue, erfolgreiche Entscheidung auf der Grundlage echter Einsicht in sein Selbst und seine Lebenssituation.

Die Schädlichkeit voreiliger Entscheidungen

Mitunter leidet ein Mensch an den üblen Folgen voreiliger Entscheidungen. Voreilig getroffene Entscheidungen sollten möglichst schnell wieder ungeschehen gemacht werden.

Ein junger Mann glaubt, es sei an der Zeit, sich zu verheiraten. So entschließt er sich, jenes ungewöhnlich schöne Mädchen, das er neulich auf einer Cocktail-Party traf, zur Frau zu nehmen. Aber er hat sie nur kurz kennengelernt. Er weiß kaum etwas über ihren kulturellen und familiären Hintergrund. Er weiß wenig über ihre Ideale und Bestrebungen. Doch was macht das schon! Sah sie an jenem Abend nicht wie die Schönheit selbst aus? War sie nicht der Mittelpunkt der Party? Zeigte sie nicht großes Interesse an ihm? Das sollte genügen. So kommt es zur Hochzeit. Aber im Verlauf von ein oder zwei Jahren folgt die bittere Enttäuschung. Ernsthafte Unterschiede im Temperament kommen zum Vorschein. Psychische Unvereinbarkeit reduziert den körperlichen Charme auf einen unbedeutenden Faktor. Man beginnt, der Liebe und Loyalität des anderen zu mißtrauen. So passiert das Unausweichliche: die Kommunikation erstirbt, und es kommt zur Scheidung.

Nun gibt es Menschen, die scheinbar nach demselben Muster voreiliger Entscheidung handeln, gefolgt von plötzlicher Umkehr. Damit wird ein Teufelskreis in Bewegung gesetzt, in dem Entscheidungen getroffen und gebrochen werden. Es gibt Menschen, die immer wieder ihre Tätigkeit, ihre Wohnung oder ihren Partner wechseln. Kommt eine neue Tätigkeit auf sie zu, scheint es genau die richtige zu sein, genau diejenige, nach der man suchte. Nach einer Weile tritt Ernüchterung ein. Die Suche nach einem besseren Job – nach dem tatsächlich richtigen – beginnt aufs neue. In gleicher Weise kann man glücklos auf die Suche nach dem vollkommenen Lebensweg gehen. Da das Neue stets alt wird, gerät das Trachten nach dem Neuen zu einem endlosen Prozeß. Hier und da tritt das Vollkommene in neuer Form auf. Aber sobald sich die Frische verliert, platzt die Illusion der Vollkommenheit wie eine Seifenblase.

Verschiedene Faktoren können zu voreiligen Entscheidungen beitragen. Sobald eine Entscheidung aus oberflächlichen Gründen getroffen wird, erweist sie sich als enttäuschend. Ein junges Mädchen beschließt etwa, sich zu verheiraten, weil sie sich gezwungen sieht, aus ihrer familiären Umgebung zu gelangen, je schneller desto besser. Hier wird der Druck einiger unglücklicher Umstände zum entscheidenden Faktor für das Mädchen. Der Zwang der Umstände macht sie für weitere wichtige Erwägungen blind: den Charakter und den Hintergrund der erwählten Person. In einigen Fällen wird körperlicher Charme für die Entscheidung als hinlänglich betrachtet. Manchmal beschließt ein junger Mann, eine Tätigkeit anzunehmen, weil sie ihm maximalen finanziellen Gewinn verspricht. Später kann er sich in der gewählten Tätigkeit äußerst unglücklich fühlen und die Tätigkeit aufgeben. Er kann erkennen, daß die Tätigkeit, abgesehen vom finanziellen Vorteil, keineswegs mit seinem beständigen Wertgefühl übereinstimmt. Er beging einen großen Fehler, als er zuließ, daß die Frage nach dem Lohn für seine Erwägung ausschlaggebend wurde. Oder nahm er die Tätigkeit vielleicht an, um seinem Vater zu gefallen? Vielleicht wird er erkennen, daß väterliche Billigung nicht unbedingt für das tatsächliche wahre Glück des eigenen Lebens maßgebend sein darf.

Manchmal hinwiederum treffen Menschen voreilige Entscheidungen, weil sie nicht in der Lage sind, die Spannung der Unentschiedenheit für eine längere Zeitspanne zu ertragen. Zuverlässige Entscheidungen brauchen Zeit, um zu reifen. Dies trifft besonders zu im Hinblick auf so vitale Lebensprobleme wie die Wahl des Studienfachs oder welche Art von Schule man benötigt, welche Tätigkeit man aussucht, welchen Lebenspartner man wählt, in welcher Umgebung man leben möchte. Man sollte die verschiedenartigen Möglichkeiten der eigenen Lebenslage sorgfältig überdenken. Auch hat man die Aktiva und Passiva seiner Persönlichkeit realistisch einzuschätzen. All das erfordert Zeit. Zeit ist wie ein Stier, mit dem wir beim Vorwärtsgehen im Leben zu kämpfen haben, wobei wir Stärke entwickeln und Mannhaftigkeit erreichen. Wenn wir die Zeit besiegen, arbeitet sie als unser Medium des Selbst-Ausdrucks, als unser Werkzeug zu neuer Schöpfung. Aber viele Menschen möchten diese Begegnung mit der Zeit vermeiden. Stattdessen möchten sie unbesorgt mit dem Strom der Zeit gehen. Sie schaudern bei dem Gedanken, die Zeit anzuhalten, um die Seele zu erforschen oder die Dinge gedanklich zu erwägen. Sie ziehen es vor, durch die Gewohnheit voreiliger Entscheidung, die unverzüglich und oberflächlich getroffen wird, mitgerissen zu werden. Das Ergebnis besteht in unverbürgtem Leben mit zunehmendem Empfinden innerer Leere.

Das Problem von Unentschiedenheit

Wie es einerseits Menschen gibt, die zu voreiligen Entscheidungen neigen, gibt es andererseits Menschen, die an chronischer Unentschlossenheit leiden. Sie verhalten sich immerzu abwartend. Sie können eben nicht hinreichend Kraft aufbringen, um sich einer definitiven Handlungsweise zu verpflichten. Sie bleiben fortwährend unschlüssig und schweben auf Wolken unendlicher Möglichkeiten dahin. Die Aussicht, auf der terra firma der Wirklichkeit zu landen, erschreckt sie zu Tode.

Solche mentale Unentschlossenheit hat ihre tiefere Ursache oft in ungelösten inneren Konflikten. Manche Menschen können nie entscheiden, ob sie zu einer politischen Partei oder einer religiösen Organisation gehören, sich in einem bestimmten Wirkungskreis niederlassen sollten oder nicht. In einem Teil ihres Wesens sind sie geneigt, irgendwo Wurzeln zu schlagen und sich irgendwo zugehörig zu fühlen. Aber mit einem anderen Teil ihres Wesens rebellieren sie gegen alle Formen der Selbst-Begrenzung und sehnen sich danach, im grenzenlosen Reich des Möglichen in der Schwebe zu bleiben. Einmal mag diese, ein andermal jene Tendenz bestimmend sein, aber niemals erreicht eine von beiden den entscheidenden Sieg. Für einen guten Kompromiß zwischen beiden Tendenzen ist ein gewisser Grad an Mut und Selbst-Verständnis erforderlich.

Anhaltende Unentschlossenheit gibt es bei extremer Angst vor Risiko und Verantwortung. Es besteht ein unvermeidbares Element des Riskanten bei jeder gewählten Handlungsweise. Man riskiert, jemanden zu ärgern oder ihm auf die Zehen zu treten. Man riskiert, etwas zu verlieren oder sich einer Mühsal zu unterziehen. Und da die meisten unserer Entscheidungen und Handlungen irgend jemanden direkt oder indirekt in Mitleidenschaft ziehen, verursachen sie das Gefühl von Verantwortlichkeit. Wer emotional unreif und von schwachem Charakter ist, schaudert davor zurück, Risiken und Verantwortung zu übernehmen. Er hat Angst davor, andere zu verletzen. Er erschrickt vor der Aussicht auf Unbehagen und Unbilligkeit. Aber das Leben ist nicht immer ein Rosenbett. Und selbst wenn es ein solches Bett wäre, gingen scharfe Dornen damit einher. Oftmals zwingt uns das Leben zu einer Wahl zwischen gleichermaßen unerfreulichen Alternativen. Nehmen wir diese Herausforderung an, so ist, was wir auch tun mögen, stets mit Risiko, Härte und Verantwortung verbunden. Laufen wir vor der Herausforderung weg, verlieren wir eine Gelegenheit zur Weiterentwicklung. Drücken wir uns vor Verantwortung, so folgen wir dem Gesetz des geringsten Widerstandes, begehen damit aber seelischen und geistigen Selbstmord.

Der Zustand der Unentschlossenheit kann auch aus dem Fehlen eines maßgebenden Prinzips oder Kriteriums in unserer mentalen Ausstattung herrühren. Kluge Entscheidung setzt einen bestimmten Grundsatz voraus. Die seelische Wurzel aller Entscheidungsgrundsätze ist unser Selbst-Bild oder unsere Selbst-Identifikation. Das Fundament für unsere Selbst-Identifikation wird schon in früher Kindheit gelegt. Ein Kind identifiziert sich unbewußt entweder mit dem Vater oder mit seiner Mutter oder gar mit beiden. Falls es sich mit dem Vater identifiziert, übernimmt es unbewußt die Ideen, Glaubensüberzeugungen und emotionalen Verhaltensweisen des Vaters. Auf diese Weise entsteht ein maskulines Selbst-Bild. Falls es sich mit der Mutter identifiziert, übernimmt es unbewußt deren Gedanken, Überzeugungen und emotionale Verhaltensweisen, und es entwickelt sich ein weibliches Selbst-Bild. Identifiziert es sich mit beiden Elternteilen, entsteht ein Selbst-Bild im Komposit, ein gemischtes, zusammengesetztes Selbst-Bild. In Übereinstimmung mit der unterschiedlichen Nähe zu und Bewunderung für die besondere Persönlichkeitsart der Eltern bezieht das Selbst-Bild des Kindes beides, Männliches und Weibliches, in bestimmtem Verhältnis zueinander ein.

Aber unter gewissen Umständen hat ein Kind keine Gelegenheit, sich mit einem der beiden Elternteile zu identifizieren. Dies liegt besonders dann vor, wenn die Eltern sich in ihrem häufigen kleinlichen Gezänk des Kindes bedienen. Ganz willkürlich gewähren sie ihm Vergünstigungen oder werfen ihm mißbilligende Blicke zu, bestrafen oder belohnen es launenhaft, was nicht zur Qualität und Führung des Kindes beiträgt, sondern mit den wechselnden emotionalen Bedürfnissen und Konflikten der Eltern übereinstimmt. In solcher Lage wird das Kind äußerst verwirrt, sowohl hinsichtlich seiner Gefühle als auch seiner Denkweise. Man läßt es ohne Gefühl für Selbst-Identifikation gleichsam in der Luft hängen. Es kann kein klares Wertegefühl entwickeln. Es weiß kaum, wo es sich befindet oder was es tun soll. Da gibt es keine Chance, daß ein klares Selbst-Bild in ihm reift, das von höheren Werten gespeist wird. Es bleibt ohne ein ausgeprägtes Identitätsgefühl. Es scheint nicht zu wissen, wer es ist. Im Endergebnis fehlt ihm die Grundlage, auf der es eindeutige Entscheidungen im Leben treffen kann.

Verschiedene Entscheidungsgrundsätze

Die vorangehende Erörterung führt uns zu der Frage nach den verschiedenen Prinzipien der Entscheidung. Mangel an Selbst-Identifikation in der frühen Kindheit führt einen Zustand der Unentschlossenheit herbei. Im Gegensatz dazu erzeugt ausgeprägte Selbst-Identifikation verschiedene maßgebliche Grundsätze. Einige von ihnen können ganz inadäquat und oberflächlich sein. Die Aneignung solcher Grundsätze kann natürlich nicht der Entwicklung der Persönlichkeit zur Reife dienen. Glücklich ist jeder Mensch, der mit einem vernünftigen und angemessenen Entscheidungsgrundsatz aufwächst, der nach und nach Gestalt in ihm annimmt. Ein vernünftiges Entscheidungsprinzip ist von größtem Vorteil für die Persönlichkeit. Es ist die elementare Quelle für beständiges Glück und echte Selbst-Verwirklichung.

Das Prinzip der Lust, das der Vollkommenheit, das der Autorität, das der Nichtbegrenztheit – dies alles sind mehr oder weniger

unangemessene und unvollkommene Grundsätze. Eine kurze
Betrachtung dieser Grundsätze ist angebracht, bevor wir daran
gehen, das am ehesten angemessene Prinzip zu umreißen. Der
Grundsatz, der am häufigsten als Grundlage der Entscheidung
benutzt wird, ist das Lust-Prinzip. Es bedeutet, das Universum
neige natürlicherweise dazu, das zu wählen, was am meisten
Spaß macht, und das zu vermeiden, was unangenehm und lästig
ist. Zum Beispiel sind die Menschen gewöhnlich dazu geneigt,
Nahrungsmittel zu sich zu nehmen, die am schmackhaftesten sind
wie ausgefallene Desserts, Cremes und Süßspeisen. Doch eine
kluge Person lernt bald, daß das Gefällige nicht immer das Beste
ist. Nahrungsmittel, die man aufgrund ihres Vergnügungswertes
auswählt, können sich leicht als ruinös für die Gesundheit erweisen, indem sie zu Fettleibigkeit führen und den Menschen wesentliche Bestandteile gesunder Nahrung wie Vitamine, Mineralien und
Proteine vorenthalten. Um bester Gesundheit, Kraft und Langle-
bigkeit willen sollte man vernünftig sein und einen Geschmack für
anfänglich weniger vergnügliche Dinge wie Gemüse, Salate und
Vollkornbrot entwickeln.

Eine Variante des Lust-Prinzips ist der Wunsch, niemandem zu
mißfallen – der Eifer, es allen recht zu machen. Das ist weder
möglich noch wünschenswert. Wenn zum Beispiel von einem
Menschen oder einer Gruppe von Menschen erwartet wird, daß
sie eine Missetat wie Einbruchsdiebstahl oder Mord planen und
daran teilnehmen, gehört es zur moralischen Pflicht des Betroffenen, die Sache der Polizei zu melden, so sehr er auch das Mißfallen der verdächtigen Gruppe durch solches Handeln erregen mag.
Dabei spielt keine Rolle, ob die verdächtige Gruppe zufällig aus
nahen Freunden oder Verwandten besteht.

Allen zu gefallen, ist nicht möglich. Was ein Mensch auch immer
zu tun sich entschließt, wie gerecht und humanitär sein Handeln
auch sein mag, er kann versichert sein, daß er jemandes Eitelkeit
verletzt, Neid erregt, Gefühle beeinträchtigt, Absichten durch-
kreuzt. Sein Handeln mag richtig und wohlwollend sein, er kann

dessen versichert sein, daß jemand kommt und ihn kritisiert. Die Wahrheit verletzt unausweichlich jene, die Falschheit praktizieren. Gerechtigkeit muß dem Unrecht wehtun. Der Geist der Liebe fordert jene heraus, die am Haß verdienen. Die Macht des Lichtes fordert diejenigen heraus, die im Dunkeln herrschen. Selbst das, was sehr schlicht und natürlich erscheint, ruft feindliche Kommentare derer hervor, die im Wesen sadistisch sind.

Es gibt eine sehr alte Geschichte, die die Tatsache illustriert, daß keiner allen gefallen kann und alles, was er tut, zum Ziel der Kritik werden kann. Ein älterer Mann ging in Begleitung seines zwölfjährigen Sohnes auf dem Dorfmarkt einkaufen, etwa fünf Meilen von ihrem Haus entfernt. Sie kauften einige Lebensmittel und erwarben einen Esel zum Gebrauch in ihrem Geschäft. Als sie am späten Nachmittag nach Hause gingen, fühlte sich der alte Mann ziemlich müde. So ritt er auf dem Rücken des Esels, und der Junge ging neben ihm her. Eine Gruppe von Leuten sah sie von weitem und kommentierte laut: „Schaut nur, dieser selbstsüchtige Mann! Er reitet glücklich auf dem Esel, während er den armen kleinen Jungen zwingt, nebenher zu laufen!" Diese Bemerkung traf den Vater sofort. Er entschloß sich, abzusteigen und zu Fuß zu gehen, und ließ den Jungen auf den Esel steigen. Kaum waren sie ein Stückchen weiter, als ein Mann ausrief: „Was bist du für ein gedankenloser und törichter Junge! Du reitest freudig daher und zwingst deinen alten Vater, sich mühsam nebenher zu schleppen!" Als sie diese Bemerkung hörten, entschlossen sich Vater und Sohn, den Rücken des Esels miteinander zu teilen. Aber sie waren kaum hundert Meter weiter, als ein Fußgänger zu seinem Begleiter bemerkte: „Schau, wie diese schrecklichen Menschen den armen Esel zu Tode reiten!" Als Vater und Sohn diese Anschuldigung vernahmen, sprangen sie vom Rücken des Esels hinunter. Sie bekamen Mitleid mit dem Tier. Jetzt entschlossen sie sich, zu zweit neben dem Tier herzugehen. Aber waren sie damit aller Kritik entronnen? Keineswegs! Eine andere Gruppe von Leuten, an denen sie vorbeikamen, bemerkte: „Seht diese törichten Menschen! Sie haben einen hübschen, starken Esel. Aber anstatt ihn um ihrer Bequemlichkeit willen zu benutzen, laufen sie ermüdet neben ihm her."

Die Geschichte zeigt, daß es keine Verhaltensweise gibt, durch die man ganz und gar der Kritik ausweichen kann oder die allen gefällt. Wenn wir Entscheidungen treffen, können wir uns daher nicht von dem, was „andere denken" oder was „alle denken" leiten lassen. Was jedermann denkt, ist der Weg der Unentschiedenheit, denn es ist eine Anhäufung von sich selbst widersprechender Meinung. Von daher muß die Grundlage der Entscheidung woanders gesucht werden.

Ein weiterer unpraktischer und unangemessener Entscheidungsgrundsatz zielt auf absolute Perfektion ab. Einige gescheite Gelehrte bleiben ihr ganzes Leben lang unfruchtbar, weil sie sich der Perfektion verpflichtet fühlen. Wenn sie ein Buch schreiben wollen, muß es tadellos und vollkommen sein. Sie halten ihre Entscheidung, zu schreiben oder sich zum Ausdruck zu bringen, zurück, bis der glorreiche Augenblick vollkommener Schöpfung eintritt. So verfolgen sie ihr ganzes Leben lang das sich immer wieder entziehende Ziel der Perfektion. Je mehr sie Vollkommenheit betonen, umso mehr entzieht sich ihr Ziel. Der hohe Augenblick tritt niemals ein. Daher wird das perfekte Buch nie geschrieben. Entsprechend gibt es wählerische Leute, die niemals heiraten. Sie haben es auf den perfekten Lebenskameraden abgesehen. Er oder sie müssen alle Anforderungen an das Bild in ihren Köpfen erfüllen. Aber in der wirklichen Welt kann solch vollkommene Verkörperung kaum angetroffen werden. So wird die Entscheidung für ein gemeinsames Leben immer wieder verschoben, bis alle Möglichkeiten einer Anpassung von Inbild und Wirklichkeit vertan sind.

In gleicher Weise gibt es vornehme, idealistische Seelen, die kontinuierlich ihre Entscheidung zum sozialen Handeln verschieben, bis innere Vollkommenheit oder komplette Gott-Verwirklichung erreicht worden ist. Während sie der inneren Vervollkommnung nacheifern, ziehen sie sich mehr und mehr aus der Gesellschaft zurück. Sie rechtfertigen diesen Rückzug in der Hoffnung auf Rückkehr zur Gesellschaft auf vollkommener Grundlage. Aber da absolute Vollkommenheit in allen Richtungen ein stets zurückweichendes Ziel bleibt, können für den Perfektionisten nach und nach alle Chancen verloren gehen, sich in aktive Teilnahme an der gesellschaftlichen Entwicklung zurückzubringen.

Eng verknüpft mit dem Grundsatz der Perfektion ist das Prinzip der Nicht-Begrenzung oder uneingeschränkten Freiheit. Es gibt Menschen, die betrachten Nicht-Begrenzung oder absolute Freiheit als die Lebensregel. Sie hassen es, etwas zu tun, was sie in irgendeiner Weise begrenzen wird. Im Hinblick auf die Gesellschaft stimmen sie für das Prinzip der Anarchie. Im persönlichen Leben folgen sie dem Wahlspruch der mangelnden Übereinstimmung. Unterwerfung unter ein Gesetz sei Beschneidung der Freiheit. Bindung an eine besondere Methode des Handelns oder an eine bestimmte Werteskala bedeute, aus dem Himmel grenzenloser Möglichkeit herunterzufallen. Sie vertreten den Grundsatz uneingeschränkter Freiheit und scheitern dann, wenn sie in der Welt des Handelns entscheiden sollen. Sie ziehen es vor, sich auf dem Ozean unendlicher Möglichkeit unentschieden treiben zu lassen. Ihre grenzenlose Unentschiedenheit im wirklichen Leben gründet in ihrer Begeisterung für das Grenzenlose. Wo jedes begrenzte Handeln fehlt, werden alle Möglichkeiten der Chance tatsächlicher Erfüllung beraubt. So führt der Grundsatz uneingeschränkter Freiheit den Menschen schließlich ins Nichts leerer Einbildung.

Wichtige Faktoren beim Treffen von Entscheidungen

Wir sind nun in der Lage, die wichtigen Faktoren zu benennen, die für gesunde und angemessene Entscheidungen maßgebend sind. Vorab sei kurz festgestellt, daß das Selbst-als-auf-das-Sein bezogen die rechte Grundlage für fruchtbare Entscheidungen ist. Als die wesentlichen Faktoren für das Treffen von Entscheidungen gelten: a) ein umfassender Überblick über die verschiedenen Möglichkeiten; b) enger Umgang mit dem Selbst; c) kluge Auswahl; d) Annahme von Gefahr, Verantwortung und Leiden.

Der deutsche Philosoph Leibniz sagt, daß endlos mögliche Kombinationen der Monaden – jener geistigen Atome als letzter Bestandteile des Universums – dem Geiste Gottes vorschwebten, bevor er die Welt erschuf. Gott erwog all diese Möglichkeiten und wählte aus ihnen eine besondere Kombination als die beste von allen aus. Was war sein Beweggrund bei der Auswahl? Das Prinzip der Güte als der Essenz seines Wesens. Von daher ist die wirkliche Welt, in der wir leben, die beste aller möglichen Welten, unerachtet aller ihr innewohnenden Mängel und Unvollkommenheiten. Die schöpferische Kraft Gottes verwandelte die ausgewählte Kombination der Monaden in das Reich der Wirklichkeit.

Was aber bedeutet der Grundsatz der Güte, der Gottes Entscheidung im Augenblick der Schöpfung bestimmt hat? Der Grundsatz der Güte ist eins mit dem Selbst – dem innersten Wesen Gottes. Gott ist absolute Güte. Göttliche Güte ist nicht gleichzusetzen mit irgendeiner Norm oder einem Gesetz. Denn es gibt kein Gesetz und keine Norm außerhalb Gottes. Von daher ist die Selektion oder Entscheidung Gottes nicht willkürlich oder launenhaft. Aber gibt es denn eine Möglichkeit, das Wesen der göttlichen Güte näher zu bestimmen, besonders hinsichtlich seiner Wirkweise als Kriterium von Entscheidung?

Religiös gesprochen ist göttliche Güte mit dem Geist der Liebe identisch. Gott entscheidet aus der Fülle der Liebe für alle, die es betrifft. Zur Begründung von Liebe gehört, daß die tiefste Freude eines Menschen im Versichern des Höchstmaßes an Wohlfahrt für alle, sowohl in Bezug auf den Einzelnen als auch kollektiv gesehen, besteht. Und dies, weil in der Liebe das Ganze des Daseins als untrennbar eins mit dem Selbst empfunden wird. Liebe ist die Einheit von Selbstinteresse und Interesse am anderen. Sie ist die unteilbare Einheit von Egoismus und Altruismus. Vom Standpunkt des Menschen aus erscheinen Egoismus und Altruismus wie voneinander getrennte Impulse, weil das Selbst und die anderen als zusammenhanglos erlebt werden. Darin äußert sich die Unwissenheit des Menschen (avidya). Auf der Grundlage der Unwissenheit erscheint die Liebe als ein Opfern des Selbst um der anderen willen. Güte erscheint als ein Zügeln des Selbst in Bezug auf die anderen. Doch vom Standpunkt der Weisheit aus bildet das Wirkliche eine ungeteilte Einheit des Selbst mit dem anderen. Von daher ist Liebe die aktive Teilnahme am kosmischen Guten.

Philosophisch gesprochen ist die göttliche Güte in der ontologischen Struktur Gottes verankert. Göttlichkeit ist das Kennzeichen des Selbst, insofern es auf das Sein bezogen ist. So stellt das Selbst-Sein (atman-Brahman) die Norm für alle guten Entscheidungen dar. Das Selbst existiert nicht als isolierte, selbst-versunkene Wesenheit. Es gibt keine Güte in der willkürlichen Entscheidung eines selbst-versunkenen Individuums. In gleicher Weise gibt es kein Sein, kein umgreifendes Dasein abgetrennt vom Selbst als der Mitte des Handelns. Von daher kann Güte nicht aus der abstrakten Betrachtung des umgreifenden Daseins oder von gedankenloser Übereinstimmung mit der überwältigenden Macht des Seins resultieren. Echtes Gewahrsein des Selbst ist das Bewußtsein des Selbst als eines auf das Sein selbst Bezogenen. Es ist das Bewußtsein der Identität des umgreifenden Ganzen mit dem individuellen Selbst. Der Geist der Güte und Liebe ergießt sich von solchem authentischen Selbst-Bewußtsein herab und dient als feste Grundlage für die fruchtbarsten Entscheidungen im Leben.

Ein aufgeweckter junger Bursche ist gerade ins College eingetreten. Er ist sich vieler Talente, die in ihm ruhen, vage bewußt. Wenn er will, kann er ein großer Dichter oder Musiker werden. Er kann auch ein bedeutender Wissenschaftler werden, falls er sich dieser Richtung zuwendet. Es gibt keinen Grund, warum er nicht auch ein erfolgreicher Politiker, Moral-Reformer oder dynamischer

geistiger Führer usw. werden könnte. Eine Zeitlang ist er stark an
Dichtung und Musik interessiert und studiert die dafür geeigneten
Bücher, soweit er ihrer habhaft werden kann. Aber nach einer
gewissen Zeit verflüchtigt sich sein Interesse auf diesen Gebieten.
Er ist jetzt stark an Religion und Philosophie interessiert. Tage und
Nächte verbringt er damit, philosophische und religiöse Probleme
zu studieren und zu diskutieren. Doch nach einer gewissen Zeit
verfliegt auch dieses Interesse. Nun wendet er seine Aufmerksam-
keit Gegenständen wie der Wirtschaft und der Politik zu. Eine
Zeitlang ist er ganz erregt über sein neu gewonnenes Interesse.
Aber auch dies dauert unglücklicherweise nicht sehr lange.
Andere vernachlässigte Dinge bezaubern ihn aus der Entfernung.
Unser junger Freund fährt damit fort, sich auf dem Ozean endlos
faszinierender Möglichkeiten treiben zu lassen. Er scheint unfähig
zu sein, sich auf einen guten Weg festzulegen. Ihn erfreut die
Grenzenlosigkeit.

Aber unentschiedenes Dahintreiben zwischen den Möglichkeiten führt zum Nirgendwo. Es macht einen zum Allerweltskerl, nicht
zum Meister von irgendetwas. Es führt zur tragischen Verschwendung von Talent. Schließlich ergreift ein Gefühl von Selbstzerstörung und Frustration das Gemüt. Sogar der allmächtige Gott hatte
eine Auswahl aus den grenzenlosen Möglichkeiten zu treffen, um
zur Schöpfung zu gelangen. In ähnlicher Weise muß der Mensch,
wie talentiert und glänzend er auch ist, eine kluge Auswahl aus
den zahllosen Möglichkeiten seiner Natur treffen, um im Leben
erfolgreich und fruchtbar zu sein. Er muß die verschiedenen kraft-
vollen Anlagen seiner Natur realistisch einschätzen. Auf dieser
Grundlage muß er entscheiden, was seine Laufbahn vorwiegend
ausmachen soll – Kunst, Wissenschaft, Staatskunst, Religion oder
Sozialreform. Seine anderen starken Interessen können um diese
zentrale Lebensaufgabe herum als Nebenberufe oder Hobbys
organisiert werden. Entschließt er sich beispielsweise, vorwiegend
als Wissenschaftler tätig zu sein, mögen seine Interessen an

Sport, Dichtung, Musik oder Politik als Freizeit-Beschäftigungen gewahrt bleiben.

Wenn er sich nun entschließt, in erster Linie Wissenschaftler zu werden, muß diese Entscheidung aus seinem Selbst heraus erfolgen. Er trifft diese Entscheidung nicht wegen seinem Vater oder seinem Lehrer sondern wegen seinem eigenen vorwiegenden Interesse und Talent. Er spürt, daß er als Wissenschaftler am wahrhaftigsten zu sich selbst sein und das Beste aus sich herausholen kann.

Aber er existiert nicht nur für sich selbst. Er gehört zu einer Familie, zu einer Gemeinde, zu einem Land, zur Menschheit insgesamt. Bei gründlichster Untersuchung gehört er zur kosmischen Ordnung der Dinge. Welche Entscheidung er auch immer im Leben trifft, sie berührt andere Menschen und muß daher zwangsläufig auf ihn zurückwirken. Er lebt und wirkt auf das weltumspannende Ganze bezogen. So muß seine Entscheidung, Wissenschaftler zu sein, auch den Entschluß umgreifen, daß er seine Dienste als Wissenschaftler zum Besten der Menschheit verwendet. Wenn man sich entscheidet, das Beste in sich selbst zu entwickeln, muß man sich auch entschließen, sein Bestes für das kosmische Gut, die größtmögliche Wohlfahrt aller, die einen selbst und die anderen einschließt, zu geben. Folglich wird der Geist der Liebe als das Prinzip des auf das Sein bezogenen Selbst zum leitenden Grundsatz reifer Entscheidung. Mit dem Entschluß, Wissenschaftler zu sein und der Menschheit als Wissenschaftler zu dienen, muß man andere Möglichkeiten opfern. Man muß Mühsal und Unbilligkeit aushalten und gewissenhaft sein. Man muß damit rechnen, Kritik und Widerstreit zu begegnen. Man muß Risiken auf sich nehmen und Verantwortung tragen. Schaut man ihnen offen entgegen und nimmt sie unerschrocken an, leisten sie ihren Beitrag zur Charakterstärke und adeln die Persönlichkeit. Sie alle tragen zur Freude tiefen schöpferischen Selbst-Ausdrucks bei.

Neben so wichtigen Entscheidungen wie denen, die sich auf Heirat, Berufsweg, Dienst an der Gesellschaft oder religiöse Bindung beziehen, haben wir alle auch weniger wichtige Entscheidungen im Leben zu treffen. Immerfort entstehen neue Situationen, die uns aufrufen, Entscheidungen zu revidieren. Ein alter Freund arbeitet insgeheim meinen Interessen entgegen. Sollte ich ihn aufgeben mit dem Risiko offener Feindschaft? Ein geschworener Feind ist willens, sich mit mir zu einigen. Sollte ich zustimmen und mit ihm in eine geschäftliche Transaktion eintreten? Wenn ich es mit einem gefährlichen Einbrecher oder Entführer zu tun habe, sollte ich dann riskieren, ihm gewaltsam entgegenzutreten, oder sollte ich bereit sein, ihn, falls nötig, zu töten? Hat man es mit so herausragenden Situationen zu tun, gibt es keine Wunderformel, der man unter allen Umständen blind zu folgen hat. Jede Lage muß in ihrer ganzen Fülle sorgfältig erwogen werden. Sofern es die Zeit erlaubt, können wohlmeinende und vertrauenswürdige Autoritäten um Rat gefragt werden. Doch letztlich muß eine Entscheidung in der Tiefe des eigenen Wesens getroffen werden. Von unschätzbarem Wert ist die Gewohnheit, über eine kritische Angelegenheit erst einmal zu schlafen oder sich ins Schweigen reifer Überlegung zurückzuziehen. Der letzte Entscheidunsgrund sollte weder extremer Egoismus noch abstrakter Altruismus sein. Extremer Egoismus ist gleich Selbst-Vernichtung. Abstrakter Altruismus ist selbst-entmutigend und selbst-aufreibend. Der goldene Grundsatz der Entscheidung bleibt in allen Fällen das Selbst-als-bezogen-auf-das-Sein (atman-Brahman). Es bedeutet aktives Gewahrsein des Selbst als eines Bestandteils des kosmischen Ganzen und als einer schöpferischen Quelle des kosmischen Guten. Es bedeutet Bewußtsein des Selbst als der einzigartigen Mitte alles Handelns des Seins.

6. Kapitel

Das Problem des Leidens

Leiden wird allgemein als Beeinträchtigung des Daseins empfunden. So ist der natürliche Impuls aller lebendigen Geschöpfe, Leiden zu vermeiden. Er wohnt dem Trachten nach Glück inne, der als allgemeiner Instinkt gelten kann. Schmerz wird als etwas gering zu Schätzendes, als eine negative Tatsache erlebt, als die Negation von Dasein. Das positive Ziel aller normalen Bestrebungen ist Freude. Sie wird als positiver Wert, als ein wesentlicher Bestandteil des Glücks erfahren.

Ein ontologischer Blick in die Struktur des Lebens zeigt, daß das Leben eine Einheit von Dasein und Nichtsein bildet. Es stellt den unteilbaren Zusammenhang positiver und negativer Faktoren dar. Alles Lebendige gelangt aus dem Nichtsein zur Existenz, verwandelt sich ständig, während es lebt, und schreitet vorüber ins Nichtsein am Ende seines Lebens. Selbst der ewige, vollkommene Gott hat einen ungeoffenbarten, unergründlichen und unbestimmbaren Aspekt. Das ist das Element des Nichtseins in Gott. Gott offenbart sich selbst, indem er diese Welt aus jenem ursprünglichen unerschöpflichen Nichts erschafft.

Wenn also Dasein und Nichtsein in der Struktur der Wirklichkeit untrennbar vermischt sind, können Schmerz und Freude, Leiden und Glück nicht absolut voneinander getrennt sein. Der Schmerz verhindert, daß die Freude verschwindet. Freude verhindert, daß der Schmerz sich auflöst. Schmerz liefert der Freude eine Grundlage in der Wirklichkeit. Freude verleiht dem Schmerz die Schwungkraft zur Entwicklung. Schmerz bedeutet Konfrontation mit der Macht des Nichtseins. Freude ist Ausdruck der aufwallenden Macht des Seins.

Auch Gott, der vollkommene Glückseligkeit darstellt, leidet. Er leidet, während er seine Unendlichkeit opfert, indem er die Welt der Endlichkeit schafft. Er leidet, indem er in die Mitte der Dunkelheit hinabsteigt, um dort das Königreich des Lichts zu schaffen. Er leidet, indem er durch Kampf gegen die Mächte des Chaos die historische Ordnung bewerkstelligt.

Der Mensch leidet am meisten, wenn er seiner eigenen Grenzen intensiv bewußt wird. Aber sein tiefstes Leiden ist auch der Augenblick seiner größten Freude. In gewissem Sinne übersteigt er im Akt der Wahrnehmung seiner Grenzen alle Begrenztheit. Er erhascht einen kurzen Eindruck vom Unbegrenzten, das angemessen in ihm wohnt, wenn auch von unzähligen Begrenzungen umgeben. Dergestalt werden Schmerz und Freude im erhebenden Augenblick der Erleuchtung eins.

Folglich ist das letzte Ziel des Lebens nicht irgendeine utopische Freude oder irgendein utopisches Glück, die absolut frei sind von jeglichem Schmerz und Leiden. Unvermischte Freude ist weder wirklich noch wünschenswert. Sie ist insofern nicht wirklich, als sie nicht den Tatsachen entspricht. Sie versäumt, dem Moment des Nichtseins in unserem Leben Rechnung zu tragen. Unvermischte Freude ist aber auch nicht wünschenswert, weil sie das Leben dazu veranlassen könnte, sich selbst zu vergeuden. Schmerz ist ein wesentlicher Bestandteil der kreativen Zwänge und immer neuen Geburtsqualen des Lebens. Das letzte Lebensziel kann als jenes dynamische Glück definiert werden, das Schmerz und Freude in sich vereint. In höchster Selbst-Verwirklichung gibt es die Freude der Vereinigung mit der Quelle allen Daseins. Es gibt auch die Freude, als ein aktiver Weg zu wirken, auf dem der Glanz des Seins zum Ausdruck kommt. Aber die Krone des Ruhms ist stets aus Dornen geflochten. Wenn der

Ruhm des Seins geoffenbart wird, müssen die Bedrohungen des Nichtseins ertragen werden. Die Möglichkeit des Leidens, die Widerspruch und Feinschaft aufbürden, müssen freudig angenommen werden. Die Bürden der Liebe, die Angst im Handeln, der Schmerz der Teilnahme an den Weltdingen müssen umarmt werden. In der Annahme eines Lebens aktiver Teilnahme an der Welt in Einung mit dem Höchsten Sein liegt tiefe schöpferische Freude, in der sich Schmerz und Freude miteinander vermischen.

Dies kann als integrale Ansicht der Bedeutung von Leiden betrachtet werden. In der Geschichte des Denkens wurde das Problem des Leidens oftmals aus zwei extremen Blickwinkeln anvisiert: von den Subjektivisten und den Objektivisten. Nur wenige haben sich dem Problem in ausgeglichener Weise genähert. Leiden soll nicht als ein völliger Unwert abgetan werden. Es muß in die Dynamik schöpferischen Vergnügens einbezogen werden. Es ist Ansporn zu neuer Anstrengung. Es ist integrierender Bestandteil freiwilliger Selbst-Hingabe an das Gute im Universum. Aus diesem Grunde gab Buddha sein irdisches Königreich und später sogar das himmlische Königtum (Parinirvana) mit der Absicht auf Dienst an aller lebendigen Kreatur auf. Aus diesem Grunde wies auch Christus verachtungsvoll das Angebot Satans zurück, Herrscher über die ganze Welt zu werden mit der Absicht, die Menschheit zu erlösen. Das Leiden am Selbst-Opfer um der kosmischen Wohlfahrt willen bildet in der Tat das Mark der reifen, spirituellen Freude.

Wir wollen nun kurz die extremen Theorien der Subjektivisten und der Objektivisten über das Leiden erörtern. Das wird den Boden bereiten für ein umfassenderes Verständnis einer integralen Anschauung des Leidens als eines wesentlichen Lebensphänomens, das Dasein und Nichtsein vereinigt.

Die subjektivistische Ansicht des Leidens

Die subjektivistische Theorie verfolgt alles menschliche Leiden bis auf eine subjektive Ursache zurück. Der westlichen Theologie nach liegt die Wurzelursache allen Leidens in der ursprünglichen Sünde. Die ursprüngliche Sünde, begangen von Adam und Eva, stürzte die Menschheit in den Abgrund des Leidens. Die ursprüngliche Sünde ist selbstursächlich und vervielfacht sich selbst. Sünde begeht Sünde und noch mehr Sünde. Geboren aus ursprünglicher Sünde sind die Nachfolger von Adam und Eva in einem Schneeball-System von Sünde gefangen. Der Mensch ist machtlos, dies zu beenden. Gott allein vermag dem Menschen aus diesem Desaster herauszuhelfen: Er bringt ein Opfer und nimmt das Leiden auf sich. Er rächt seinen eigenen Zorn und enthüllt unverhohlen die andere Seite seines Wesens – seine Liebe und Vergebung. Gottes Sohn tut durch die Macht der Liebe Buße für die ursprüngliche Sünde im Namen der Menschheit. Danach ist es jedem menschlichen Individuum möglich, den Vorteil jener Buße zu nutzen: die Aufhebung der Sünde dadurch, daß er die bußfertige göttliche Persönlichkeit annimmt und sich damit identifiziert. Hierin liege die einzige Hoffnung der leidenden Menschheit – die einzige Hoffnung auf schließliche Erlösung aus dem Teufelskreis von Sünde und Leiden.

In Judaismus und Islam besteht dieselbe Auffassung mit einigen Unterschieden in der Lehre. Tatsächlich stamme alles Leiden letztlich aus der ursprünglichen Sünde. Die ursprüngliche Sünde erzeuge sündhafte Neigungen in allen Menschen. Neue sündhafte Handlungen vermehrten und intensivierten weiterhin die dunkle Saat der ursprünglichen Sünde. Der Pfad der Erlösung liege in der Wiederentdeckung des göttlichen Willens und im aufrichtigen Annehmen des geoffenbarten Wortes Gottes. Jeder Einzelne habe diese Wiederentdeckung zu machen und für seine früheren Sünden hinreichend Buße zu tun. Der Islam hat das geoffenbarte Wort Gottes im Koran festgehalten. Der Judaismus hat das geoffenbarte Wort Gottes in der Thora bewahrt. Indem man sein ganzes Leben auf Grundlage totaler Unterwerfung unter den göttlichen Willen, wie geoffenbart wurde, neu ordnet, wird einem Erlösung und das Erlangen des Himmelreichs zugesichert. Die Praxis von Buße und Genügsamkeit, wie sie in den Offenbarungs-schriften empfohlen wird, erzeuge zunehmende Selbst-Reinigung. Der Vollzug der empfohlenen Tugenden des Glaubens, des Gebets, des Gehorsams und der Barmherzigkeit führe zu wach-sendem geistigen Aufstieg. Die antwortende Gnade Gottes ver-brenne die letzten Überreste der ursprünglichen Sünde. Das letzte Tor zum himmlischen Königreich als dem Land ohne Leiden sei offen.

Die religiöse Tradition der hinduistisch-buddhistischen Ortho-doxie ist ebenso subjektivistisch angelegt. Nur wird hier als Wur-zelursache allen Leidens die ursprüngliche Unwissenheit (avidya) an Stelle der ursprünglichen Sünde ausgemacht. Die Unwissen-heit, aus der alles Leiden letztlich fließt, sei weder intellektuell noch empirisch. Sie sei keine Sache des Fehlschlags auf Seiten des Intellekts beim Erfassen der fundamentalen Wahrheit. Im Anfang sei der Intellekt zwar nicht als differenziertes Denkvermö-gen entwickelt. Auch sei die ursprüngliche Unwissenheit nicht empirisch im Sinne eines Mangels an Kenntnis gewisser Tatsa-chen der äußeren Welt. Zum Beispiel bestehe die ursprüngliche Unwissenheit einer Person nicht in der Tatsache, daß sie arglos sei gegenüber Physik oder Chemie, Mathematik oder Geschichte. Auch bestehe sie nicht in intellektueller Inkompetenz, dem Mangel an Übung in Dialektik oder versinnbildlichter Logik. Ein Mensch könne eine lebendige Enzyklopädie wissenschaftlicher Kenntnisse oder ein Meister der Logik sein, und doch könne er sich wegen seiner ursprünglichen Unwissenheit in Knechtschaft und Leiden befinden, der Unkenntnis bezüglich seines höheren Selbst. Ursprüngliche Unwissenheit bestehe im Mangel an Bewußtsein der wesenhaften Struktur des eigenen wahren Selbst. Was ist das innerste Wesen eigenen Daseins? Wie ist der Mensch auf das kosmische Ganze oder auf seine Umgebung bezogen? Wie ist er auf den letzten Grund von Dasein bezogen? Die Unwissenheit bezüglich dieser grundlegenden Tatsachen sei die fundamentale Ursache von Leiden und Sklaverei. Ursprüngliche Unwissenheit ist ontologische Unkenntnis.

Da die vorstehende Ansicht sich in wesentlicher Hinsicht radikal von der Lehre von der ursprünglichen Sünde unterscheidet, ist hier eine genauere Darlegung angebracht.

Nehmen wir an, ein bedeutender Atomphysiker arbeitet für einen ehrgeizigen Diktator oder einen militärischen Herrscher. Er weiß, daß ein bestimmtes Atomforschungsprojekt, an dem er mitarbeitet, demnächst zur Befriedigung militärischer Ambitionen der herrschenden politischen Macht benutzt wird, was ein unbarmherziges Massaker an Unschuldigen einschließt. Er weiß, daß solch ein militärischer Expansionismus von Übel ist, ja, ein Verbrechen gegen die Menschheit darstellt. Dennoch beschließt er, bei diesem kriminellen Plan Komplize zu sein. Erwägungen persönlichen Aufstiegs und Glücks bestimmen seine Wahl. Auf diese Weise erscheint ein offensichtlich übles Verfahren als gut wegen persönlicher Erwägungen, die sich als vernünftige Entschuldigungen oder Rationalisierungen darstellen. Nachdem er sich entschieden hat, als Komplize eines militärischen Diktators zu arbeiten, kann der fragliche Atomwissenschaftler damit beginnen, ernsthaft zu glauben, daß es für ihn richtig ist, diesem Weg zu folgen. Und darin liegt der Kern seiner ursprünglichen Unwissenheit (avidya): bewußte oder unbewußte Motivation eines egoistischen Charakters, ein perverser Wille, dasjenige zu wählen, das bekanntermaßen dem weltumspannenden Guten abträglich ist, der Wunsch nach persönlichem Aufstieg auf Kosten der gesellschaftlichen Wohlfahrt – das alles sind konkrete Anzeichen ursprünglicher Unwissenheit.

Das Wesen ursprünglicher Unwissenheit liegt in der irrtümlichen Identifikation des Selbst mit dem Ego. Das Selbst ist der einzigartige Brennpunkt des Unendlichen und die schöpferische Mitte des kosmischen Ganzen. Das Gewahrsein des echten Selbst kann niemals egoistischen Begründungen den Vorrang vor der Wohlfahrt des Kosmos einräumen. Im hellen Licht vollständigen Wissens vom Selbst verlieren Verkehrtheiten des Willens und egoistische Neigungen alle Macht. Wo das ontologische Bewußtsein vom Selbst fehlt, entfremdet sich das Selbst seinem wahren Wesen und wirkt als Ego. Das Ego ist eine verdrehte Widerspiegelung des echten Selbst. Es ist das Selbst, das seine seinsbezogene Wurzel und seine wesenhafte Struktur vergessen hat. Es ist das Selbst, das sich, gemäß der ursprünglichen Unwissenheit, von seinem eigenen Daseinsgrund abgewandt hat. Als Erzeugnis der Unwissenheit vom Selbst bestätigt sich das Ego in Opposition zur weltumspannenden Wohlfahrt. Trennungslinien in der Persönlichkeit des Menschen wie zwischen Intellekt und Wille, Kenntnis des Guten und Wahl des Üblen, Liebe zur Wahrheit und Zustimmung zur Lüge stammen aus der ursprünglichen Unwissenheit des Individuums. Deshalb wird ursprüngliche Unwissenheit in der religiösen Überlieferung von Hinduismus und Buddhismus als Wurzelursache alles menschlichen Leidens bezeichnet. Egoismus (asmita) und selbstsüchtiges Verlangen (tanha oder kama), die Vorherrschaft persönlicher Vorlieben und Abneigungen, Liebe und Haß (raga-dvesha), subjektiv gefärbte Begriffe von gut und schlecht (dvandva) sind nur die Abkömmlinge ursprünglicher Unwissenheit.

Wie wir gesehen haben, liegt nach westlicher Tradition das Heil in der Befreiung von der ursprünglichen Sünde. Solche Befreiung wird erreicht durch völlige Annahme und Übereinstimmung damit, daß sich der göttliche Wille in den Schriften offenbart. Nach der religiösen Tradition von Hinduismus und Buddhismus liegt das Heil in der Befreiung von den Fesseln ursprünglicher Unwissenheit. Nun liegt die beste Methode, das Dunkel der Unwissenheit zu vertreiben, darin, daß das Licht vollkommener Einsicht in das Innerste des Seins angezündet wird. Befreiung besteht in völliger Erleuchtung oder lichtvoller Einung mit dem echten Selbst oder

Daseinsgrund. Das ist verschiedentlich prajna, bodhi, satori, samadhi, jnana usw. genannt worden. Es handelt sich dabei stets um die ontologische Einsicht, die aus der vollständigen Integration der Persönlichkeit erwächst. Heilige Schrift, sittliches Handeln, Selbstdisziplin, Einhaltung religiöser Gesetze sind lediglich Hilfen zur letzten Erleuchtung, die allein die ursprüngliche Unwissenheit aufheben kann. Erleuchtung ist nicht bloß Glaube sondern persönliche Verwirklichung der Wahrheit. Glaube wird hier weiter umgewandelt in lebendige, leuchtende Erfahrung – die Erfahrung der totalen Einheit von Individuum und kosmischer Wirklichkeit.

Die objektivistische Betrachtungsweise

Es gibt in allen Ländern und zu allen Zeiten neben der religiösen und mystischen auch die säkulare und sozio-politische Tradition. Während die religiöse Überlieferung weitgehend subjektivistisch ist, ist die sozio-politische in ihrer Anschauung vorwiegend objektivistisch. Während erstere vorwiegend nach innen gerichtet ist, ist letztere vorwiegend nach außen gewandt.

Nach der objektivistischen Betrachtungsweise ist das menschliche Leiden Ergebnis ungünstiger äußerer Umstände. Je erfolgreicher der Mensch in dem Bemühen ist, die äußeren Lebensumstände in kluger Weise zu verändern, desto eher kann er das Leiden aus dem Leben verbannen. Die Hauptgründe für menschliches Leiden sind Armut, Mangel an Bildung (Analphabetentum), soziale Ungleichheit, politische Unterjochung, Überbevölkerung und natürliche Katastrophen wie Hunger, Erdbeben, Vulkanausbrüche und Überflutungen.

Um die soeben genannten Ursachen des Leidens anzugehen, müssen geeignete Veränderungen in der sozio-politischen Struktur durchgesetzt werden. Ungleichheiten im gesellschaftlichen System müssen beseitigt werden, so daß alle Menschen, die ja gleich geboren sind, mit den gleichen Entwicklungsmöglichkeiten und gleicher gesellschaftlicher Teilhabe ausgestattet werden. Es sollte geeignete Einrichtungen geben, die den nationalen Reichtum unter allen Menschen gleichmäßig verteilen. Eine Nation, die ihrem Wesen nach unteilbar ist, kann nicht halb frei oder halb versklavt, halb satt oder halb verhungert sein. Die politische Struktur sollte so angelegt sein, daß die Unteilbarkeit voll gewährleistet wird.

So wie eine Nation nicht halb frei oder halb versklavt existieren kann, kann die internationale Gemeinschaft ebensowenig auf Dauer halb frei und halb versklavt, halb begünstigt und halb verarmt bleiben. Solange weiterhin erhebliche internationale Ungleichheiten in Form kolonialistischer Ausbeutung und politischer Vorherrschaft eines Landes über das andere bestehen, werden die Qualen menschlichen Leidens zum Himmel schreien. Deshalb besteht an erster Stelle das dringende Bedürfnis nach internationalen Institutionen wie der UNO, der UNESCO, der Weltgesundheitsorganisation, der Weltbank als Agenturen für internationale Harmonie, Fortschritt und Frieden.

Drei große Probleme beschränken die objektivistische Formel für menschliches Glück. Da ist zuerst das Problem der Ideologie. Nachdem man eingeräumt hat, der Schlüssel zum Problem des Leidens liege in einem idealen Wandel der sozio-ökonomischen Umstände, können sich gegenseitig bekämpfende Theorien über die Art solchen Wandels überhandnehmen. Im Namen des menschlichen Glücks und des Weltfriedens können sich einander widersprechende Ideologien damit drohen, den Weltfrieden zu zerstören. Sie können wie ein Damoklesschwert über der internationalen Gemeinschaft schweben. Begeisterte Kämpfer für ein weltliches Himmelreich könnten sogar davon träumen, ihr Königreich über den atomar verseuchten Ruinen der Zivilisation zu errichten.

Da ist zweitens das Problem des Faktors Mensch. Dieses ist untrennbar mit dem ersten Problem verknüpft. Wie vollkommen auch immer die Institutionen und Organisationsstrukturen einer

Gesellschaft sein mögen, es ist der Faktor Mensch, der bei gründlicher Betrachtung am meisten zählt. Es ist der Charakter des Menschen hinter der Maschine, auf den es ankommt. Es ist die innere Natur, der Zweck und die Motivation des Einzelnen, der mit den sozialen Institutionen arbeitet, von dem das tatsächliche Wohlergehen der Menschen schlußendlich abhängt. Eine vollkommene Maschine ohne pflichtbewußte Seele dahinter erweist sich als bedenklich und trügerisch. Eine Gemeinschaft kann mit idealen demokratischen Einrichtungen und großartigen Wohlfahrtsprojekten versehen sein, fehlt es ihr an einem erträglich guten Maß öffentlicher Klugheit und gemeinverbindlicher Rechtschaffenheit, kann Korruption und Klassenausbeutung überhandnehmen. Die gesamte Gemeinschaft kann unwissentlich zum Faustpfand im Machtgerangel ambitiöser Cliquen werden. Daher kann das Problem sozialer Wohlfahrt und menschlichen Glückes im Grunde nicht von dem subjektiven Faktor abgetrennt werden, vor allem der Frage nach dem Intelligenzniveau und der moralischen Integrität der Menschen und Mächte, die vorhanden sind.

Das dritte Problem liegt in der destruktiven Eigenschaft des Weges des Verlangens. Wer seinen Glauben am günstigen Verändern der Umwelt festmacht als der einzigen Antwort auf die Suche des Menschen nach Glück, hält das Glück für die Erfüllung des Verlangens. Leiden ist dann die Enttäuschung des Verlangens. Der Mensch leidet, wenn es ihm an Gelegenheiten zur Erfüllung seiner verschiedenen Begehren mangelt. Gute Gelegenheiten zu angemessener Schulung und Erziehung stellen einen wichtigen Schritt im Streben nach Glück dar. Eine geachtete soziale Stellung und ein angenehmer Beruf sind sicher wichtig für Glück. Zufriedenstellende Heirat und ein Kreis vertrauensvoller würdiger Freunde kann erheblich zu einem soliden und dauerhaften Glücksgefühl beitragen. Verschiedene arbeitssparende Einfälle und bequeme Maschinen steigern das Glück noch. Technologische Herrschaft über die Naturkräfte vermag das Glück erheblich auszuweiten und zu beleben. Aber es erhebt sich die Frage: Kann der Mensch, nachdem er sich mit all diesen äußeren Mitteln und Bedingungen versorgt hat, noch echten Glückes versichert sein? Ist Glück wirklich ein Produkt der Erfüllung von Verlangen?

Die Erfahrung zeigt, daß unsere Begehren es gut verstehen, sich selbst zu vermehren. Sobald eine bestimmte Anzahl von Wünschen befriedigt ist, türmt sich am Horizont eine neue Gruppe von Wünschen auf. Und es scheint kein Ende zu nehmen mit dem Sich-Ausbreiten immer neuer Begehren. Je mehr Öl wir ins Feuer gießen, umso höher lodert die Flamme. Je mehr neue Wunschgegenstände wir liefern, umso mehr brennt das Feuer des Begehrens, daß nicht einmal die ganze Welt es zufriedenstellen kann. Unfähig, zufriedengestellt zu werden, wendet es sich sich selber zu und verzehrt seine eigene Grundlage. Demgemäß erweist sich zügelloses Begehren als zerstörerisch. Wer dem Weg des Begehrens folgt, geht schließlich zugrunde. Im Kern des Begehrens wohnt der Tod. Man kann auch sagen: Tod und Begehren sind die beiden Gesichter ein und desselben Dämons. In der Psychologie von Hinduismus und Buddhismus ist dieser Dämon bekannt als Kama-Mara (Tod durch Begehren). Die moderne Psychoanalyse hat diese Wahrheit in veränderter Form wiederentdeckt. Sigmund Freud hat die beiden fundamentalen Triebe des Menschen als Lebenstrieb (eros) und Todestrieb (thanatos) bezeichnet. Diese beiden Triebe sind untrennbar miteinander verflochten. Wenn es überhaupt ein dauerhaftes, höchstes Glück im Bereich menschlicher Möglichkeiten gibt, dann muß es unabhängig sein von der Entdeckung der Wahrheit oder Wirklichkeit jenseits der Polarität von Begehren und Tod, jenseits von Eros-Thanatos oder Kama-Mara.

Eine alte Geschichte veranschaulicht drastisch die zerstörerische Art bloßen Begehrens. Ein ehrgeiziger Mann suchte nach einem verborgenen Schatz oder der Zauberformel für Wohlstand und Glück. Er suchte weit und breit und traf schließlich einen großen Weisen in einer Höhle im Himalaja. Er betete zu dem Weisen und bat um ein greifbares Zeichen seiner Segnung. Auf

seine wiederholte Bitte gab der Weise ihm ein magisches Sitzkissen. Sobald sich ein Mensch nach Bad und Anziehen sauberer
Kleidung auf diesem Sitz niederläßt und einen Wunsch äußert,
geht dieser sofort in Erfüllung. Erregt vor Freude eilte der Mann mit
dem magischen Sitz nach Hause. Nach sorgfältiger Erfüllung der
Reinlichkeitsbedingungen nahm er auf dem Sitzkissen Platz und
wünschte sich ein prächtiges Mahl. Sofort wurden ihm köstliche
Gerichte serviert, und er aß nach Herzenslust. Dann wuchsen
seine Wünsche lawinenartig an und tobten sich in seinem Herzen
aus. Er wünschte sich einen großartigen Palast als Residenz. Er
wünschte sich, daß der Palast äußerst geschmackvoll dekoriert
und mit den modernsten Möbeln ausgestattet wird. Er wünschte
sich ferner eine schöne junge Gemahlin. Des weiteren wünschte er
sich mehrere Diener, die jederzeit bereit waren, für seine Bedürfnisse und sein Wohlbehagen zu sorgen. Er rieb sich die Augen vor
Erstaunen, als er sah, wie seine phantastischen Wünsche, einer
nach dem anderen, erfüllt wurden. Aber mitten in all diesen
erstaunlichen Wunscherfüllungen war er plötzlich entsetzt, weil er
in sich den versteckten Wunsch zu sterben erblickte. Oder war es
Angst vor dem Tod, ein Schaudern bei der Aussicht, im Netz der
Wünsche zu ersticken? Es erhob sich in ihm der Gedanke: Was,
wenn bei Nacht Banden von furchtbaren Räubern meinen Palast
betreten und sich selbst zu den gefundenen Schätzen verhelfen
wollen, indem sie mich zu töten versuchen? Kaum, daß der
Gedanke aufgetaucht war, war auch schon ein tragisches Desaster in Szene gesetzt. Inmitten seines frisch erlangten Reichtums
und Luxus erlebte er die zerschmetternde Macht des Nichts. Der
Augenblick uneingeschränkter Wunscherfüllung verschmolz mit
dem Augenblick unwiderruflicher Vernichtung.

Weil das Begehren in sich die Saat des Todes birgt, sind
oftmals außerordentlich erfolgreiche Menschen dafür bekannt,
daß sie auf dem Höhepunkt ihres Erfolgs zusammenbrechen. Die
Sonne fängt an, unterzugehen, sobald sie den Zenit erreicht hat.
Unmittelbar nachdem er die lang ersehnte Million erreicht hat, wird

der Millionär häufig von Panik vor innerer Leere ergriffen. Er kann unfähig werden, an irgend etwas anderes als an den umarmenden süßen Tod zu denken. Der Sättigungspunkt des Begehrens ist innerlich niederschmetternd. Die Verfahrensweise uneingeschränkter Wunscherfüllung erzeugt gewiß eine Überfülle einander widerstreitender Wünsche. Die Auswahl einiger Wünsche läßt andere natürlicherweise zu kurz kommen. Die Befriedigung der ausgewählten Wünsche ist für die unterdrückten Begehren die Gelegenheit, Rache zu üben.

Der Weg des Begehrens ist also nicht die geeignete Methode, um das Leid zu bezwingen. Indem man immer neue Gelegenheiten zur Wunscherfüllung schafft, kann man nicht letztendliches Glück garantieren. Ist es dann die Klugheit absoluter Wunschlosigkeit, die uns auf das Problem des Leidens Antwort gibt? Die religiöse Tradition der Vergangenheit war insgesamt geneigt, dies zu bejahen. Begehren, das die Saat des Todes in sich birgt, ist Urgrund des Leidens. Natürliche Triebe und Begehren des menschlichen Gemüts wurden vom überlieferten religiösen Glauben als Übel verdammt. Sexualität ist als der Erzfeind des religiös und mystisch gesonnenen Menschen bezeichnet worden. Man hat sich vorgestellt, es gebe einen radikalen Antagonismus von Fleisch und Geist, zwischen dem Empirischen und dem Transzendenten. So wurde in der religiösen Tradition des Westens das höchste Glück mit einem übernatürlichen Himmelreich in Verbindung gebracht. Dieses übernatürliche Reich des Glücks kann entweder nach dem Tode oder durch die Tugend der auf das Jenseits gerichteten Religiosität erlangt oder vielleicht auf Erden aus den Ruinen der natürlichen Ordnung durch die Tugend nichtzeitlicher Frömmigkeit errichtet werden. In der religiösen Tradition des Ostens wurde der Bereich höchsten Glücks mit der nichtzeitlichen Dimension des Daseins gleichgesetzt, das hier und jetzt durch die mystische Vereinigung des Menschen mit dem Unendlichen verwirklicht werden kann. Aber die unbedingte Voraussetzung solch mystischer Erfahrung sei vollständige Wunschlosigkeit, die gänzliche Beseitigung aller natürlichen Triebe.

Die integrale Auffassung

Die objektivistische Formel kann das Problem des Leidens nicht lösen, weil unbeherrschtes Begehren Umgang mit dem Tod bedeutet. Es ist die Schlange, die die Hand beißt, von der sie gefüttert wird. Die subjektivistische Formel versucht das Problem zu lösen, indem sie Flucht vor dem Leiden empfiehlt. Sie unterstützt die negative Auffassung von der Unterdrückung oder Zurückziehung vom Wunschleben. Sie begünstigt das Jenseitsdenken in der Auffassung entweder von einer übernatürlichen Ordnung (wie im Westen) oder von einer nichtzeitlichen Ordnung (wie im Osten). Aber im Verfolg dieser negativen Lehre von der Möglichkeit eines Entkommens, wieviel davon auch immer ein paar Einzelne in Begriffen glückseliger religiöser Erfahrung auf einem bestimmten Persönlichkeitsniveau gewonnen haben mögen, ist der Berg an Leiden in der Welt eher höher geworden, als daß er sich verkleinert hätte. Die zwingend notwendige Verbesserung der materiellen Lebensbedingungen wird vernachlässigt. Selbst die wenigen Einzelnen, die Erfolg hatten und wonnevolle religiöse oder mystische Erfahrung erlangten, litten auf physischer Ebene in Form von Armut, Krankheit, Unterernährung, vorzeitigem Tod. Es gibt absolut keinen Grund, solches Leiden als eine unentrinnbare Begleiterscheinung religiöser Entwicklung zu betrachten. Der Versuch, das Leiden durch Rückzug aus dem Begehren zu bezwingen, gleicht dem Verschmähen der Rose wegen ihrer Dornen.
Begehren ist zweifellos eine triebgesteuerte Lebenskraft. Aber diese ist weder gut noch böse. Sie ist ethisch neutral. Und sie ist die fundamentale Lebenskraft. Sie ist unbegrenzte Möglichkeit. Sie ist weder Unwissenheit noch Wissen. Es ist ein schwerer

Irrtum, das Begehren als vollendetes Übel oder als Produkt absoluter Unwissenheit zu betrachten.

Positiv gesprochen, ist Begehren sowohl gut als böse. Begehren in seiner äußerst selbstischen und egoistischen Form ist ein Übel. Aber Begehren in seiner altruistischen Form, Begehren als Verlangen nach höheren Werten, Begehren als Leidenschaft für das Gute ist gut. Solches altruistische Begehren ist ebenso natürlich wie egoistisches Begehren. Egoistisches Begehren ist ignorant, weil der Einzelne nur als integrales Glied des kosmischen Ganzen wirklich ist. Aber wenn das Begehren die Gestalt einer Hingabe an das kollektive Gute oder an weltumspannende Wohlfahrt annimmt, wird es zur Wirkweise des Wissens.

Es gibt gewiß eine Spur von Unwissenheit (avidya) selbst in altruistischem und humanitärem Begehren oder in kulturellem und geistigem Bestreben, nämlich solange der Einzelne nicht die ewige, nichtzeitliche Dimension des Daseins erkannt hat. Denn der Einzelne hat keine Wirklichkeit außer als Ausdrucksweise des Ewigen. Im überkosmischen Ewigen verwurzelt zu sein, ist der letzte Daseinsgrund. Unmittelbares Gewahrsein dieses Überbewußten oder nichtzeitlichen Wesens schließt eine radikale Verwandlung allen Begehrens ein. Aber das Licht höchster Weisheit erfordert Erleuchtung und Verwandlung des Begehrens, nicht seine Auslöschung. Wenn das Leben des Einzelnen einen letzten Sinn hat, muß auch das Begehren, das aus der Wesensart des individuellen Daseins stammt, einen letzten Sinn haben.

Der Sinn des Begehrens liegt absichtsvoll darin, daß immer neue Werte geschaffen werden. Das ist der ursprüngliche und letzte Zweck der Schöpfung selber. Begehren ist in seiner geistigen Essenz der Drang nach kreativem Selbst-Ausdruck. Wo extreme Selbstsucht und extremer Egoismus das Wirken des Begehrens als Mittel, den Glanz des Seins zu offenbaren, behindern, enthüllen sie sich selber als Unwissenheit und Übel. Sobald die Vision der höheren Werte wie Wahrheit, Schönheit, Freiheit, Liebe, Fortschritt das Begehren in schöpferische Energie umwandelt, wirkt es als eine dynamische Kraft des Wissens. Der Schlüssel zum Problem des Leidens muß in zunehmender Umwandlung des Begehrens erkannt werden. Weder das Verhätscheln noch das Zerstören des Begehrens, weder die Vermehrung noch die Auslöschung des Begehrens können das Problem lösen.

Das letzte Ziel des Menschen ist weder ein Kompromiß mit dem Leiden noch eine Flucht vor ihm. Es besteht nicht in Selbst-Verblendung durch endlose Vermehrung der Wünsche, noch wird es erreicht durch ein positiv materialistisches Lebensprogramm. Und es besteht auch nicht in Selbst-Auslöschung durch Ausmerzen aller Begehren, wie es in einem negativ spiritualistischen Lebensprogramm gefordert wird. Das letzte Ziel des Menschen ist die Bezwingung von Leiden auf der Grundlage vollständiger Selbst-Bejahung in Einheit mit dem Ewigen.

Vierfältiges Glück

Glück, das Ziel allen menschlichen Bemühens, umfaßt vierfältige Freude: natürliche, transzendentale, schöpferische und dialektische. Natürliche Freude besteht schon im Dasein, im Atmen des Lebensduftes, im Ausharren als integraler Teil der natürlichen Ordnung. Freude erfüllt uns beim morgendlichen Erwachen, wenn wir den glänzenden Sonnenaufgang sehen. Freude erleben wir beim Bad im Fluß, mit dem schweigenden Beifall der Bäume unter Begleitung singender Vögel. Freude genießen wir auch, wenn wir hungrig sind und den Hunger durch ein köstliches Mahl stillen. Ebenso genießen wir Freude, wenn wir durstig sind und den Durst mit einem Glas reinen Wassers stillen. Es macht Spaß, Freunde zu gewinnen, mit ihnen die Lebensfreude zu teilen, aber auch gelegentlich mit ihnen zu streiten. Das Leben mit all seinem Lachen und Weinen ist letzthin Ausdruck tiefer Freude.

Die transzendentale Freude ist die Freude unmittelbaren existentiellen Kontakts mit dem Ewigen oder der nichtzeitlichen

Dimension des Seins. Es ist die Freude des Nirvana, des Samadhi oder des vereinigenden Bewußtseins, das, was Sri Aurobindo die „ewige und unwandelbare Freude am Sein" genannt hat[11]. In den Upanishads wird behauptet, daß alle Ketten der Verhaftung zerspringen, alle Zweifel aufgehoben, alle Sünden weggewaschen sind, wenn das Ewige ins Auge gefaßt wird[12]. Die letzten verbliebenen Spuren von Furcht und Angst, von Schuld und Unterlegenheitsgefühl schmelzen dahin. Die gesamte Persönlichkeit wird von jener unsagbaren Freude überflutet, die verschwenderisch aus der Quelle allen Daseins fließt. Die transzendentale Freude wohnt im Element reiner Transzendenz im Dasein des Menschen.

Aber das Nichtzeitliche ist unabtrennbar vom Schöpferischen. Sein ist unabtrennbar vom Werden. Shiva ist unabtrennbar von Shakti. Beide sind verschiedene Dimensionen des selben unteilbaren Seins. Von daher umschließt völlige Selbst-Bejahung eine Bejahung des Schöpferischen als auch des Nichtzeitlichen, den dynamischen wie den statischen Aspekt des Seins. Die Bejahung des schöpferischen Aspekts des Seins ist die Quelle der kreativen Freude. Es ist die Freude des verändernden Werdens. Es ist die Freude am Annehmen der Welt als eines Mediums, in dem der Glanz des Seins geoffenbart werden soll. Es ist die Freude am Annehmen der materiellen und sozialen Umwelt als dem Medium, durch das Pracht und Herrlichkeit der reinen Transzendenz konkrete Verkörperung erhalten sollen. Es ist die Freude am Annehmen des Reichs der Dunkelheit als dem Bereich, in dem das unendliche Licht in Farben ohne Ende zum Ausdruck gebracht werden soll. Wenn solche bejahende Haltung eingenommen wird, entsteht zwar die Sorge wegen der Selbst-Begrenzung, der Schmerz des Opfers, die Angst vor der Macht von Dunkelheit und Nichtsein, die Furcht vor Feindschaft und Widerspruch. Schöpferische Freude nimmt aber dieses negative Element auf sich und transformiert es so in seine eigene Kraft und Fülle. Das Leiden wird angenommen als ein gebändigtes Element im Gefüge der schöpferischen Freude. Besonders für einen Menschen, der die trans-

zendentale Freude am Ewigen erfahren hat, kann sich die Mühe
schöpferischer Selbst-Bejahung niemals als umwerfend oder läh-
mend erweisen. Selbst bedrückender Fehlschlag und Enttäuschung können dankbar hingenommen werden als Teil des
Lebensspiels, lila – des Daseins als des göttlichen Dramas.

Viertens gibt es die dialektische Freude. Es ist die Freude am
Überwinden von Hindernissen und am Sieg über Widerspruch und
Widerstand. Wird die Welt als Medium schöpferischen Selbst-
Ausdrucks bejaht, kann nur eine Begegnung mit den Kräften der
Unwissenheit und Untätigkeit, mit den Kräften der Finsternis und
des Übels erwartet werden. Denn Freude kommt auch bei
Annahme der Herausforderung durch Widerstand auf. Selbst
wenn man Fehlschlag und Niederlage bei tapferer und ehrenhafter
Auseinandersetzung mit den Kräften des Widerstandes einstek-
ken muß, erfährt man in solcher Niederlage einen Glanz. Kommt
man aber zum Erfolg, erfährt man doppelte Freude in seinem Sieg.
Die Freude, dem Widerspruch redlich ins Auge zu sehen oder den
Widerstand zu überwinden, heißt dialektische Freude. Alles Leiden, das zu solch einer heroischen Verfahrensweise gehört, wird
in ein Element der dialektischen Freude verwandelt, durch die die
Harmonie die Oberhand gewinnt.

Die vierfältige Freude als positives Lebensziel ist die letzthinnige
Antwort auf das Problem menschlichen Leidens.

7. Kapitel

Weisheit in zwischenmenschlichen Beziehungen

Weisheit in zwischenmenschlichen Beziehungen ist das Markenzeichen einer ausgereiften Persönlichkeit. Sie ist sowohl für die Zufriedenheit im Leben als auch für die geistige Entwicklung förderlich. Sie ist zum einen entscheidend für den persönlichen Erfolg und zum anderen für das gesellschaftliche Wohlergehen und Vorwärtskommen.

Um eine erfolgreiche Karriere aufzubauen, genügt es nicht, daß ein Mensch über ein bestimmtes Wissen, geistige Ausrüstung und Ausbildung verfügt. Es macht ziemlich viel aus, wer die Menschen sind, die er kennt. Die Fähigkeit, gute Kontakte herzustellen und sie in positive Kraft zu verwandeln, ist von kapitaler Bedeutung. Erfolg hängt nicht einfach davon ab, wieviel Geschick einer hat, sondern davon, wie gut er mit anderen umgehen kann. Viele großartige Künstler, Gelehrte und Fachkräfte waren kein Gewinn für das gesellschaftliche Leben, da sie arrogant und stolz waren und unter Mangel an persönlicher Wärme und Charme litten. Andererseits ist bekannt, daß wenig begabte Menschen, die aber bescheiden, zuverlässig, treu und hilfsbereit waren, gewaltigen Erfolg erzielt haben.

Es liegt auf der Hand, daß Stärke und Entwicklung einer Nation oder Organisation von den rechten zwischenmenschlichen Beziehungen abhängig sein sollten. Je erfolgreicher sie der äußeren

Welt eine geschlossene Front bieten, desto stärker ist ihre Stellung und umso größer der Respekt und die Bewunderung, die ihnen entgegengebracht werden. Ein Gefühl der Solidarität und ein Geist der Zusammenarbeit unter ihren Bürgern oder ihren Mitgliedern sind unerläßliche Voraussetzung für innere Stärke und ständigen Fortschritt.

Aber selbst im Prozeß geistiger Verwirklichung und konstruktiver Selbst-Entwicklung des Individuums spielen zwischenmenschliche Beziehungen eine dominierende Rolle. Dies ist deshalb so, weil solche Beziehungen in die wesenhafte Struktur des individuellen Selbst eingehen. Das individuelle Selbst ist eine bloße Abstraktion, wenn man von seinen Beziehungen zur sozialen Umwelt absieht. Das Individuum, das abseits von der Gesellschaft im Wald lebt, ist, wie Aristoteles bemerkte, entweder ein Tier oder ein Engel. Man kann hinzufügen, daß selbst ein Engel nur in einer passenden sozialen Umgebung seinem Wesenskern entsprechend wirken kann. Selbst ein Engel wäre nicht mehr als ein solcher erkennbar ohne die Möglichkeit, Liebe und gute Handlungen in die sozialen Beziehungen einzubringen.

Für das Wachstum der individuellen Seele sind Beziehungen wesentlich, da der Mensch von der Grundveranlagung her kein isoliertes Wesen ist. Er ist nicht gleich einem Lucretianischen Atom, in Ehelosigkeit stabil und in sich selber eingeschlossen. Er existiert in enger Beziehung zu und wechselseitiger Abhängigkeit von seinen Mitmenschen. Er entwickelt sich in fortdauerndem sozialen Verkehr mit anderen. Er gehört untrennbar zu einer Gemeinschaft und zu einem Land. Aus größerem Blickwinkel gesehen, gehört er der internationalen menschlichen Familie an. Von einem noch höheren Standpunkt aus gehört er zur kosmischen Gesamtheit, zum ganzen Universum. Sein Vorkommen im gesellschaftlichen Kontext oder in der kosmischen Gesamtheit ist folglich wesentlicher Bestandteil des Menschen. Damit sich der Mensch zum Menschen entwickeln kann, ist somit erforderlich, daß er immer mehr fähig wird, sich in seinen Beziehungen zu anderen zu berichtigen. Diese Fähigkeit besteht darin, den anderen ohne Verlust von innerem Frieden und Wertgefühl zur konstruktiven Zusammenarbeit die Hand zu reichen.

Das höchste Ziel des menschlichen Lebens ist wesentlich mit der Auffassung von zwischenmenschlichen Beziehungen verbunden. Im Mittelalter stellte man sich die geistige Bestimmung des Lebens mehr oder weniger negativ als Befreiung von allen Bindungen vor. Damals glaubte man, das höchste Ziel des Menschen bestehe darin, entweder zur übernatürlichen oder zur transzendenten Vereinigung mit dem Absoluten zurückzukehren, da er aus dem Absoluten heraus ins Dasein entspringt. Weiterhin glaubte man, daß Verbindungen im Bereich des Endlichen eine Form von Fesselung darstellen. So empfand man die zwischenmenschlichen Beziehungen als Fesseln, die auf der Suche nach reiner Transzendenz abgestreift werden müssen. Jedoch enthüllt eine kritische Untersuchung der Geschichte des Mittelalters die Unzulänglichkeit und Einseitigkeit dieser Auffassung. Zur einsamen Vereinigung mit dem Unendlichen, aus dem der Mensch ins Dasein gelangte, zurückzukehren, gleicht dem Zurückgehen zum Ausgangspunkt ohne irgendeinen Gewinn oder eine Errungenschaft. Diese Vorstellung nimmt dem Leben jeden Zweck und jegliche Bedeutung. Richtig verstanden, ist es nicht zwecklos, wenn die Menschen vom schöpferischen Allumfassenden unterschiedlich gestaltet werden und alle Arten von Beziehungen miteinander eingehen. Ein Teil dieses Zwecks ist offensichtlich die unendliche Vielfalt des Einen. Es ist das Selbst-Bildnis oder die Selbst-Darstellung des Einen in den individuellen Vielen. Es ist die wachsende Offenbarung der schöpferischen Freude an der Selbst-Differenzierung, die das Herz der Wirklichkeit pochen läßt. Die Menschen sind zunehmend unterschiedlich, um als Kanäle des Ausdrucks der unbegrenzten Herrlichkeit des Unendlichen zu fungieren.

So besteht der Zweck des individuellen Daseins nicht im Zurückkehren sondern im Ausdrücken, nicht bloß im Transzendieren sondern im Schaffen, nicht im Zum-Abschluß-Bringen eines einzigen sinnlosen Kreises sondern im Ins-Leben-Rufen von immer neuen Kreisen von Formen und Werten. Die Fähigkeit, sich selbst unabhängig und kreativ ausdrücken zu können, ist Grundsubstanz der Freiheit. Erst im Bereich vielfältiger Beziehungen kann eine solche Freiheit ausgeübt werden. So besteht der Zweck des Lebens nicht in Freiheit von Beziehungen sondern in Freiheit in und durch vielfältige Beziehungen. Erst inmitten Tausender und mehr sozialer Bindungen – den Fesseln der Liebe und des Handelns – kann man sich dynamischer Freiheit erfreuen.

Die verschiedenen Menschen wachsen mit unterschiedlichen emotionalen Einstellungen gegenüber ihrer sozialen Umgebung auf. Solche emotionalen Einstellungen bestimmen unbewußt die Beziehungen zu ihren Mitmenschen. Und solche Beziehungen formen und prägen ihren Charakter. Sie sind bestimmend für ihre Zufriedenheit und die Art und Weise ihrer Selbstverwirklichung in dieser Welt.

Sind alle Menschen gut?

Einige Menschen wachsen mit der naiven Vorstellung auf, daß alle Menschen gut seien. Sie haben keine Bekanntschaft mit der unglaublichen Häßlichkeit des Bösen gemacht. Sie sind nicht mit den entsetzlichen Schrecken des Bösen vertraut. Ihre Gedanken tragen gefärbte Gläser, durch die sie in die äußere Welt schauen. Heiligkeit wird gleichgesetzt mit dem frommen Wunsch, Augen und Ohren vor dem Bösen zu verschließen und den Mund in Bezug auf das Böse zu versiegeln. Das Böse wird als Einbildung des Mentals angesehen. Natürlich geraten sie dadurch immer wieder einmal emotional aus der Fassung, wenn sie in direkte Berührung mit der rauhen Wirklichkeit des Lebens kommen. Sie können durch den selbstsüchtigen Verrat eines Freundes, die mutwillige Grausamkeit eines Fremden oder die brutale

Rücksichtslosigkeit eines Feindes bis hin zum Nervenzusammenbruch erschüttert werden. Da es an ausgewogener Sicht fehlt, zerstören solche Erschütterungen einen naiven Menschen. Es kann zur geistigen Lähmung kommen, zum Rückzug aus allen sozialen Kontakten, er kann sich dazu entschließen, in einem eigenen imaginären Paradies zu leben. Auf diese Weise kann Naivität in menschlichen Beziehungen den Weg in Richtung Schizophrenie ebnen helfen.

Der naive Glaube, alle Menschen seien gut, ist grundsätzlich verschieden von der geistigen Auffassung, daß alle Menschen im Kern oder potentiell gut sind. Die erstgenannte impliziert, daß alle Menschen in ihrer sozialen Wirklichkeit gut sind. Dies ist offensichtlich falsch. Es gibt Menschen mit unglaublichen Anlagen zu Boshaftigkeit, Grausamkeit und Kriminalität. Es gibt Menschen, die Frauen und Kinder töten können, nur aus einem unbewußten Zwang oder Drang heraus oder um eines neurotischen Kicks willen. Es gibt Menschen, die um ihrer Selbstverherrlichung willen kaltblütig Millionen unschuldiger Menschen ermorden können. Diejenigen, die in zwischenmenschlichen Beziehungen naiv sind, werden leicht zu Opfern dieser Unheilstifter. Sie begehen den Fehler, kindliche Unschuld als große Tugend anzusehen. Echte Tugend muß auf der vollen Kenntnis der Wege dieser Welt, einschließlich ihrer Verkehrtheiten und Vornehmheiten, beruhen.

Die spirituelle Erkenntnis, daß alle Menschen in ihrer geistigen Grundsubstanz gut sind, setzt durchaus das volle Vertrautsein mit den düsteren Perversitäten der menschlichen Natur voraus. Es gibt Menschen, die brutaler als Tiere sein können. Dennoch gibt es einen Silberstreif am Horizont trotz der dunklen Wolken menschlicher Bösartigkeit. Wie brutal und kriminell ein Mensch in seiner sozialen Wirklichkeit auch sein mag, er braucht nicht als vollkommen verloren aufgegeben zu werden. Selbst in ihm ist das geistige Potential vorhanden, gibt es den göttlichen Funken, die Möglichkeit einer radikalen Veränderung, eine Öffnung zu Licht und Kraft des höheren Bewußtseins. Es ist das geistige Potential des Menschen als Mensch, das der Ursprung vieler wundersamer religiösen Bekehrungen in der Geschichte war – Verwandlung der größten Sünder in größte Heilige.

So stellt die geistige Erkenntnis die Hoffnung auf Erlösung für alle, einschließlich der schlimmsten Sünder, in Aussicht. Sie schließt Mitgefühl für alle ein, ohne daß man die Augen vor den tatsächlichen Perversionen und Brutalitäten der menschlichen Natur verschließen muß. Um des höchsten Wohles der menschlichen Gesellschaft willen mag es empfehlenswert sein, wenn nötig, antisoziale Kräfte rasch zu bestrafen oder einen entscheidenden Schlag gegen eine Verschwörung reaktionärer Elemente durchzuführen. Genau dies betont die Bhagavadgita. Innerhalb einer bestimmten Gesellschaft steht der umsichtige Einsatz von Macht zur Förderung des sozialen Wohlergehens nicht im Widerspruch zur Anerkennung der geistigen Würde aller Menschen. Wenn aus Mitgefühl die Perversitäten von Menschen, die der Gesellschaft ständig Schaden zufügen, toleriert werden, entartet das Mitgefühl zu vergeblicher Sentimentalität. In letzter Betrachtung ist der Mensch mit all seinen Rechten und Forderungen Teil des evolutionären Weltgeistes. Wenn er fortfährt, seine individuellen Rechte zu mißbrauchen, indem er die höhere Entwicklung hemmt, hat die Gesellschaft ein Recht darauf, ihn zur Räson zu bringen und seinen Widerstand zu überwinden.

Sind alle Menschen böse?

Auf der anderen Seite wachsen einige Menschen mit dem Gedanken auf, daß alle Menschen böse, grausam, rücksichtslos und aggressiv sind. Sie seien gleich hungrigen Wölfen, begierig darauf aus, Beute zu machen und sie zu verschlingen. Deshalb müßten diese Menschen entweder auf sichere Distanz gehalten oder durch eigene duckmäuserische Unterwerfung günstig gestimmt werden. Wer der Taktik des Vermeidens folgt, zieht sich schließlich in seine eigene private Welt zurück. Wer der Taktik der Besänftigung folgt, läßt zu, daß er selber durch andere ausgebeutet, beherrscht, herumgestoßen oder sogar gefoltert wird.

Bittere Erfahrungen in der Kindheit tragen häufig zu der inneren Überzeugung bei, daß alle Menschen böse, selbstsüchtig, herrschsüchtig und erbarmungslos sind. Mangelnde Erfahrung an wahrer Liebe und Güte macht Heranwachsende mitunter unfähig, die Wirklichkeit von Güte und Liebe zu verstehen. Sie können in eine extreme Haltung von Verfolgungswahn getrieben werden. Sie können überall Feindschaft und Feindseligkeit wittern. Sie können in beständiger Angst vor einer Verschwörung dunkler Mächte leben, sich hilflos gegenüber einer solchen Verschwörung fühlen oder geneigt sein, alle Arten schwarzer Magie gegen den allgegenwärtigen Feind zu praktizieren.

Naiver Glaube in die Güte aller Menschen führt zu einer Menge an Leiderfahrung durch anderer Hände. Er macht einen dazu bereit, betrogen und ausgebeutet zu werden. Im anderen Extremfall ist das allgemeine Mißtrauen allen Menschen gegenüber verbunden mit viel Leid in Form von Isolation und geistigem Erstikken. Es öffnet den Weg zu mehr und mehr Einsamkeit und Entfremdung von der Gesellschaft. Die Wahrheit liegt hier in der Erkenntnis, daß pauschale Verallgemeinerungen sehr schädlich sein können. Es bedarf alles möglichen, um diese Welt zu gestalten. So wie es unglaublich böse und herzlose Menschen gibt, gibt es auch Menschen, die wirklich gut, liebevoll und gutherzig sind. Es gibt Menschen, die Falschheit um der Falschheit willen üben; sie werden mit dem Geist der Falschheit gleichgesetzt. Und es gibt Menschen, die dem Pfad der Tugend um der Tugend willen folgen (sie werden mit dem Geist der Tugend gleichgesetzt). Gleichermaßen gibt es Menschen, die der Falschheit im Namen der Wahrheit, und solche, die der Wahrheit im Gewand der Falschheit huldigen.

Gibt es gute und schlechte Typen?

Einige Menschen wachsen mit der starren mentalen Unterscheidung zwischen guten und schlechten Typen heran. Ihre Haltung der Welt gegenüber spiegelt eine tiefsitzende Zweiteilung wider. Sie denken über die Welt in dualistischer Weise, in Begriffen von Schwarz und Weiß, Teufel und Gott. Sie übergehen die unzähligen Farbschattierungen, die zwischen Schwarz und Weiß bestehen. Sie übersehen auch die Tatsache, daß gut und böse weder absolute Werte noch unverrückbar feststehende Etiketten sind. Jemand, der ein guter Ehemann und Vater ist, mag ein schlechter Beamter sein, da er seine Untergebenen im Büro schlecht behandelt, und umgekehrt. Jemand, der gut ist, indem er für die ganze Menschheit Liebe empfindet, kann bei den Mitgliedern seiner Gemeinde oder politischen Partei als schlechter Mensch angesehen werden. Jemand, der für einen gefährlichen Revolutionär gehalten wird, sei es politisch oder religiös, kann von den Massen, für deren Sache er eintritt, als Retter angebetet werden. So sind gut und schlecht relative Begriffe; sie können kaum als beständige Etiketten gebraucht werden. Jemand, den du für schlecht hältst, weil er heute dein einziger Feind ist, kann sich morgen in einen guten Freund verwandeln. Dies kann aufgrund einer Änderung der Umstände, durch das Eigeninteresse des anderen oder als Reaktion auf dein Handeln ihm gegenüber eintreten. Das Verständnis für die Relativität und Wechselhaftigkeit solcher Etiketten wie gut und böse, Freund und Feind ist ein Faktor von höchster Bedeutung für die soziale Anpassung und erfolgreiche Ausführung. Die Logik der Schwarz-Weiß-Malerei macht aus dem Menschen einen gefährlichen Fanatiker. Die Anwendung solch scharfer Zweiteilung kann Kriegshysterie erzeugen, wenn man sie auf das internationale Niveau überträgt. Sie kann ein Klima schaffen, das geeignet ist, einen mörderischen Krieg heraufzubeschwören, wobei jedes Lager sich moralisch im Recht fühlt, den anderen zerstören zu dürfen, selbst mit dem Risiko, das eigene Leben zu verlieren.

Sind Menschen Objekte oder Subjekte?

Viele Menschen wachsen mit der Vorstellung auf, die anderen Menschen seien Mittel, um die eigenen persönlichen Ziele zu erreichen. Sie seien Objekte, die man benutzen kann, Dinge, die man manipulieren kann, und Ressourcen, die man ausbeuten kann. Die Mitmenschen werden entweder als Hindernisse beim Erreichen der eigenen persönlichen Ziele oder als Gelegenheiten auf dem Wege zu persönlicher Ausweitung angesehen. Solche Haltung den Mitmenschen gegenüber kann eine Zeitlang glänzend funktionieren. Sie kann helfen, glänzenden Erfolg als Vorstandsboß oder als Spitzenpolitiker zu erzielen. Sie kann helfen, sagenhaften Reichtum zu erwerben oder plötzliche Popularität zu erlangen. Aber am Ende zerplatzt wahrscheinlich die im Sonnenlicht funkelnde Seifenblase. Persönlicher Aufstieg, der auf sozialer Ausbeutung beruht, ist eine kurzlebige Angelegenheit. Einen Mitmenschen als bloßes Mittel zum Zweck zu behandeln, heißt seine eigentlichen Werte als Ziel an sich mißachten. Andere Menschen als gerade gut genug anzusehen, um ausgebeutet zu werden, heißt die Heiligkeit der Gesellschaft als eines geistigen Gemeinwesens entweihen. Solch eine Entweihung fällt mit Sicherheit früher oder später auf einen selbst zurück. Das ist der Grund, weshalb der Mensch, der durch das Schwert lebt, schließlich durch das Schwert umkommt. Der Mensch, der durch Ausbeuten erfolgreich ist, findet eines Tages seine Seele tot auf; sie ist erstickt. Er erfährt den Schrecken des Nichts in sich selbst. Auch noch so viele angehäufte Reichtümer können die innere Leere nicht überdekken.

Die zwei entgegengesetzten Pole des Menschen

Der ontologische Einblick, der den Kern der Weisheit in zwischenmenschlichen Beziehungen bildet, bestätigt die grundangelegte Zweipoligkeit jedes Einzelnen. Jedes menschliche Wesen ist sowohl Mittel als auch Zweck. Es ist gleichzeitig Körper und Seele, Subjekt und Objekt, ein geistiges Wesen und eine Zusammenballung von Energie. Als geistiges Wesen hat es für sich selbst einen Wert, sein Leben hat einen ganz bestimmten Zweck oder eine zweckvolle Bestimmung, es ist Subjekt. Als objektives Mittel ist es Instrument für die Förderung der Gesellschaft und die Entwicklung der Zivilisation. Kluges Bewußtsein seines instrumentalen Charakters ist Voraussetzung des freiwilligen Selbst-Opfers eines Menschen auf dem Altar des kollektiven Guten der Gesellschaft. In geistiger Erleuchtung wird der dualistische Charakter von Mittel und Zweck, von Körper und Seele des Menschen geeint. Je mehr ein Mensch seiner eigenen Seele gewahr wird, desto klarer und dynamischer wird seine Schau des kosmischen Guten. Je mehr sich ein Mensch an der Entfaltung weltumspannender Wohlfahrt beteiligt, desto sinnvoller und fruchtbarer wird sein individuelles Leben. Indem er einem überpersönlichen Zweck dient, erreicht er die höchste Blüte seiner eigenen Individualität.

Behinderungen harmonischer zwischenmenschlicher Beziehungen

Es gibt bestimmte Barrikaden, die den Weg des rechten Umgangs in Beziehungen versperren und die häufig unser Verhältnis zu anderen Menschen kaputtmachen. Unter ihnen sind: Intoleranz, eine besitzergreifende Art, Überempfindlichkeit, moralische Vorurteile und zu starke Ausrichtung auf den Mammon.

Der Geist der Intoleranz entsteht aus einer „Ich-weiß-alles"-Haltung. Sie ist ein Sprößling des Dogmatismus. Der besitzergreifenden Art wohnt die Tendenz inne, das Objekt der eigenen Liebe als privates Eigentum zu betrachten. Überempfindlichkeit resultiert aus dem Unvermögen, ein objektives Verständnis für andere Menschen zu gewinnen, da man sich viel zu stark mit den eigenen subjektiven Gefühlen beschäftigt. Moralische Vorurteile gründen in der Überbetonung abstrakter moralischer Prinzipien, ohne dabei die menschlichen Begrenzungen und die menschliche Fürsorge gebührend in Erwägung gezogen zu haben. Zu starke Ausrichtung auf den Mammon bedeutet Jagd nach dem Geld als dem wichtigsten Lebensgut unter Opferung humanitärer und geistiger Werte. Dies läßt so viele menschliche Wesen als Geld produzierende Maschinen erscheinen.

Es gibt Menschen, die streng dogmatisch in ihren Ansichten sind. Was sie für richtig halten, ist absolut richtig. Diejenigen, die nicht zustimmen, müssen entweder dumm oder vom Teufel irregeführt sein. Solche intolerante Haltung ist eine riesige Barriere, wenn man sich konstruktiv im Streben nach einem gemeinsamen Ziel die Hände reichen will. Die Intoleranten versuchen verzweifelt, den anderen ihre Ansichten mit Gewalt aufzuzwingen, oder sie versuchen, diejenigen, die auf ihrem Recht bestehen, anderer Meinung zu sein, abzulehnen oder zu zerstören. Beides jedoch, gewaltsame Bekehrungsversuche und heftige Ablehnung, ist schädlich für den gesunden Aufbau zwischenmenschlicher Beziehungen. Es ist ganz natürlich, daß Menschen unterschiedliche Ansichten haben. Unterschiedliche Ansichten können für verschiedene Perspektiven der gleichen vielgestaltigen Wirklichkeit stehen. Die Übereinkunft, daß jeder das Recht auf eine eigene gegensätzliche Meinung hat, ist der erste wichtige Schritt zu zwischenmenschlicher Zusammenarbeit. Sobald das Recht auf individuelle Meinungsverschiedenheit akzeptiert ist, wird die Notwendigkeit eingesehen, Differenzen in einem kooperativen, auf ein gemeinsames Ziel gerichteten Bemühen zu begraben. Nur auf der Grundlage der Akzeptanz von Meinungsverschiedenheiten kann es dauerhafte Liebe zwischen zwei Menschen geben. Dies gilt im Hinblick auf das Verhältnis zwischen Vater und Sohn ebenso wie zwischen Brüdern, zwischen Ehemann und Ehefrau, zwischen Nachbarn. Werden die charakteristischen Meinungsverschiedenheiten zwischen zwei Menschen, wie nahe sie auch immer zuein-

ander stehen mögen, gewaltsam unterdrückt oder herzlos mißachtet, wird ihrer gemeinsamen Beziehung großer Schaden zugefügt. Wenn solche Differenzen ehrlich eingestanden und in ein
Programm kooperativen Miteinanders eingebettet werden,
können die Menschen einander ungemein anspornen und sich
gegenseitig in hohem Maße bereichern.

Emotionale Unreife

Eine Vertiefung der Liebe wird am meisten durch emotionale
Unreife verwirrt und behindert. Emotionale Unreife besteht in der
Unfähigkeit, die Wetterumschwünge, denen die Liebe ausgesetzt
ist, zu überstehen. Liebe in Form einer menschlichen Beziehung
hat ihre vier Jahreszeiten: Frühling, Sommer, Herbst und Winter.
Der Frühling ist die Flitterwochen-Periode. Der Sommer ist die
Periode der Erfüllung. Der Herbst ist die Periode der Abnahme, die
Phase der wachsenden Meinungsverschiedenheiten und der
Ernüchterung. Der Winter ist die Periode zunehmenden Grolls und
gegenseitiger Beschuldigung. Wenn die Liebe alle jahreszeitlichen
Wechsel übersteht, findet sie einen festen Kern. Wenn zwei Menschen erkennen, daß sie die gleichen Absichten im Leben verfolgen, daß sie ein bleibendes Interesse an gegenseitiger Fürsorge
haben und daß sie ihre Differenzen um ihrer gemeinsamen Sache
willen begraben können, dann kann kein noch so ungünstiger
Wind ihre Beziehung ausblasen.

Während der Frühlingszeit der Liebe herrscht gegenseitiges
Entzücken. Die positiven Liebeskräfte nehmen zu. Differenzen und
beunruhigende Besonderheiten treten in den Hintergrund oder
werden unter dem Teppich gehalten. Es entsteht so etwas wie ein
hypnotischer Zauber. Das Elementare drängt nach oben, es
setzen sich die fundamentalen seelischen Bedürfnisse, zu lieben
und geliebt zu werden, in überwältigendem Maße durch. Während
des Sommers der Liebe erreicht die neugegründete Beziehung

ihren Höhepunkt und ihre Erfüllung. Die Partner aalen sich im Sonnenschein wahr gewordener Liebe und in der Wärme des verwirklichten Traumes.

Dann kommt jedoch der Herbst, wenn der Zauber sich verliert und der Prozeß der Ernüchterung einsetzt. Die tönernen Füße des Liebesidols werden bloßgelegt. Die Schattenseite der Persönlichkeit zieht zunehmend die Aufmerksamkeit auf sich. Nachteile und Fehler, die in der Hoch-Zeit gegenseitiger Bewunderung aus dem Bewußtsein ferngehalten wurden, kommen jetzt zum Vorschein. Die Blätter gegenseitiger Anziehungskraft beginnen abzufallen. Und damit fällt auch die unreife Liebe.

Ein unreif Liebender benötigt ein perfektes Idol, einen Gott als Objekt seiner Liebe. Die Überschwenglichkeit seines Liebesimpulses kann leicht dazu führen, einen zu ihm passenden Menschen, der seine tönernen Füße verbirgt, zu vergöttern. Sobald diese tönernen Füße sichtbar werden, löst sich der Impuls auf, und es folgt totale Enttäuschung. Wenn er aber über einen unerschütterlichen Fundus an seelischer Energie verfügt, kann er damit fortfahren, andere göttergleiche Idole zu erschaffen, eines nach dem anderen, wobei jedes zur fälligen Zeit zerstört werden wird. Unter solchen Bedingungen kann Liebe niemals tiefe Wurzeln schlagen.

Es ist die emotionale Unreife, die der Verlockung des Neuen Kraft verleiht. Eine Beziehung in unreifer Liebe hält so lange, wie das Gefühl des Neuen andauert. Hat sich das Gefühl des Neuen erschöpft, nimmt die Liebe ab. Das Verlangen nach dem Neuen reagiert schnell auf einen neuen Reiz. Aber es dauert nicht lange, bis die neue Liebe zu einem Übergangsstadium des Vergessens degradiert ist. Ein Mensch, der bei der Wahl seiner Freunde von der Verlockung des Neuen oder dem Glanz des Perfekten geleitet wird, endet vollkommen einsam und liebeskrank. Selbst wenn er nicht beabsichtigen sollte, alte Freunde zurückzuweisen, werden diese ihn natürlicherweise früher oder später von sich aus zurückweisen. Freundschaft ist nicht etwas, das man sich einmal erwirbt und dann als selbstverständlich betrachten kann. Sie gleicht eher einer lebendigen Pflanze, die regelmäßig gewässert, oder einer Flamme, die ständig genährt werden muß, um weiter zu brennen. Emotionale Unreife erzeugt Überempfindlichkeit. Sie versteht nicht, daß jedes menschliche Wesen seine eigenen Probleme hat, seine eigenen wechselvollen Stimmungen, seine Privatsphäre, seine Unverletzlichkeit, die respektiert werden muß. Befindet sich ein Mensch in unruhiger Stimmung oder in einer Notsituation, kann er natürlich darin versagen, auf den Ruf eines Freundes in der gewohnten Weise oder mit der ihm gemäßen Wärme und Aufmerksamkeit zu antworten. Wäre der Freund nun zufällig überempfindlich, würde er rasch vorschnelle Schlüsse ziehen. Er würde die Situation vielleicht mißverstehen und seine Liebe entziehen. Er könnte sogar aufgrund seiner vorschnellen Folgerungen impulsiv mit Zorn und Zurücknahme reagieren ohne den geringsten Versuch, die besonderen Umstände der Situation zu untersuchen und zu verstehen.

Unreife hat kein Verständnis für die Grundsubstanz der Liebe als einer Verbindung zwischen zwei geistigen Wesen. Folglich impft sie den zwischenmenschlichen Beziehungen entweder den Instinkt des Besitzergreifens und Beherrschens oder die Taktik von Beschwichtigung und Nachgiebigkeit ein. Wenn ein unreifer Mensch seine Liebe an einen anderen verschenkt, beginnt er zu fühlen, daß seine Liebe eine kostbare Gabe ist, der ein hohes Preisschild angeheftet werden müßte. Er wird fordernd und anspruchsvoll. Er erwartet mehr und mehr. Er glaubt, das Geschenk seiner Liebe müsse ihm zu einer passenden Auszeichnung verhelfen. Er möchte sein Liebesobjekt wie ein Privateigentum oder als Sphäre seiner souveränen Herrschaft behandeln. Dem Menschen, den er liebt, billigt er kein Privatleben und keinen Bereich der Unabhängigkeit zu. Wenn die Liebe diese Form annimmt, senkt sich die Winterzeit auf das emotionale Geschehen. Sie kündigt den Beginn gegenseitigen Grolls und gegenseitiger Beschuldigungen an. Die schwächere Partei beginnt, sich unter der Tyrannei der Liebe wie erdrückt zu fühlen. Sie bereitet sich darauf vor, sich selbst aus dem goldenen Joch zu befreien. Sie kann die Entweihung ihres inneren Wesens nicht mehr ertragen.

In dem entgegengesetzten Fall zeigt sich die Unreife darin, daß die Liebe zur vollkommenen Beschwichtigung wird. Man glaubt, daß man um der Liebe willen dem Geliebten gestatten muß, alles so zu tun, wie es ihm gefällt. Es wird zum einzigen Anliegen des Liebenden, dem Objekt der Liebe mit allen Mitteln zu gefallen. Solch unreife Liebe macht den Menschen zu einem zu nachsichtigen Liebenden. Sie bringt die zu unterwürfige und stumm leidende Frau hervor. Sie bringt außerdem jenen Politiker hervor, der eine Taktik der Beschwichtigung vertritt in der Hoffnung, sich überall Freunde zu schaffen. Er opfert seine Prinzipien unzumutbaren Forderungen. Aber auf lange Sicht zahlt sich eine solche Politik nicht aus. Die zu gutmütige Mutter ruiniert die Zukunft ihres Kindes. Die zu unterwürfige Frau erniedrigt ihren Ehemann. Der zu sehr beschwichtigende Politiker ermuntert seinen Gegner, sich in einen unersättlichen Tyrannen zu verwandeln. Und schließlich wird die Beziehung herabgesetzt, wenn nicht sogar zerstört.

Während der Winterzeit der Liebe beginnen die kalten Winde unreifer Beziehungen, ungehindert zu wehen. Die Haß-Komponente der Liebe tritt in den Vordergrund. Mehr und mehr zeichnen sich bisher verborgene Nachteile der Partner in großem Umfang ab. Kleine Fehler werden über jedes Verhältnis hinaus aufgebauscht. Kleine unerfreuliche Vorfälle werden zu Anlässen für bittere Auseinandersetzungen und Gezänk. Die Sturm-im-Wasserglas-Situationen vervielfachen sich. Gegenseitige Beschuldigungen steigern sich zu einem Crescendo. Wenn das einzige Band zwischen zwei Partnern nur ein vorübergehender Vorteil, eine impulsive Vernarrtheit oder ein gesetzlicher Vertrag ist, können die Unbilden des Winters dieser Beziehung leicht den entscheidenden Todesstoß versetzen. Liegt aber das Band der Beziehung tiefer, kann die Beziehung aus der Wintertortur gestärkt und gefestigt hervorgehen. Klare Erkenntnis des höchsten

Lebenszweckes und Hingabe an die grundlegenden Prinzipien können die Liebe auf einem soliden Fundament stabilisieren. Es ist der Geist der Liebe, ein freies und freudiges Sich-selbst-Geben, was Menschen dauerhaft zu verbinden vermag.

Ohne Herzenswärme und das aufrichtige Interesse füreinander kann es keine dauerhafte zwischenmenschliche Beziehung geben. Da die Liebe ihr eigenes Gesetz hat, kann sie ohne Gesetz existieren. Während sie sich entwickelt, erschafft sie Recht und Ordnung. Hat das Gesetz keinerlei Beziehung zur Liebe, bleibt es innerlich hohl. Es erstickt den Geist und verwandelt das Leben in eine Wüste. So ist eine Einstellung, die Gesetz und Ordnung überbetont, trotz all ihrer guten Absichten schädlich für zwischenmenschliche Beziehungen. Der Moralist, der übertrieben begeistert ist in seiner Verehrung abstrakter moralischer Prinzipien, ist weder wirkungsvoll in seiner Reform noch hilfreich in seinen Diensten. Die Menschen erwarten von Freunden in erster Linie Sympathie und Liebe und keine Moralpredigten. Fehlt es an Sympathie, wirken die Moralpredigten abstoßend. Fehlt es an Liebe, klingen die ethischen Erklärungen platt und bedeutungslos. Sie sind zu abstrakt, zu allgemein und folglich ohne jeden Zusammenhang mit den besonderen Umständen und Problemen, die in der gegebenen Situation aktuell sind. Allein die Liebe liefert Einsicht in die besondere Art der menschlichen Situation. Liebe verwandelt durch ihr mitfühlendes Verständnis gerechte Entrüstung in gütige Vergebung. Ein selbstgerechter Mensch erhebt gern seine Stimme zu Protest und Kritik, wenn immer er einen Mangel im menschlichen Verhalten oder eine Unwahrheit im sozialen Leben erkennt. Er kritisiert leicht ohne Bereitschaft, zu erdulden und Opfer zu bringen. Er ist eifrig darauf bedacht zu reformieren, ohne Verständnis für die Begrenzungen der menschlichen Natur. Er versagt in seinen Reformen, weil er vergißt, zuerst sich selbst zu reformieren. Er verliert immer mehr Freunde, verwandelt Freunde in Gegner und findet sich machtlos in der Einsamkeit wieder. Die wachsende Bitterkeit in seiner Seele spiegelt sich in der Härte seines Urteils, und diese Härte fällt mit spöttischem Ungestüm auf ihn zurück.

Leitmotive für zwischenmenschliche Beziehungen

Nachdem wir einige Blockaden befriedigender zwischenmenschlicher Beziehungen erörtert haben, können wir nun kurz über einige Leitmotive nachdenken. Es gibt deren vier: 1. überlegte Antwort; 2. der Geist des Entgegenkommens; 3. das Nicht-Annehmen unnötiger Geschenke; 4. taktische Härte.

Viele der dummen Fehler, die wir im Umgang mit Menschen begehen, resultieren aus der Gewohnheit, sofort und impulsiv zu reagieren. Nachdem wir impulsiv gehandelt haben, bedauern wir es oft später und leiden unwiderruflich daran, daß wir eine gute Beziehung zerstört haben. Du triffst eine beeindruckende Persönlichkeit, von der du dich angezogen fühlst. Du bist emotional derart hingerissen, daß du prompt auf eine Bitte von ihr eingehst, ohne dir viele Gedanken darüber zu machen, oder du gibst ein Versprechen, du gehst eine Verpflichtung ein oder vertraust ihr ein Geheimnis über dich oder einen gemeinsamen Freund an. Zu spät bemerkst du, daß du einen Fehler begangen hast. Unternimmst du nun Schritte, um die Situation zu korrigieren, zerbricht die Beziehung zu der Person. Wenn du dich jedoch dazu entschließt, nichts in dieser Angelegenheit zu unternehmen, zerstört die Person die Beziehung, indem sie unlauteren Gebrauch von dem Geheimnis macht, das du ihr anvertraut hast, oder indem sie ungebührlichen Vorteil aus dem Versprechen oder der Verpflichtung zieht, die du eingegangen bist. In jedem Fall entsteht ein nicht wiedergutzumachender Schaden.

Somit erweist sich, daß es notwendig ist, unser unbewußtes Gemüt so in die Hand zu bekommen, daß wir nicht impulsiv und erregt reagieren. Nützlich ist der Grundsatz, nur nach reiflicher Überlegung zu antworten. Wenn eine kritische Entscheidung getroffen werden muß, ist es gut, wenn man in der Lage ist, die Dinge erst zu überdenken. Die richtige Entscheidung wird in einem Augenblick der Besonnenheit getroffen, wenn das Urteil nicht von Impulsen oder Emotionen beeinflußt wird. Sieht man sich einer unerwarteten Bitte oder Forderung gegenüber, empfiehlt es sich, die Angelegenheit mit einem gewissen Zeitabstand zu betrachten, anstatt sofort an Ort und Stelle eine Verpflichtung einzugehen. Wird man in eine herausfordernde Lage gebracht, ist es klug, nicht sofort und temperamentvoll zu reagieren. Wenn man die Beherrschung verliert, schwächt man immer seine eigene Position und läuft geradewegs in die Falle des Gegners. Oder der Gegner mißversteht vielleicht die gut gemeinte Kritik eines aufrichtigen Freundes und verletzt auf törichte Weise eine wunderbare Freundschaft. Um solche Tragödien in zwischenmenschlichen Beziehungen zu vermeiden, ist es wünschenswert, sich zur Gewohnheit zu machen, wohlüberlegt zu antworten. Im Umgang mit Menschen, sei es Freund, Widersacher oder Fremder, sollten Liebe und Verständnis von Vernunft geleitet werden, damit die Impulse und Emotionen nicht die Oberhand gewinnen können. Regelmäßiges Praktizieren von Meditation ist eine große Hilfe bei einem solchen Selbst-Training. Meditation ist die Kunst, das Unbewußte und das Bewußte miteinander in Einklang zu bringen. Durch Meditation werden die Impulse und Emotionen zunehmend in Harmonie mit der Vernunft gebracht. Und die Vernunft wird die Bedeutung der unterschiedlichen Impulse und Emotionen mehr und mehr richtig einschätzen.

Ein anderes Leitprinzip, das der Betrachtung wert ist, ist der Geist des Entgegenkommens. Wenn ein Mensch die Hoffnung hegt, mit anderen Menschen gut auszukommen, darf er nicht erwarten, daß es immer nach seinem Kopf gehen kann. Wenn jemand erwartet, daß sich andere seiner Richtung anschließen, muß er auch bereit sein, den anderen die Möglichkeit einer eigenen Richtung einzuräumen, ob er das mag oder nicht. Die zwischenmenschlichen Beziehungen sind ein Verkehr mit zwei Fahrbahnen. Man hat etwas aufzugeben, um sich das Recht zu verdienen, etwas zu erhalten. Man muß anderen Zugeständnisse machen, um ihre Unterstützung und Kooperation zu gewinnen. Im Hinblick auf Dinge wie grundlegende Prinzipien, allgemeines Wohlergehen oder das höchste Ziel ist es wünschenswert, den Mut zur Überzeugung und unnachgiebige Charakterstärke zu besitzen. Aber im Hinblick auf Angelegenheiten von geringerer Bedeutung, wie z.B. die Wahl zwischen mehr oder weniger geeigneten oder zweckdienlichen Wegen des Handelns, ist es gut, am Puls der Menschen zu fühlen und die vorherrschende Tendenz zu akzeptieren. Derjenige ist der beste Führer, der um das Wohlergehen aller besorgt ist. Derjenige ist der am besten Liebende, der Liebe für alle erübrigt, mit denen er umgeht. Der Geist des Entgegenkommens verbindet in sich die entgegengesetzten Eigenschaften von Stärke und Gnade, unerschrockener Hingabe und liebender Unterwerfung. Charakterstärke und Prinzipientreue bewahren den Geist des Entgegenkommens vor Entartung zu reinem Opportunismus. Liebendes Bemühen um das Wohlergehen aller läßt den Geist des Entgegenkommens ein wirksames Mittel zu fruchtbarer Zusammenarbeit und keineswegs eine taktische Maßnahme zum Zwecke der Selbstverherrlichung sein.

Patanjali, der große Lehrer des Raja-Yoga, erwähnte einen wichtigen Grundsatz in sozialen Beziehungen. Es ist das Prinzip der Nicht-Annahme unnötiger Geschenke (aparigraha)[13]. Das Prinzip hat verschiedene Bedeutungen. Zuerst einmal wurde es konzipiert, um der Neigung vorzubeugen, Eulen nach Athen zu tragen. Diejenigen, die mehr als genug haben, erhalten meist immer noch mehr und ziehen alle Arten von Geschenken an. Dies setzt den Prozeß in Gang, bei dem die Reichen reicher und die Armen ärmer werden. Dieses Prinzip stellte sich aufregend im Leben von Mahatma Gandhi in Südafrika dar. Als Gandhi nach Beendigung seines Dienstes als Rechtsanwalt in Südafrika kurz davor stand, in Richtung Indien aufzubrechen, ließen die Mitglieder der dortigen indischen Gemeinschaft, reich und arm, alle möglichen

Geschenke auf ihn niederregnen. Nach einer Debatte, die die ganze Nacht andauerte, setzte sich Gandhi seiner Frau gegenüber mit der Entscheidung durch, diese Geschenke nicht für den persönlichen Gebrauch anzunehmen. So wurden die Gegenstände zum Kern eines öffentlichen Wohlfahrtsfonds, der zum Besten der indischen Gemeinschaft in Südafrika verwendet werden sollte.

Zweitens wird durch dieses Prinzip beabsichtigt, Habgier zu mißbilligen. Es gibt Menschen, die außerordentlich habgierig sind, die danach verlangen, etwas zu erhalten, ohne eine Gegenleistung zu erbringen, die immerzu nach besonderen Vergünstigungen Ausschau halten. Diese Neigung ist der charakterlichen Entwicklung abträglich. Sie sägt an den Wurzeln des eigenen unabhängigen Standes in der Gesellschaft. Es macht besondere Freude, wenn man mit dem zufrieden ist, was man durch eigene Anstrengung ehrlich verdient hat. Geben macht mehr Freude als das Nehmen fragwürdiger Geschenke. Mit den normalen Geschenken der Liebe seitens vertrauter Menschen und derer, die vorbehaltlos geben, zufrieden zu sein, ist weise.

Drittens ist das Prinzip eine Garantie für persönliche Freiheit und Hingabe an höhere Werte. In unserer Gesellschaft nehmen Geschenke oft die Form einer mehr oder weniger subtilen Bestechung an. Dahinter verbergen sich heimliche Motive ungebührlicher Beeinflussung, um einen besonderen Vorteil von dem Empfänger zu erpressen oder um ihn für irgendeine schmutzige Angelegenheit zu benutzen. Du erhältst etwa heute von einem Mitmenschen ein unerwartetes und großzügiges Geschenk. Oberflächlich betrachtet sieht es wunderbar aus, freundlich und liebenswürdig. Aber ein paar Tage später konfrontiert man dich einer sehr schwierigen Entscheidung. Sagen wir, man bittet dich, einem gemeinsamen Freund etwas anzutun, das Ungerechtigkeit, Unaufrichtigkeit, Betrug oder Gemeinheit beinhaltet. Du fühlst dich in großer Verlegenheit. Du weißt nun weder, wie du es am besten anstellst, dem Spender den Gefallen abzuschlagen, noch wie du deinem Wertgefühl treu bleiben kannst. Darum ist es so wichtig, bei Geschenken darauf zu achten, welche sichtbaren oder unsichtbaren Verknüpfungen damit verbunden sind. Fragwürdige Geschenke sind wie Versuchungen des Teufels. Sie berauben einen Menschen seiner Freiheit und Stärke, sich für die Wahrheit auszusprechen und für die Gerechtigkeit zu kämpfen. Von daher ist es ein vernünftiger Grundsatz, kein großes Geschenk anzunehmen, wenn es vernünftige Zweifel am wahren Motiv gibt oder wenn hinsichtlich des eigenen Wertgefühls Kompromisse eingegangen werden müssen.

Weil dieses Prinzip als vernünftig eingeschätzt wird, haben die Regierungen zahlreicher Länder, einschließlich der USA, es zur Regel gemacht, daß die Bediensteten des Staates keine Geschenke aus der Öffentlichkeit annehmen dürfen.

Ein weiteres Prinzip, an das man sich im Umgang mit anderen Menschen erinnern sollte, könnte man mit taktischer Härte umschreiben. Es besteht kein Zweifel, daß das Leitprinzip des Lebens in Liebe und Freundlichkeit gründet. Dies lohnt sich nicht nur geistig sondern auch pragmatisch und hinsichtlich des sozialen Erfolgs. Aber genau, um den Geist der Freundlichkeit im vollen Umfang seines Nutzens zu bewahren, ist es oft nötig, ein hartes Äußeres zu zeigen. Ein hartes Äußeres ist eine taktische Maßnahme, um aggressive und skrupellose Menschen auf Distanz zu halten. Wenn jemand an der Oberfläche zu weich oder in seinem äußeren Verhalten übermäßig freundlich ist, stimuliert er wahrscheinlich die ausbeuterischen Instinkte bestimmter Menschen. Übertrieben starke Liebenswürdigkeit stellt eine Versuchung für die Kräfte des Bösen dar. Die Liebe muß mit der Stimme des Donners geschützt werden.

Diesen Punkt illustriert wunderbar eine alte Hindu-Geschichte. Es ging einmal ein heiliger Mann durch ein Dorf. Einige Kinder warnten ihn, nicht zu nahe an einen besonderen alten Baum heranzutreten, in dessen hohlem Stamm eine riesige Schlange lebte. Ab und zu würde die Schlange aus ihrer Behausung herauskommen und verheerenden Schaden anrichten, indem sie eine

Ziege tötet oder ein unvorsichtiges Kind beißt. Zum Erstaunen der Kinder ging der heilige Mann direkt auf den besagten Baum zu. Er beugte sich tief hinunter und schien der Schlange etwas zuzuflüstern. Als er seine Reise fortsetzen wollte, versammelten sich die Kinder um ihn und wollten wissen, was er der Schlange zugeflüstert habe. Der heilige Mann antwortete, er habe der Schlange das Motto der Liebe gegeben (ahimsa). Er habe zu der Schlange gesagt: „Schau, du Monster, du hast durch das Töten und Vergiften von geheiligten lebenden Wesen furchtbare Sünden begangen. Wenn du gerettet werden willst, mußt du vom heutigen Tag an dem Grundsatz der Gewaltlosigkeit folgen!" Der heilige Mann verließ das Dorf, und die Nachricht von seinem Besuch verbreitete sich. Am nächsten Tag fanden die Kinder die Schlange lammfromm vor. Bald darauf faßten sie Mut und begannen, die Schlange grob zu behandeln. Einmal spielten sie mit ihr Tauziehen, indem sie die Schlange an beiden Enden zogen. Ein andermal wickelten sie die Schlange wie ein Seil um einen Stock. Dann wirbelte ein dreister Junge die Schlange in der Luft und schlug sie kräftig gegen den Baum. Danach sahen sie die Schlange nicht mehr wieder. Als der heilige Mann zwei Wochen später zurück in das Dorf kam, berichteten ihm die Jungen vom wahrscheinlichen Tod der Schlange. Als der heilige Mann in das Loch im Baum schaute, beschwerte sich die zusammengerollte Schlange, die schrecklich abgemagert war: „Schauen Sie, Sir, was Ihr Evangelium der Liebe mit mir angerichtet hat! Ich bin schwer verletzt, verstümmelt und im Begriff zu sterben." Der heilige Mann schalt die Schlange, indem er sagte: „Ich habe dir befohlen, du sollst kein lebendiges Geschöpf beißen. Aber warum hast du nicht gezischt, als du angegriffen wurdest?"

Auch wenn du nicht beißen willst, hast du Gelegenheit zu zischen, falls es notwendig ist. Dies ist die Sprache, die die Übeltäter leicht verstehen können. Und es ist der Weg, der dem Rang der Liebe Rechnung trägt. Ein weiches Herz benötigt ein hartes Äußeres.

8. Kapitel

Die Bedeutung des Todes

Leben und Tod sind zwei Arme Shivas, des Herrn über das Dasein. Mit dem einen Arm schafft er unablässig Leben aus dem Nichts. Mit dem anderen Arm zieht er das Leben zurück in den Abgrund der Nichtsheit, löst er alle lebendigen Formen auf in die Formlosigkeit des Seins. Neues Leben entspringt der Asche des Todes. Der Tod bleibt dem Leben auf den Fersen, spornt es zu immer neuen Anstrengungen und Errungenschaften an. Der Mensch ist stets bereit zum Sterben, um das Leben seiner Träume zu leben. Und er lebt, um den Tod durch die Macht seines Daseins zu besiegen.

Jede Nacht stirbt der Mensch vorübergehend, wenn er in die Stille des Schlafes versinkt. Jeden Morgen erwacht er zu neuem Leben. Jeder Schritt, den er in seiner persönlichen Entwicklung vorwärtsgeht, ist ein Akt des Sterbens und Wiedergeborenwerdens. Stirbt er als Kind, wird er als Jugendlicher wiedergeboren. Stirbt er als Jüngling, wird er als junger Mann wiedergeboren. Stirbt er als junger Mann, wird er als reifer Erwachsener wiedergeboren. Wenn er als Erwachsener stirbt, wird er als weiser alter Mann wiedergeboren. Der ganze Vorgang von Sterben und Wiedergeborenwerden im Verlauf kontinuierlicher Entwicklung wird durch die täglich abwechselnden Phasen von schlafendem Selbst-Begräbnis und wachsamer Selbst-Behauptung symbolisiert. Ist der Schlaf ein vorübergehender Tod, so bedeutet der Tod den endgültigen Schlaf. Das Mysterium des Todes war durch die Zeiten hindurch diejenige Frage, die den Menschen am meisten verwirrte. Wenn das tägliche Leben ein Auferstehen aus dem Selbst-Begräbnis des Schlafes darstellt, könnte dann nicht der endgültige Schlaf die Vorbereitung auf eine radikal neue Gestalt des Selbst-Seins sein?

Martin Heidegger hat zutreffend darauf hingewiesen, daß der Tod für den Menschen nicht bloß der chronologische Abschluß seines Lebens ist. Er ist nicht nur ein Halt für den Lebensprozeß. Er teilt dem Leben seine Vervollständigung und Erfüllung zu. Der Tod verwandelt das Leben in ein vereintes Ganzes, gleichsam in ein vollständiges Musikstück. Je mehr ein lebendiges Wesen sein Leben in Einheit mit dem Tod plant, umso mehr gewinnt sein Leben die Form eines abgerundeten ästhetischen Ganzen. Der Glanz des Lebens erreicht seinen Höhepunkt in kluger Vereinigung mit dem Tod.

Der Tod ist für den Menschen nicht bloß äußerlicher Abschluß, bei dem man auf den geeigneten Augenblick der Lebensvollendung wartet. Er springt dem Leben nicht einfach von außen her in die Augen. Er dringt ins Innerste des Lebens ein. Er begleitet das Leben als ein unsichtbarer Kumpan. Bewußt oder unbewußt bestimmt er den Lebensstil und die Lebensmuster. Die Lebensart, die wir wählen, hängt von der Art unserer Anschauung ab, die wir vom Sinn des Todes haben.

Der Mensch kann es sich nicht leisten, wie ein Tier in völliger Vergessenheit gegenüber dem Phänomen des Todes zu leben. Glücklicher- oder unglücklicherweise ist das Bewußtsein die wesentliche Struktur seines Daseins. Von daher wird die gewaltige Tatsache des Todes von frühem Alter an seiner Aufmerksamkeit aufgedrängt, ob er das mag oder nicht. Aber die Mehrzahl der Menschen versucht das Problem, das so schrecklich stört, zu verdrängen. Sie vermeiden, dem Tod gerade ins Auge zu schauen. Die Unausweichlichkeit des Todes wird unter der verallgemeinernden Formel „alle Menschen sterben" versteckt. Fällt der Tod plötzlich in der Nachbarschaft ein, kommt es vorübergehend zu einem Schock, dem eine kurze Trauer folgt. Die Sache wird rasch erledigt unter Verwendung so abstrakter und unpersönlicher Weisheiten wie „alle Menschen sterben". Unmittelbare persönliche Konfrontation des Todes ist eine überaus gewaltige Erfahrung. Die meisten Menschen werden damit nicht fertig. Abstrakte und unpersönliche Redensarten kommen als Teil des Abwehrmechanismus der menschlichen Seele gelegen.

Im Hindu-Epos Mahabharata gibt es folgende interessante Geschichte über das Rätsel Tod. Yudhisthira, der Weisheit und Rechtschaffenheit verkörperte, ging um Wasser aus einem Teich zu trinken. Er war äußerst durstig. Als er gerade dabei war zu trinken, wurde er von einem mysteriösen Vogel herausgefordert. Er dürfe kein Wasser aus dem Teich entnehmen, es sei denn, er könne befriedigende Antworten auf ein paar Fragen erteilen. Alle seine Brüder, die schon früher aus demselben Teich tranken, waren tot umgefallen, weil sie es nicht vermocht hatten, die rechten Antworten auf die Fragen des Vogels zu finden. Eine der Fragen, die Yudhisthira gestellt wurden, lautete: „Was ist die erstaunlichste Tatsache im Leben des Menschen?" Yudhisthira antwortete: „Unzählige lebendige Wesen verlassen tagtäglich das Dasein, und doch handeln jene, die leben, als ob sie niemals sterben würden." Was kann erstaunlicher sein als solche Vogel-Strauß-Politik angesichts der überall vorhandenen Gegenwart des Todes? Je mehr der Mensch das Problem des Todes verdrängt, umso weniger ist er darauf vorbereitet, dem Tod würdevoll zu begegnen. Wenn einst der Tod wirklich an seine Tür klopft, weiß er nicht, was er zu tun hat. Bei Anwesenheit des Unbekannten herrschen Furcht und Zittern. Es kommt zu überwältigendem Kummer über verlorene Gelegenheit und verdorbene Zukunft. Man ist kaum fähig, den Tod als geeigneten Vorhang zu nehmen, der über das Drama des Lebens gebreitet wird.

Der Tod arbeitet im Gemüt als dunkles Fragezeichen. Bedeutet er eine totale Aufhebung des Lebens mit all seinem Versprechen und Kraftvorrat, mit all seinen Hoffnungen und Bestrebungen? Oder ist er das Tor zu einer neuen Lebensphase voll neuer Möglichkeiten? Die Antwort des Menschen auf die Frage, die der Tod uns aufgibt, bestimmt seine gesamte Lebensart.

Verschiedene Verhaltensweisen gegenüber dem Tod

Wer das Problem des Todes verdrängt, zeigt eine negative Einstellung. Solche Menschen handeln, als ob sie ewig leben würden. Sie verwenden alle Lebenskraft für den Bau dauerhafter Schlösser auf dem Flugsand der Zeit. Die in ihnen vorherrschenden Triebe heißen Besitzgier und Gewinnsucht, Geiz und Ausbeutung, Begierde nach Macht und Masse. Die Verdrängung kann so sehr aufs äußerste gesteigert werden, daß sie ernsthaft annehmen, der Tod sei eine Illusion. Was auch immer anderen zustößt, sie sind auserwählte Menschen, die glauben, sie würden niemals sterben. Nur der Nichtwissende glaubt, sie würden sterben. Wer den Gedanken an den Tod vollkommen aus seinem Bewußtsein verbannt, bezwingt auf diese Weise den Tod. Wo der Tod zur Illusion wird, hat nur noch der Gedanke an den Tod Realität. Von einem Menschen, der von allem Nachdenken über die Idee des Todes gereinigt ist, nimmt man an, er werde unsterblich.

Es gibt indessen Menschen, die unter ständiger Todesangst leben. Aber die Angst vor dem Tod macht aus uns allen Feiglinge. Todesfurcht lähmt die Initiative und unterdrückt den Abenteuergeist. Sie hindert Menschen daran, im Leben etwas zu riskieren, und geht so an die Wurzeln des Fortschritts. Kein Risiko, kein Gewinn! Nur jene können bis zum Gipfel ihrer Möglichkeit gelangen, die bereit sind, für ein ruhmreiches Leben zu sterben. Wer ständig Angst vor dem Tod hat, übt an der Dürftigkeit des Lebens Verrat. Solche Menschen erfahren das Leben auf seinem Tiefststand und kämpfen darum, es dort auf jeden Fall festzuhalten. Sie umarmen den Tod schon im Leben, da sie es versäumen, sich im

Angesicht der Gefahr hervorzuwagen. Weil sie den unvergänglichen Wert des Lebens nicht begreifen können, ziehen sie sich aus allen äußeren Gefahren in ihr schwerfälliges Schneckenhaus zurück. Ihre Liebe zum Leben verkommt zu blindem Verhaftetsein an eine leere Hülle. Nichts kann das Leben tiefer beleidigen als feige Anhänglichkeit.

Es gibt Menschen, denen es nicht gelingt, unerschrocken zu leben, befreit von Angst vor dem Tod. Es gibt andere Menschen, die das Leben wegen geheimnisvoller Anziehung durch den Tod leicht wegwerfen können. Tod ist nicht immer furchtbar, trotz der landläufigen Annahme. Tod hat auch eine angenehme, faszinierende Seite. Er übt magnetische Anziehungskraft auf das Gemüt vieler Menschen aus, selbst wenn sie sich dessen nicht bewußt sind. In Dichtung und Musik ist der Tod als der große Geliebte gepriesen worden. Bei einem Vaishnava-Dichter[14] heißt es: „Oh Tod, du bist wie meine geliebte Göttin, Shyama" (Marana re, tuhu mama Shyama saman).

Wenn der Dichter den Tod als geliebte Göttin anspricht, verleiht er dem unausdrücklichen Gefühl vieler Leute seine Stimme. Viele Menschen sehnen sich heimlich nach dem Tod als einer angenehmen Flucht vor dem Schrecken des Lebens. Das Leben schrumpft in ihrer Sicht zu einem bösen Traum. Die Nöte und Probleme des Lebens erweisen sich als zu schwierig für sie. Der Tod erscheint ihnen vergleichsweise angenehm. Häufig spukt als angenehme Lösung von Konflikten und Lebenskrisen Selbstmord im Gemüt herum. Für andere wiederum wird das Leben allen Sinnes entleert. Allem Charme und aller Farbe benommen und auf die Nichtigkeit reduziert, steht das Leben splitternackt vor ihrer ernüchterten Seele. Die schockierende Erfahrung der völligen Wertlosigkeit des Lebens – seine gänzliche Bedeutungslosigkeit – leitet den Ernüchterten auf den Weg unbewußten langsamen Selbstmords. Die religiöse Praxis strenger Einfachheit und Selbstkasteiung ist die pseudo-mystische Version dieser Selbstmord-Methode. Der Friede des Todes wird dem Frieden reiner Transzendenz, das

Mysterium des Todes dem Mysterium des großen Jenseits gleichgestellt.

Für sehr viele Menschen ist die gefühlsmäßige Reaktion auf den Tod ambivalent. Mit ihr verwoben sind Liebes- und Haßgefühle, Empfindungen des Angezogen- und des Abgestoßen-Werdens, von Anerkennung und Zurückweisung. Für den bewußten Verstand ist der Tod erschreckend und abstoßend. Aber für das unbewußte Gemüt kann der Tod heimlich faszinierend und gütig sein. Wird diese ambivalente Haltung über die Maßen durchgehalten, führen die Menschen ein leichtsinniges und verwegenes Leben. Im Geiste gespielter Tapferkeit stürzen sie sich dorthin, wo sich selbst Engel hinzutreten fürchten. Sie haben mächtig Spaß an extrem gefährlichen Situationen. Sie sind immer wieder anfällig für schreckliche Unfälle.

Es gibt Fälle von Menschen, die bewußt und sorgfältig Maßnahmen treffen, um verfrühten Tod zu vermeiden. Aber solche Maßnahmen erweisen sich als Akt der Bodenbereitung für den Tod. Eine alte Geschichte von den Masnavi berichtet von einem Edelmann, der im Zustand großer Angst und Erschütterung an den Hof Salomons kam. Er wandte sich dem großen König zu und sagte: „My Lord, darf ich Sie bitten, mein Leben zu retten? Azrael, der Engel des Todes, hat auf mich so ärgerlich und böse geblickt." „Was soll ich deiner Meinung nach tun, um dein Leben zu retten?" fragte der König. „Befiehl bitte dem Wind, daß er mich heute noch in das Herz von Hindustan trägt", war des Edelmannes Antwort. Der König befahl, wie ihm nahegelegt, und der Wind trug den Edelmann weich und schnell zur indischen Hauptstadt. Einige Stunden später, als der Engel des Todes zum Hof kam, um dem König seinen Respekt zu erweisen, warf ihm Salomon vor: „Warum hast du meinen treuen Edelmann mit deinem verderblichen Blick in Schrecken versetzt?" „Böser Blick – überhaupt nicht, my Lord! Ich schaute ihn mit großem Erstaunen an, als ich ihn auf der Straße in Bagdad traf. Von Bagdad nach Indien ist es ziemlich weit. Gott hat mir befohlen, seinen Geist am heutigen Tag im Herzen von Hindustan an mich zu nehmen."[15]

Der Edelmann eilte von Bagdad nach Indien, ausgerechnet, um seinem Schicksal zu begegnen und sein geheimes Treffen mit dem Tod einzuhalten. Der Tod verfügt in der Tat über eine starke Anziehungskraft. Ist es Schicksal? Oder ist es das geheime Verlangen des eigenen Unbewußten? Vielleicht ist es beides. Vielleicht ist das, was Schicksal genannt wird, eine Verfügung des eigenen unbewußten Gemüts. Tatsächlich wird unser Schicksal aus unsichtbaren Fäden gewoben, die vom unbewußten Wesen ausgehen.

Der Tod hat wie Janus zwei Gesichter. Der Tod erscheint in seinem erschreckenden Aspekt einigen als das grausame, strafende, übermächtige Vater-Bild. Der Tod in seinem angenehmen und reizvollen Aspekt repräsentiert das freundliche, einnehmende, immer vergebende Mutter-Bild. Ernest Jones hat bemerkt, daß es diese doppelte, symbolische Bedeutung des Todes ist, die den Schlüssel zu Freuds ambivalent-emotionaler Haltung gegenüber seinem eigenen Tod liefert [16]. Einerseits hatte Freud große Angst vor dem Tod. Nach seinem eigenen Zeugnis hatte er schreckliche Angst, alt zu werden. Lange Zeit ging nicht ein einziger Tag vorüber, ohne daß er von angsterfüllten Gedanken an den Tod besessen war. Er hatte die lästige Gewohnheit, beim Abschied seinen Freunden zu sagen: „Ihr werdet mich möglicherweise nicht wiedersehen!" Andererseits sehnte er sich heimlich nach dem Tod. Er wollte nur leben, solange seine Mutter am Leben war. Nach dem Tode seiner Mutter würde er glücklich sein, friedvoll zu sterben. Eines Tages, 1912, als er nach einem Ohnmachtsanfall sein Bewußtsein wiedererlangte, war seine erste Bemerkung: „Oh, der Tod würde so angenehm sein!" Nach dem Tod seiner Mutter, so glaubte er, würde sein eigener Tod zu einer friedvollen Wiedervereinigung mit ihr führen.

Bei tiefer und beständiger Liebe zwischen zwei Menschen erscheint der Tod als das letzte und unzerbrechliche Siegel der

Vereinigung beider. Sich-Liebende möchten zusammen sterben und gemeinsam im Grabe ruhen. Darin liegt eine Erklärung für die Tatsache, daß es oft zu einer seltsamen Welle von Selbstmorden kommt, wenn eine beliebte, weithin bekannte Person stirbt oder Selbstmord verübt. Wer sich mit ihr durch Zuneigung identifizierte, sehnt sich danach, mit ihr durch den Tod vereint zu werden. So etwas ereignete sich in großem Umfang bei den frühen Christen, die bestrebt waren, mit Jesus durch den Tod vereint zu werden. Es ereignete sich auch bei zahlreichen buddhistischen Mönchen in Asien. In Süd-Vietnam wurde eine unglaubliche suizidale Welle freigesetzt, als sich ein verehrungswürdiger buddhistischer Mönch (Bonzai) um religiöser Gleichheit willen selbst verbrannte. In der Vergangenheit hat man ähnliche Phänomene nach dem Tod etwa eines Film-Lieblings wie Rudolph Valentino beobachtet.

Wir haben bereits erwähnt, daß die weitaus große Mehrheit der Menschen dem Problem des persönlichen Todes aus dem Wege geht. Wenn aber ein Mensch es von Zeit zu Zeit persönlich mit dem Tod zu tun bekommt, wenn er darüber nachdenkt, daß er eines Tages – und das kann jeden Tag sein – als besonderes lebendes Individuum sterben wird und muß, kommt es vielleicht zu einem tiefen Wandel in seinem ganzen Verhalten dem Leben gegenüber. Es wird gewiß ein neues Gefühl von Dringlichkeit und Ernsthaftigkeit erzeugt, ein Vorhang vor seiner Anschauung vom Lebenssinn weggezogen und ein neues Gefühl der Freiheit von den Fesseln der Zeit gewonnen.

Existentieller Kontakt mit dem Tod

Ernsthafte Betrachtung des Todes war der Anfang der wagemutigsten Suche des Menschen nach der Wahrheit. Existentieller Kontakt mit dem Tod war die Ursache der gründlichsten Transformation der menschlichen Persönlichkeit. Solange wir den Tod aus dem Abstand einer komfortablen Lebenssituation anschauen, erscheint er bestenfalls als vages, unerklärlich zukünftiges Ereignis. Auch wenn wir dem Tod von Angesicht zu Angesicht begegnen und ihm die Hand geben, werden wahrscheinlich einige unerwartete Quellen des Mutes und der schöpferischen Vorstellungskraft in uns erschlossen. Wenn wir im Herzen des Todes Stellung beziehen, wird uns wahrscheinlich die tiefste Bedeutung des Lebens enthüllt. Der wahre Sinn des Lebens kann in der Tat nur aus der Perspektive des Todes erfaßt werden. Das Wesen des Daseins kann nur vom Standpunkt des Nichtseins aus ergriffen werden.

Buddhas Begegnung mit dem Tod

Eines Tages, als der junge Prinz Siddhartha auf der Straße flanierte, begegnete er dem Schauspiel des Todes. Ein toter Mensch wurde gerade in einem Sarg zur Verbrennungsstätte getragen. Das Schauspiel bewegte den Prinzen innerlich bis auf den Grund seines Daseins. Es schleuderte sofort einen dicken, dunklen Vorhang über die gesamte Erscheinung des Lebens. Es reduzierte die ungeheuren Anstrengungen des Menschen nach Pomp und Vergnügen, Macht und Glanz auf völlige Bedeutungslosigkeit. Er beschloß, seinem Königreich zu entsagen, um mit aller Kraft nach dem letzten Lebenssinn zu suchen. In seinem Trachten nach Wahrheit ging er außerordentlich weit – bis zum Extrem radikaler Enthaltsamkeit und Selbstzerstörung. Als er aber am Ende ausgedehnten Fastens und Büßens dasaß und dem Tod ins Auge blickte, erwachte in seinem Bewußtsein eine neue Vision des Lebenssinnes. Er erkannte, daß es keine Wahrheit auf dem Weg der Selbst-Kasteiung gab. Der Tod brachte nicht nur die Eitelkeit des Lebens sondern auch dessen höchsten, erhabenen Wert ans Tageslicht. Deshalb hat man den mittleren Weg zu gehen, den Pfad, der großspurige Selbst-Täuschung ebenso vermeidet wie unfruchtbare Selbst-Zerstörung. Die erste Begegnung mit dem

Tod ließ Siddhartha in seinen emotionalen Verstrickungen erbeben. Sie zerstörte ihm die Illusion, das Leben währe ewig. Die zweite Begegnung mit dem Tod öffnete ihm die Augen für den inneren Wert allen Lebens als einem mannigfaltigen Ausdruck des Nichtzeitlichen.

Siddhartha begegnete dem Tod zum dritten Mal, als er unter dem Bodhi-Baum saß mit dem festen Entschluß, aufs Ganze zu gehen. Er fiel in tiefe Meditation. In unbeirrbarer Verehrung wurde ihm bestimmt, sein Ziel zu erreichen: das Ideal einer ungetrübten Schau der Wahrheit. Als er eine bestimmte Anstrengung machte, das Letzte ins Auge zu fassen, erschien ein schrecklicher Dämon vor ihm, der doppelgesichtige böse Geist Begehren-Tod (Kama-Mara). Der Dämon wendete die uralte Taktik von Belohnung und Strafe an. Einerseits versprach er Siddhartha die größten Reichtümer der Welt und die charmantesten himmlischen Mädchen, wenn er nur aufgeben würde, den Schlüssel zum Freikauf der Menschheit zu suchen. Andererseits bedrohte er ihn mit endgültiger Vernichtung, falls er den überirdischen Pfad der höchsten Befreiung von den Fesseln der Natur und des Übernatürlichen wähle. Die schrecklich dreinblickenden Horden des Dämon-Königs waren bereit, Siddhartha zu zerquetschen. Aber Siddhartha zeigte, daß er vollkommen Herr über Begehren und Tod war. Er mißachtete die Verlockungen ebenso wie die Einschüchterungen des hinterlistigen Dämons. Völlig frei von Furcht begab er sich auf seine geistige Suche nach dem höchsten Gut und bezwang damit die Macht des Todes. Wenn der Geist des Menschen über den Tod triumphiert, ist ihm nichts mehr unmöglich. Siddhartha erfuhr höchste Erleuchtung. Durch Bändigen des Todes gewann er tiefe Einsicht in den letzten Sinn des Lebens.

Es dürfte von Interesse sein, wenn hier daran erinnert wird, daß Buddha, der Erleuchtete, dem Tod noch einmal, zum vierten Mal, vor seinem endgültigen Abschied begegnete. Diesmal erschien der Tod in seiner raffiniertesten Form, als Begehren, als das verborgenste und mächtigste Begehren der individuellen Seele:

das Verlangen nach persönlicher Befreiung, nach der höchsten transzendenten Freude und dem tiefsten transzendenten Frieden, den ein Mensch erlangen kann. Es ist das Begehren nach wonnevollem Selbst-Versunkensein im Absoluten. Es ist das Begehren nach jener ewigen Ruhe und jenem ewigen Frieden, der die geheime Faszination des Todes ausmacht. Als er auf der Türschwelle zur formlosen Befreiung (parinirvana) stand, hielt Buddha inne und riß sich zurück. Anstatt in den transzendenten Frieden formloser Befreiung einzutreten, nahm er jenen berühmten Eid auf sich, der als Eid des Bodhisattva bekannt ist. Er entschloß sich, den Rest seines Lebens dem liebevollen Dienst an der Menschheit, nein, an aller lebendigen Schöpfung zu widmen. Das Schauspiel des Leidens im Leben hatte ihn mit aller Macht auf den Pfad der geistigen Suche getrieben. Nun wurde es zu seiner höchsten Pflicht, seine Rolle bei der Tilgung des Leidens aus dem Leben zu spielen und seine persönliche Erlösung auf dem Altar weltumspannender Wohlfahrt zu opfern. Es sollte für ihn weder Ruhe noch Frieden geben, solange seine Mitmenschen von Leiden heimgesucht werden. Er sollte nicht aufhören zu arbeiten, bis jedes leidende Glied der lebendigen Schöpfung auf den Pfad zum Nirvana – den Pfad des Lichtes, der Liebe und Freude – gebracht sei.

Nachsinnen über den Tod kann vollständige Ernüchterung in Bezug auf das Leben hervorrufen. Sie lockert alle Fesseln der Verhaftung an die Erde und drängt die Menschen, nach etwas Dauerhaftem jenseits von Leben und Tod zu suchen. Auf diese Weise wird oft eine starke religiöse Stimmung erzeugt. In jüngerer Zeit hat Ramana Maharshi, der Weise von Arunachal, ein Beispiel dafür geliefert.

Ramana Maharshis Begegnung mit dem Tod

1896, als Maharshi gerade 17 Jahre alt war, saß er, in bestem Gesundheitszustand, eines Tages ganz allein im ersten Stock im Hause seines Onkels. Plötzlich dachte er, er müsse sterben. Sein Bewußtsein wurde ganz und gar auf die Bedeutung des Todes ausgerichtet. Was passiert mit einem Menschen, wenn er stirbt? Sein Körper wird formell zur Verbrennungsstätte getragen und den Flammen übergeben. Aber wird sein innerster Kern, sein Ich, bei diesem Vorgang auch zugrunde gehen? Das hängt davon ab, was genau mit „Ich" gemeint ist. So ging er unmittelbar und konzentriert mit aller Kraft seiner Intelligenz dazu über, den tiefsten Sinn des Ichs zu erforschen. Er stellte die Todesszene dramatisch dar. Er legte sich lang hin und imitierte eine Leiche, hielt seinen Atem an, schloß seinen Mund und preßte die Lippen fest zusammen. [17]

Darauf wurden seine Vitalkräfte aus dem Körper zurückgezogen, versammelten sich im Bewußtsein und wandten sich nach innen, beseelt von dem brennenden Wunsch, das wirkliche Selbst zu erkennen. „In diesem Augenblick erhob sich eine geheimnisvolle Macht aus dem innersten Kern seines Wesens und nahm vollständig Besitz von seinem Bewußtsein und seinem Leben. Durch jene Macht wurde er, d.h. sein Bewußtsein und sein Leben, nach innen genommen." [18] Indem jene Macht von ihm Besitz ergriff, stürzte sein Bewußtsein in den tiefsten Brunnen von Leben und Bewußtsein und ging darin ein. Er hatte den ich-losen und bewußtlosen Zustand der Erleuchtung erreicht. Es war des Weisen existentielle Erfahrung des Nichtzeitlichen. Mit Erlangen der Erleuchtung wurde aller Zweifel aufgehoben, und alle Angst einschließlich der Todesangst verschwand. Es war Verbindung mit der todlosen Mitte des Daseins aufgenommen worden. Das wahre Selbst wurde verwirklicht als die aus sich selbst leuchtende Sonne. Alle Gedanken, die sich künftig im Bewußtsein erheben, und alle Handlungen, die künftig durch den Körper ausgeführt würden, wurden als Wolken erlebt, die den Himmel bedecken, ohne im mindesten die Sonne zu trüben. Nach den Worten Ramana Maharshis ist dies ein natürlicher Zustand des Selbst (Sahaja Bhava)[19].

Wie erklärt man die plötzliche Todesangst, die mit überwältigender Macht das Bewußtsein des jungen Ramana als gesunden Jüngling ergriff? Die ganze Angelegenheit einschließlich der dramatisierten Todesszene, der Erforschung des Ichs, des Rückzugs aller Lebenskräfte in das Bewußtsein, des Auftauchens einer innewohnenden geheimnisvollen Macht, der vollständigen Auflösung von Bewußtsein und Leben und dem schließlichen Erreichen der Erleuchtung stellt eine anstrengungslose, spontane Entfaltung dar. Nichts wurde bewußt geplant, keine überlegte Anstrengung für die Sache unternommen. Vielleicht war die plötzliche Todesangst, die den ganzen Vorgang auslöste, die geheimnisvolle Zugkraft des Nichtzeitlichen, die auf der mentalen Ebene empfunden wurde. Von Anbeginn floß sein Leben in dieser Richtung. Je reifer ein heranwachsender Mensch für die inwendige Zugkraft des Ewigen wird – aufgrund der Gnade Gottes –, umso mehr werden die äußeren Erfahrungen des Todes und Leidens Gelegenheiten zu philosophischer Betrachtung oder mystischem Abenteuer. Je näher der Mensch dem Ewigen kommt, umso mehr stirbt er in einem sehr wichtigen Sinne für die Welt der allgemeinen Erfahrung. Der Blitzstrahl geistiger Erkenntnis erschlägt den natürlichen Menschen, seinen natürlichen Verstand und sein Ego. Der natürliche Mensch stirbt, um das todlose Leben des Geistes zu leben.

Tod und Revolution

Die nähere Betrachtung des Todes kann auch die Selbst-Behauptung des Lebens intensivieren, statt Enttäuschung vom Leben zu erzeugen. Statt Weise hervorzubringen, kann sie Revolutionäre schaffen. Das Schrifttum der modernen existentialistischen Denker beweist dies. Die beiden letzten großen Weltkriege mit Massenvernichtung und Niedermetzeln Unschuldiger haben die Realität des Todes als des Lebens engen Nachbarn wieder vor Augen gestellt. Inmitten von wollüstigem Abschlachten und mitleidloser Folter ist die Unausweichlichkeit des Todes ins Innerste der empfindsamen Gemüter eingehämmert worden. Einige Menschen reagieren auf diese Situation mit dem Entschluß, verwegen und gefährlich zu leben. Aus dem nackten Ausgeliefertsein an den Tod heraus kommt es zum Geist der Revolution, der dem Tod die Stirn bietet. Es gibt Todesangst, solange der Tod eine vage Möglichkeit darstellt. Wenn der Mensch das unverhüllte Antlitz des Todes erblickt, hat er keine Angst mehr. Er kann jetzt furchtlos versuchen, in das Mysterium des Todes einzudringen und ein Weiser zu werden. Aber er kann auch furchtlos darangehen, das Leben an sich zu verteidigen, indem er den Tod zur entscheidenden Kraftprobe herausfordert. Er ist bereit zu sterben, um die besten Entwicklungen des natürlichen Lebens, des Lebens in dieser Welt, zu fördern. Am Ursprung der Freiheitsbewegung jeder modernen Nation wirkt ein Geist, der dem Tode trotzt. In jedem modernen Land haben Tausende von jungen und alten Menschen ihr Leben mit lächelndem Gesicht auf dem Altar der Freiheit für ihr Land geopfert.

Tod und innere Transformation

Ich erinnere mich einer Geschichte, die anschaulich macht, wie die Konfrontation mit dem Tod die Lebensperspektive eines Menschen völlig verändert. Ein Mann im mittleren Alter, sehr verdrießlich, pflegte aus der Fassung zu geraten, wenn etwas gegen seinen Willen ging. Eines Morgens bereitete er seinen Tee mit genau der richtigen Menge Milch und Zucker. Doch einmal bemerkte er, es war nicht Zucker sondern Salz. Daraufhin verlor er seine Fassung und rief einen Sturm hervor. Wer tat Salz in die

Zuckerdose? Er beschimpfte Frau und Kinder. Abends, als er seine Zähne putzen wollte, entdeckte er, daß jemand seine Zahnpasta an der falschen Stelle eingedrückt hatte, und zwar in der Mitte, statt am unteren Ende. Wer kann solche Torheit dulden? Eines Tages fühlte er sich ernsthaft krank. Er wurde ins Krankenhaus gebracht. Man vermutete Krebs. Die Ärzte schienen ihn für einen ernsten Fall zu halten ohne jede Hoffnung für sein Leben. So befand er sich vor der Tür des Todes und lauschte auf dessen dunkles Getuschel. Es gelang ihm schließlich, die Tatsache zu akzeptieren. Mit dem frischen Gefühl seiner seelischen Anpassung lag er nun friedlich in seinem Totenbett und schaute aus dem Fenster in die Dämmerung des Abends. Er sah, wie die Lichter der Stadt, eines nach dem anderen, angezündet wurden und wie jedes von ihnen ein wenig Dunkelheit um sich vertrieb. Draußen hörte er das verrückt machende Geräusch von Nachtschwärmern. Drinnen hörte er die Schreie der Kranken und die Todesqualen der Sterbenden. Nach Mitternacht schienen alle Geräusche in Totenstille übergegangen zu sein. In den frühen Morgenstunden gingen die Lichter der Stadt wieder aus, eines nach dem anderen. Die ganze Landschaft, die er beobachtete, schien den tiefsten Sinn des Lebens im Universum auszudrücken. Die Leben der ungezählten Individuen werden in der Welt zum Leuchten gebracht, eines nach dem anderen. Sie begannen, vor dem Hintergrund unermeßlicher Finsternis zu leuchten. Es gibt eine Fülle an Erregung und Abenteuer. Es gibt Tränen und Gelächter in den täglichen Ereignissen. Aber nach einem kurzen Intervall sind alle Leben zu Ende und werden in die allumfassende Dunkelheit eingeschmolzen. Das war es, was er empfand.

Am nächsten Tag kam es zu einer gründlichen medizinischen Untersuchung. Die Ergebnisse zeigten, daß es sich bei dem angenommenen Krebs um ein psychosomatisches Symptom handelte. Es ward dem Mann schließlich bestimmt zu leben. Er wurde aus dem Krankenhaus entlassen. Er ging aber als eine radikal veränderte Person nach Hause. Nichts vermag mehr auf der ruhigen

Oberfläche seines Gemüts eine Verärgerung auszulösen. Zucker oder Salz, Freundlichkeit oder Grausamkeit, Gunst oder Mißbilligung – er bewahrt den Frieden seines Gemüts unter allen Umständen. Er reagiert auf alle Situationen, auf angenehme wie unangenehme, mit der Gelassenheit seiner zeitlosen Perspektive. Nichts kann ihn mehr dazu bringen, daß er in Zorn ausbricht. Die Konfrontation mit dem Tod hat ihm die Macht verliehen, den Widerständen des Lebens mit gleichmütigem Verständnis zu begegnen.

Praxis der Meditation über den Tod

Es gibt in Indien ein System spiritueller Praxis, vor allem in der tantrischen Tradition – in dem direkte Konfrontation mit dem Tod als Teil der Meditation vorgeschrieben wird. Als wesentlicher Bestandteil der Praxis werden ein Leichnam oder ein Totenschädel als Symbol des Todes verwendet. Gewöhnlich geht man in einer finsteren Nacht allein zur Verbrennungsstätte und nimmt dort inmitten der schreckerregenden Anblicke und Geräusche des Todes still seinen Platz ein. Dahinter steht der Gedanke, das Leben vom Standpunkt des Todes aus zu betrachten, den Kreislauf von Leben und Tod im Zusammenhang mit dem Ewigen zu erwägen. Während man so aufrecht im Hause des Todes sitzt, gehen einem verschiedene Gedanken durch den Kopf. Einer davon ist, daß hier alle Menschen gleich sind. Alle Menschen, reiche und arme, hohe und niedrige, Könige und Bettler, Sieger und Besiegte – alle werden schließlich wieder zu Staub und wieder aufgenommen im selben Leib von Mutter Erde. Hier werden alle künstlichen Unterscheidungen nach Vermögenslage und Rang aufgehoben. Ob nun ein paar Tage früher oder später – der Tod kommt gleichermaßen zu allen, unwiderstehlich und unbarmherzig. Die Illusion physischer Unsterblichkeit wird zerstört.

Noch ein anderer Gedanke durchbohrt mit Schärfe das Bewußtsein: der Gedanke der Eitelkeit vieler Menschen und der

der Nichtigkeit vieler menschlichen Gefühle. Gier und Gewinnsucht, Wollust und Besitzgier, Haß und Gewalt, Eifersucht und
Rache, Ausbeutung und Aggressivität sind elementare Lebenstriebe. Sie gedeihen unter der Illusion der Unsterblichkeit. Sie
lösen sich auf durch eine schreckliche Begegnung mit dem Tod
wie Nebel vor der aufsteigenden Sonne. Die zeitlose Perspektive,
die zum Wohnort des Todes gehört, löst die Hirngespinste emotionaler Verstrickung auf. Persönliches Leben wird als Blase auf dem
Ozean der Zeit empfunden.

Unterwerfung des Todes

Abgeschnitten von den emotionalen Fesseln der Zeit, fängt der
Mensch an, die transzendente Anziehungskraft des Ewigen zu
spüren. Je mehr sein Gesichtsfeld ausgeweitet ist und die riesige
Unermeßlichkeit der Zeit umfaßt, umso mehr fängt er an, das
zeitlose Wesen seines eigenen Daseins zu erblicken. Wenn ein
Mensch die Realität des Todes als wesentliche Komponente des
Lebens begreift, erwacht er in der nichtzeitlichen Dimension
seines Daseins. Das Nichtzeitliche wird erkannt als ein Substrat
von beidem, Leben wie Tod. Wird das Leben im Tod verneint, so
wird der Tod im Nichtzeitlichen unwirksam gemacht. Wenn der
Tod verneint wird, so wird das Leben bestätigt als das, was es ist,
nicht als unsterbliches Dasein sondern als ein unablässig sich
veränderndes Feld der Offenbarung der niemals endenden Herr-
lichkeiten des Ewigen.

Todesangst gibt es solange, wie das Selbst unbewußt mit dem
Körper identifiziert wird. Sobald der Körper eindeutig als ein
Körper gesehen wird, d.h. als ein sich änderndes, wachsendes,
abnehmendes, untergehendes Ding, das als Werkzeug des
Selbst-Ausdrucks wirkt, verwandelt sich die Todesangst in das
aufrichtige Begehren, vom höchstmöglichen Potential des Körpers im Rahmen seiner Grenzen Gebrauch zu machen. Wenn die

Illusion persönlicher Unsterblichkeit vorüber ist, trocknen die wahnsinnigen Anstrengungen der Selbst-Verewigung und Selbst-Erhöhung von der Quelle her aus.

Weiß man um das Selbst als Selbst, d.h. weder als Körper noch als Objekt oder Sache sondern als Zentrum des Gewahrseins solch hoher Werte wie Wahrheit, Schönheit, Liebe, Gerechtigkeit und Freiheit, verliert der Tod seinen Schrecken. Der Tod hat nur über den Körper Macht, der geboren wird und gewiß eines Tages stirbt. Der Tod hat keine Macht über das Selbst, das mit den ewigen Werten gleichgesetzt wird. Die fundamentale geistige Lebensaufgabe besteht darin, größte Mühe aufzuwenden, um die Werte, die man in seiner inneren Seele erblickt, bis zu einem gewissen Grade zu erfüllen. Falls man in diesem Bemühen scheitert, wird das Scheitern zu einer Stufe künftigen Erfolges. Falls man bei diesem Bemühen stirbt, wird der Tod zum Tor der Unsterblichkeit. Das Leben wird herrlich in dem Maße, in dem man mit seiner Mühe Erfolg hat.

9. Kapitel

Meditation zur Selbst-Vervollkommnung

Meditation ist die Kunst tieferen Selbst-Gewahrseins. Sie zielt auf das Gewahrsein des Selbst auf subtilen Persönlichkeitsebenen. Sie kulminiert in der Erkenntnis des innersten Zentrums eigenen Daseins. Mit der Erkenntnis des geheimen Mittelpunktes seines Daseins erreicht der Einzelne Selbst-Verwirklichung, indem er die Gefangenschaft im Ich transzendiert. Er entdeckt jene transzendentale Dimension seines Daseins, die ihn mit allen anderen Menschen vereint.

Es gibt in der äußeren Welt verschiedene einzeln zu betrachtende Gegenstände wie zum Beispiel ein Sandkorn, ein Stück Kohle, eine Felsplatte oder einen Marmorblock. Könnte einer von ihnen es fertigbringen, sein innerstes Wesen zu erkennen, so würde er es als besondere raumzeitliche Gestalt erkennen. Solche Erkenntnis würde auch zeigen, daß alle materiellen Dinge in Raum und Zeit ebenso sehr vereint sind, wie sie verschiedene raumzeitliche Formen darstellen. Ähnlich erkennt der Mensch sich selbst als den in den Brennpunkt gerückten Ausdruck des einen alles umgreifenden kosmischen Bewußtseins, sobald er sein innerstes geistiges Wesen erkennt. Diese Erkenntnis enthüllt sein wesenhaftes Übereinstimmen mit allen anderen Menschen, weil alle Menschen in ihrem innersten Wesen verschiedene Brennpunkte des kosmischen Bewußtseins sind.

Meditation ist eine Art innerer Dialog. Sie ist ein Dialog zwischen dem Mental und seiner unbewußten Tiefe. Er erschließt Wege der Verständigung mit der Stimme des Seins als dem tiefsten Mittelpunkt des individuellen Daseins. Durch solch innere Kommunikation wird der Sinn des Lebens, der Zweck des Daseins mehr und mehr ersichtlich. Ein klarer Orientierungssinn wird gewonnen. Es entsteht zunehmende Harmonie von bewußten und unbewußten Aspekten der Persönlichkeit. Schließlich erzeugt die Harmonisierung der Persönlichkeit Einsicht in den überpersönlichen Grund des Daseins. Das Überpersönliche ist jene nichtzeitliche Dimension unseres Daseins und bildet das Feld des Zusammentreffens von Zeit und Ewigkeit. Es ist die Quelle aller höheren Werte. Aktive Berührung mit dem Überpersönlichen verleiht dem Leben einen neuen Sinn und eine neue Bedeutung. Eine Umpolung der Lebenswerte findet statt. Eine leuchtende Umgestaltung der Persönlichkeit wird erreicht. Quellen unbegründbarer Liebe und schöpferischer Freude werden eröffnet. Derartige Liebe und Freude sind unabhängig von objektiven Bedingungen oder äußeren Umständen. Sie hängen auch nicht von der Erfüllung irgendwelcher Wünsche oder Erwartungen ab. Sie bedürfen keiner Rechtfertigung oder äußerer Reize. Sie entspringen spontan der Tiefe des eigenen Daseins, weil sie zum Wesen des Seins selbst gehören.

Das Bild des Buddha in Meditation ist ein vollkommener Ausdruck von Selbst-Vervollständigung durch die nichtzeitliche Dimension des Daseins. Seine Augen sind halb geöffnet bzw. halb geschlossen. Während seine linke Hand nach innen gewendet ist und seinen Körper berührt, wird seine rechte Hand emporgehalten in der Geste des Spendens von Segen für die Welt. Halb geschlossene Augen symbolisieren seine glückselige Gemeinschaft mit den Unergründlichkeiten seines Wesens, seine Einfügung in das Ewige, seine Einheit mit dem Überpersönlichen. Die Freude und Heiterkeit solch innerer Vervollständigung spiegelt sich in seinem Antlitz und auch in der nach innen gerichteten Geste seiner linken

Hand wider. Die halb geöffneten Augen symbolisieren seine liebe-
volle Kommunikation mit dem Universum, sein selbstloses Mitgefühl mit aller lebendigen Schöpfung. Er ist bereit, sich dem Dienst
an der Menschheit zu weihen, ja sogar dem Dienst an aller lebendigen Kreatur. Aber solche Selbst-Hingabe ist bedingungslos,
geschieht ohne Erwartung eines Lohnes oder einer Anerkennung,
ohne jeden Hintergedanken. Die Entdeckung des überpersönlichen Daseinsgrundes erfüllt das Mental mit grenzenloser Liebe.
Die rechte Hand mit der Wonne spendenden Geste spiegelt in
wunderbarer Weise jenen selbstlosen Geist der Liebe und des
Mitleids wider (karuna).

Buddha in Meditationshaltung liefert das vollkommene Bild des
extravertierten Introvertierten. Meditation ist nach innen gehende
Bewegung des Bewußtseins. Sie entdeckt die inneren Regionen
des Gemüts mit der Absicht der Selbst-Vervollständigung und der
sich als Folge ergebenden Entdeckung des nichtzeitlichen
Daseinsgrundes. Mit der Verwirklichung der nichtzeitlichen
Dimension wird die wesenhafte Identität von Individuum und Universum (Atman und Brahman) deutlich empfunden. Das geistige
Einssein alles Daseienden wird lichtvoll erfaßt. Infolgedessen kulminiert die Meditation in universalem Mitgefühl. Indem man das
innerste Zentrum des Daseins erreicht, fängt das Bewußtsein des
Menschen an, sich gemäß dem umfassenden Drang der Liebe zu
erweitern. Die scheinbar entgegengesetzten Tendenzen von
Nach-innen-gerichtet-Sein   und   Nach-außen-gerichtet-Sein
werden in einer inneren Ausgeglichenheit des Selbst vollkommen
harmonisiert. In der Einheit von Weisheit und Mitleid (prajna und
karuna) werden sie in perfektem Gleichgewicht gehalten. Sie
werden spontan wirksam wie Einatmen und Ausatmen, die
Zusammenziehung und Erweiterung des Herzens von integriertem
Leben. Kluge Gemeinschaft mit der Tiefe des Wesens und liebende Kommunikation mit der Welt draußen ergänzen einander zu
erleuchtetem Leben. Wie aber praktiziert man Meditation als die
Kunst der Gemeinschaft mit dem letzten Daseinsgrund? Worin

unterscheidet sie sich vom Gebet? Worin unterscheidet sie sich vom Denken und Reflektieren? Worin unterscheidet sie sich von Konzentration oder Vergegenwärtigung? Worin unterscheidet sie sich von phänomenologischer Selbst-Erforschung?

Meditation und Gebet

Um das Wesen der Meditation zu verstehen, stellen wir zunächst fest, daß wir im Gebet zu Gott hingehen, während wir in der Meditation Gott erlauben, zu uns zu kommen. Ziel der Meditation ist es, dem andauernden Geplapper des Mentals Einhalt zu gebieten und dort Stille einzuführen. In der Tiefe unseres schweigenden Wesens hören wir wahrscheinlich die tonlose Stimme des Seins.

Es gibt verschiedene Arten von Gebet. Zunächst gibt es das Bittgebet um materielle Werte. Man betet zu Gott um das tägliche Brot, um Reichtum und Glück, um Gesundheit und langes Leben, um Erfolg und Sicherheit. Dabei betrachtet man Gott als den himmlischen Vater oder die himmlische Mutter und übt sein Recht als Kind des Göttlichen aus. Gebet ist ein Werben um väterliche Liebe, Gnade und Gerechtigkeit der Gottheit.

Sodann gibt es das Gebet als Danksagung und Verehrung. Man erweist Gott seinen Dank für die mannigfaltigen Segnungen des Lebens. Man singt die Lobpreisung Gottes und verfaßt Hymnen der Anbetung. Es wird klar erkannt, daß das Leben in dieser Welt allen Arten von Gefahr und bedrohlichen Kräften ausgesetzt ist. Nur die grenzenlose Liebe der Vorsehung verleiht aller lebendigen Kreatur Schutz, erhält sie in ihrem Dasein und fördert ihre Entwicklung. Beim Nachdenken über diese Tatsache wird das Gemüt von einem tiefen Dankbarkeitsgefühl erfüllt. Das Gebet drückt dieses Dankbarkeitsgefühl aus.

Drittens gibt es das Gebet des Verlangens nach höheren geistigen Werten. Nun betet man nicht zu Gott um des Reichtums und des Glückes willen sondern um Weisheit und Erleuchtung. Man bittet nicht um Erfolg und Sicherheit sondern um Reinheit und Liebe, um die Freude der Nähe zu Gott. Auf dieser Stufe erkennt man, daß der Mensch nicht vom Brot allein lebt. Auf der höheren Stufe innerer Entwicklung tritt der Hunger der Seele hervor und fordert Genugtuung. Von materiellen Werten völlig in Anspruch genommen zu sein, wird als Hindernis für das Streben der Seele empfunden. Man ist jetzt bereit, persönliche Wünsche und Begehren beiseite zu lassen in der Absicht, den Willen Gottes zu erfassen. Egoistische Impulse behindern die mentale Schau der göttlichen Wahrheit.

Das Gebet erlangt seine reinste Form, wenn man ernsthaft zu sagen vermag: „Dein Wille, nicht der meine, geschehe!" Die edelste Art des Gebets erfüllt sich in der Stimmung unbedingter Empfangsbereitschaft und Selbst-Öffnung für den göttlichen Willen. Sobald der göttliche Wille in unserem Bewußtsein offenbar wird, sollten wir ihn als die stärkste Kraft in unserem Leben akzeptieren. Wir sollten ihn als den hauptsächlichen Motivationsfaktor in all unseren Handlungen annehmen. Falls wir irgendwelchen Zweifel hegen, wie wir damit umzugehen haben, können wir zu Gott beten, uns in die Lage zu versetzen, richtig zu beten. Nach Ansicht von Kierkegaard ist dies die einzig wahre Form des Gebets[20]. Erst durch einen Akt des Selbst-Opfers für das Göttliche kann die göttliche Kraft in unserer Natur zur offenen Wirksamkeit gebracht werden. Und erst mit Hilfe der göttlichen Kraft kann die rechte Beziehung zwischen Mensch und Gott hergestellt werden. In seiner höchsten Form ist das Gebet diese rechte Beziehung.

Erst wenn das Gebet die Form schweigender Selbst-Öffnung für und vollständiger Selbst-Übergabe an das Göttliche annimmt, beginnt die wahre Meditation. Sagt ein Mensch ernsthaft: „Dein Wille geschehe, nicht der meinige!", hört er auf zu reden. Er erhebt sich über den Aufruhr des Begehrens und das Geschrei des Ego und macht sich bereit, der Stimme von Wahrheit und Liebe in der Stille des Herzens zu lauschen. Damit unterzieht er das Bewußtsein einer revolutionären Wandlung, einer Kopernikanischen Wende in seiner Lebensanschauung. Er schreitet von einer egozentrischen Sicht zur kosmozentrischen Sicht weiter. Er entdeckt das Gravitationszentrum seines Wesens in dem göttlichen Zweck seines Lebens.

Meditation ist die Suche nach der letzten Wahrheit mit aller Kraft. Sie ist ein Suchen nach der Wahrheit über uns selbst und unseren Bezug zum Universum. Sie ist ein Suchen nach dem Grund des Daseins und dem Sinn des Lebens. Bei diesem radikalen geistigen Streben müssen nicht nur alle egoistischen Antriebe und Begehren sondern auch alle vorgefaßten Gedanken und Vorstellungen dem mystischen Feuer jener alles verzehrenden Leidenschaft für die Wahrheit geopfert werden. Fixe Ideen und unbewußte intellektuelle Annahmen sind letzte Hindernisse für eine ungetrübte Schau der Wahrheit.

Selbst in seiner höchsten Form dreht sich das Gebet um den Begriff Gottes als einen Gegenstand des Glaubens. Gott wird auf Grund der Autorität der Schriften, der Propheten oder des Messias akzeptiert. Man hat bis jetzt keine unmittelbare Erfahrung oder Erkenntnis der göttlichen Wirklichkeit. Im Gegenteil, man kann das Gefühl eines Dualismus oder einer Trennung zwischen dem Einzelmenschen, der betet, und der göttlichen Persönlichkeit empfinden, an die das Gebet gerichtet ist. Dergestalt bewegt sich das Gebet auf der mentalen, dualistischen Ebene. Es wird erhalten und gehegt durch bestimmte theologische Meinungen über Mensch, Gott und ihre Beziehung zueinander. Glaube an die Persönlichkeit Gottes und seine höchste Gewalt über den Menschen unterstützt die Gebetshandlung.

Meditation als radikal geistiges Unterfangen befreit von allen fixen Meinungen und theologischen Annahmen. Für das Praktizieren der Meditation ist es nicht notwendig, daß man an Gott glaubt, geschweige denn an irgendeine theologische Lehre über Gott. Der Zweck der Meditation ist es, die letzte Wahrheit und den Grund allen Daseins zu erkennen, indem man alle vorgefaßten Meinungen und herkömmlichen Glaubensbekenntnisse beiseite läßt. Es kann einer Skeptiker, Atheist oder Agnostiker sein. Und doch kann er sich meditativ engagieren, vorausgesetzt, er hat das echte Verlangen, die Wahrheit über sich selbst und über die Grundlage seines Daseins zu entdecken. Er beginnt mit Fragen wie diesen: „Wer bin ich?", „Was ist das innerste Zentrum meines Wesens?", „In welchem Bezug stehe ich zum Universum?".

Das Ziel der Meditation besteht darin, den bloßen Glauben in eine lebendige Erfahrung zu verwandeln, in die direkte und unmittelbare Erfahrung des Wesensgrundes. Der auf Autoritäten gestützte Glaube an Gott verwandelt sich in gründliche Erkenntnis der tiefsten Bedeutung Gottes. Das Gefühl des Dualismus, das die menschliche Seele von der universalen Wirklichkeit abtrennt, wird aufgelöst. Begriffe, Dogmen, Lehren und Glaubensannahmen, die sich gewöhnlich als die höchste Wahrheit ausgaben, werden überschritten. Alle anthropomorphen Darstellungen des Ewigen werden verbrannt. Meditation gipfelt in der nicht-dualistischen Erfahrung reinen Daseins. Die individuelle Seele und der Kosmos werden als untrennbar in Wechselbeziehung stehende Aspekte des einen, untrennbaren Seins enthüllt. Neue Ideen und Werte, die in einer bestimmten historischen Epoche ihren Platz hatten, treten aus solch unmittelbarem Kontakt mit dem Sein in der Meditation hervor.

Meditation und Überlegung

Wie unterscheidet sich Meditation von Überlegen und Denken? Überlegen ist Aktivität des bewußten, rationalen Mentals. Es führt im Ergebnis zu intellektuellem Wissen über das, worauf die Überlegung gerichtet ist. Das Nachdenken über die Idee Gottes kann beispielsweise im Ergebnis zu dem vollkommen systematisierten Wissen von Gott als einem allmächtigen, allweisen und allguten Schöpfer des Universums führen. Es kann auch zu der höchst

anspruchsvollen Auffassung von Gott als dem absoluten Geist
führen, von dem die Welt eine Art phänomenaler Offenbarung
darstellt. Aber bei all solchem systematischen Wissen über Gott
dürfte der Mensch keine unmittelbare Erkenntnis Gottes erreichen. Er könnte an ungelösten emotionalen inneren Konflikten
leiden. Seine intellektuelle Brillanz könnte von emotionaler Unreife
begleitet sein. Er könnte jene Bitternis in seiner Seele empfinden,
die ihn in Opposition zum Rest der Welt versetzt. In seinem
intellektuellen Dünkel kann er von seinem Elfenbeinturm der Kontemplation auf die Welt herabblicken und in höchstem Maße
gleichgültig gegenüber Wohl und Wehe der Welt sein. Bei aller
Meisterung von Worten und Ideen kann er Sklave unkontrollierba-
rer Antriebe sein. Wie hoch er sich auch immer auf den Flügeln der
Spekulation erheben mag, sein Blick kann gebannt auf den elen-
den Kadaver unter ihm gerichtet bleiben.

Meditation will alle Diskrepanzen zwischen Intellekt und Gefühl,
zwischen Vernunft und Leidenschaft beseitigen. Sie eröffnet
Kanäle der Verständigung zwischen dem bewußten Mental und
der unbewußten Seele. Ihr Ziel ist, dem rationalen Mental zu
gestatten, sich mit den Kräften des Unbewußten zu einigen, und
dem Unbewußten zu gestatten, seine Impulse und Triebe in Harmonie mit dem zentralen Lebenszweck zu bringen. Die zunehmende Vereinigung der bewußten und der unbewußten Seiten der
Persönlichkeit führt zum Erwachen der erkennenden Kraft des
ganzen Selbst. Sie hebt den Vorhang der Unwissenheit und offenbart das Geheimnis der Verwurzelung des Menschen im Allumfassenden.

Während das Überlegen eine Funktion des Intellekts ist, bildet
Meditation eine vervollständigende Tendenz des Bewußtseins,
eine Tätigkeit des umfassenden ganzen Selbst. Meditation setzt
ein als das Bemühen, die Persönlichkeit zu vervollständigen. Sie
endet als geeinte Wahrheitsschau der vervollständigten Persönlichkeit. In jener Art von Erleuchtung, die durch Meditation hervorgerufen wird, werden Intellekt, Gefühl, Trieb und Handeln in kraft-

voller Harmonie zusammengebracht, womit dem Denken eine existentielle Grundlage gegeben wird, so daß Leben und Denken nicht in entgegengesetzte Richtungen ziehen. Im Verlauf der meditativen Praxis lernt ein Mensch, mehr und mehr in den Kategorien seines Denkens zu leben und mehr und mehr mit seinem umfassenden Wesen zu denken.

Es darf daher betont werden, daß Meditation ein existentielles Überlegen ist. Durch Meditation versucht der Mensch, seine Philosophie zu leben. Er versucht, das, was er für wahr hält, in die Praxis des täglichen Lebens umzusetzen. Andererseits ist sein Denken auf Klarstellung der fundamentalen Lebensprobleme gerichtet, auf wachsendes Verständnis der Probleme, Werte und Voraussetzungen aktuellen Lebens.

Meditation ist radikale Überlegung. Gewöhnliche Überlegung wird insgeheim durch kulturellen Provinzialismus und unbewußte Begründungen bestimmt. Sie wird unbewußt durch physiologische Vorgänge bestimmt. Man hat zu Recht festgestellt, daß die Weltsicht eines Menschen weitgehend durch die Kondition seiner Leber und sein Bankkonto bestimmt wird. Ein Mensch mit geschädigter Leber hat wahrscheinlich eine pessimistische Weltsicht. Ein Mensch mit einem überzogenen Bankkonto kann entweder zum verzweifelten Revolutionär oder zum Enthusiasten eines übernatürlichen Königreiches werden. Die Vorstellungen eines Menschen vom Leben nach dem Tod, von Himmel, Hölle, Gott, Teufel, Lohn und Strafe sind zum größten Teil das Ergebnis seines unbewußten Wunschdenkens. Seine inneren Enttäuschungen färben unbewußt seine Gedanken darüber.

Umgekehrt wird sein persönliches Unbewußtes in großem Umfang durch das kollektive Unbewußte der Gemeinschaft, zu der er gehört, bestimmt. Sein Denken über Gott, die Leute und Ereignisse entwickelt sich mehr oder weniger schlafwandlerisch im Rahmen der Grundüberzeugungen seines sozialen Umfelds oder der religiösen Gemeinschaft, zu der er sich zählt. Meditation ist das Bemühen, diese Barrieren seines Zustands zu durchbrechen. Durch Überschreiten des Selbst enthüllt sie die unbewußten Begründungszusammenhänge des gewöhnlichen Denkens und seiner Führung. Sie hilft, die stillschweigenden Voraussetzungen der überlieferten Ansichten zu überschreiten.

Mit Hilfe tieferen Selbst-Gewahrseins entfernt sie die verzerrenden Faktoren im psycho-physischen Apparat. Durch radikale Kritik nimmt sie eine unvoreingenommene Überprüfung der Grundbegriffe der verschiedenen Kultursysteme der Welt vor. Schließlich enthüllt sie den pragmatischen Charakter solcher Grundbegriffe. Sie untersucht den Mythos ihrer Verabsolutierungen und sakrosankten Unfehlbarkeit. Die herrschenden ethisch-religiösen Gedanken verschiedener Gemeinschaften haben nur relative Gültigkeit und begrenzte Gebrauchsfähigkeit unter bestimmten sozialen, ökonomischen und politischen Bedingungen. So bewirkt die Meditation eine geistige Auffassung, die sich in gewissem Sinne jenseits von gut und böse befindet. Sie befähigt den Menschen, als Weltbürger und nicht als emotional festgelegtes Glied einer vorhandenen Gemeinschaft zu denken. Sie befähigt den Menschen, mit der Stimme der allumfassenden Wahrheit zu sprechen und für die Sache weltumspannender Wohlfahrt einzutreten.

Schließlich ist Meditation selbst-überschreitendes Denken. Alles Überlegen schließt eine Zweiteilung ein – die Zweiteilung in Subjekt und Objekt. Wenn ein Mensch denkt, denkt er über etwas nach, das ihn selbst oder die Welt um ihn herum betrifft. Sein Denken offenbart die ganze Welt einschließlich seiner selbst als das Objekt seiner Gedanken. Alle eigenen Ideen, Gefühle, Wünsche, Freuden, Sorgen, Liebe und Haß, Wissen und Unwissenheit, Aktivität und Untätigkeit können bei genauer Untersuchung dem Reich des Objektiven zugerechnet werden. Aber als der Denker, das reine Subjekt, steht er irgendwie über und außerhalb der ganzen Welt einschließlich seines eigenen psychischen Wesens oder seines Mental-Körper-Zusammenhangs. Das reine Subjekt ist ein transzendentaler Akt des Bewußtseins, das seinem Wesen nach Leere oder Nichtsheit ist. Wird es als irgendetwas, als ein aktuelles psychisches Ereignis, eine psychische Tat oder ein seelischer Vorgang betrachtet, kann es bedacht und in ein Denkobjekt umgewandelt werden. In diesem Falle hört es auf, reines Subjekt zu sein. Das reine Subjekt ist daher kein Ding, kein Objekt. Es ist die Voraussetzung allen Denkens über die Dinge und Objekte. Es gleicht dem Auge, das sich niemals selbst sehen kann. Als Licht aller Lichter leuchtet es kraft eigenen wirklichen Lichts.

Somit erweist die Meditation das transzendentale Bewußtsein als das am stärksten hervortretende Charakteristikum des Menschen. Das transzendentale Bewußtsein enthält für ihn die Saat zur Vollkommenheit. Es begründet seine unendliche Fähigkeit zur Vervollkommnung. Es eröffnet ihm den Weg zu unendlichem Fortschritt. Kraft Wirkung des transzendentalen Bewußtseins wird der Mensch seiner Grenzen bewußt. Eine Grenze erkennen bedeutet in gewissem Sinne, sie zu überschreiten. Grenzen üben nur solange ihre Wirkung aus, als ein Mensch ihr unbewußtes Opfer ist. Im Augenblick, da wir einer Grenze bewußt werden, gehen wir über sie hinaus. Entweder bemühen wir uns, sie zu beseitigen, auszumerzen, oder wir entwickeln eine kompensatorische Eigenschaft, die sie ausgleicht. Oder wir versöhnen uns mit ihr und geben so unsere Energien für einige andere ertragreichere Leistungen frei. Solange ein Mensch sich beispielsweise nicht seines üblen Temperaments bewußt ist, wirkt er unter dessen unheilvollem Einfluß, der nicht gemindert werden kann. Das Bewußtsein seines üblen Naturells ermöglicht ihm hingegen, sich halb in den Griff zu bekommen. Er kann bei einem geistigen Lehrer um Hilfe ersuchen oder einen kompetenten Psychotherapeuten zur Heilung seines emotionalen Ungleichgewichts um Hilfe bitten. Er kann Umstände vermeiden, die ihn emotional in Unruhe versetzen. Das tief eindringende Licht des Selbst-Gewahrseins, das durch regelmäßige Meditationspraxis entsteht, kann schließlich die seelischen Wurzeln des üblen Charakters erkennen und verbrennen helfen.

Meditation ist in der Tat eine ausgezeichnete Übung zum Erlangen eines transzendentalen Bewußtseins. Dank der Wirkung eines solchen Trainings kann man die Relativität von Denken und Dasein überwinden und in jenen letzten Grund eindringen, aus dem beide als untereinander in Wechselbeziehung stehend hervorgehen.

Der Idealismus postuliert das Denken oder den Gedanken als das schöpferische Zentrum allen Daseins. Er glaubt, daß die gesamte existierende Welt durch die Macht des Denkens erhalten wird. Gewiß liegt in dieser Behauptung des Idealismus ein Körnchen Wahrheit. Aber gleichermaßen trifft zu, daß das Denken seinerseits Dasein voraussetzt, wie es der Existentialismus herausstellt. Ich denke, also bin ich. Meditation bietet hier den ontologischen Durchbruch. Durch die Macht der Meditation kann man sich über die polarisierende Struktur von Denken und Dasein, von Bewußtsein und Wirklichkeit erheben und das undefinierbare Sein berühren, das der Urgrund beider ist. Die bestehende Welt ist die Offenbarung des Seins in Raum und Zeit. Denken oder Bewußtsein ist die Widerspiegelung des Lichts des Seins auf hochentwikkelten und transparenten Organismen wie Menschen. So entsteht in der Meditation jene tiefgründige Weisheit, die die letzte Wahrheit enthüllt, in der Idealismus und Existentialismus wieder versöhnt werden.

Schritte der Meditation

Was sind nun die wesentlichen Faktoren beim Praktizieren der Meditation? Wie packt man sie an?

Da Meditation die Wahrheitsschau der vervollständigten Persönlichkeit zum Ziel hat, kann sie nicht nur in der Übung eines begrenzten Mental-Bereiches bestehen. Sie betrifft die geistige Neuorganisation des gesamten Lebens. Allgemein gesagt, umfaßt sie die folgenden sieben Faktoren: 1. den Geist des Maßhaltens oder den Mittleren Weg, 2. körperliche Disziplin, 3. Übung der Konzentration, 4. unvoreingenommene Selbst-Beobachtung, 5. Einsicht und kritische Bewertung, 6. Erleuchtung und 7. Hingabe an weltumspannende Wohlfahrt.

1. Der Geist des Maßhaltens: Leidenschaft und Vernunft, Triebe und Gesetz, Natur und Geist müssen in kraftvolle Harmonie gebracht werden. Ein Leben der Leidenschaft ohne Führung durch Vernunft führt zur Selbst-Auflösung. Es verliert sich im Chaos widerstreitender Triebe. Es vergeudet Kraft. Nimmt man den Weg der Selbstsucht, schneidet man das Leben von allen Quellen höherer Eingebung ab. Andererseits führt das Leben der reinen Vernunft ohne jenen Schwung und jene Freude, jene Frische und Spontaneität, die die Leidenschaft vermittelt, zur Selbstverstümmelung. Unterdrückung der instinktiven Triebe zerstört die Quellen des Handelns und ertötet die Lebensfreude. Das führt zu Sterilität und bringt eine eintönige, farblose Persönlichkeit hervor. Es geht an die Wurzel von Wärme und Begeisterung, die die Kreativität fördern. Innere Spannung und innerer Widerstreit werden angehäuft, was leicht bis zu totaler Kraftlosigkeit führen kann. Geht man den Weg abstrakten Rationalismus und Asketismus, wird das Selbst dem Boden des vitalen Schwungs entrissen.

Es ist Aufgabe der Meditation, die fundamentalen Antriebe und Triebe des Menschen gemäß dem Lebensideal zu gestalten. Werden die Forderungen der unbewußten Psyche im Grundsatz akzeptiert, dann werden die Entbehrungen, die die Selbstdisziplin auferlegt, erträglich. Die inneren Konflikte werden auf ein Minimum begrenzt, sobald Leidenschaft und Vernunft im Lebensplan anerkannt werden. Die seelischen Spannungen, die im täglichen Leben auftreten, können dann leicht ausgehalten werden. Es gibt in der Seele eine Einbauvorrichtung, die Fehlschläge und Enttäuschungen in schöpferische Energien für neue Anstrengungen umwandelt. Es gibt auch einen Einbaumechanismus zur unaufhörlichen Überleitung von der Zufriedenstellung der einen Reihe von

Wünschen zum Hervorkommen edlerer und feinerer Begehren, von der Erfüllung der einen Reihe von Werten zur Entfaltung einer neuen Reihe höherer Werte.

Die vermittelnde Kraft der Meditation wird auch in der Form des Nichthandelns im Handeln offenbart. Sie verfolgt den mittleren Kurs zwischen den nach außen und den nach innen gerichteten Neigungen der menschlichen Natur.

Es gibt Menschen, die zu sehr in die Aktivitäten des Lebens verwickelt werden. Sie tun impulsiv Dinge, die sie später, wenn es zu spät ist, bereuen. Während sie handeln, scheinen sie von der Macht des Impulses hilflos in unerwünschtem Ausmaß beherrscht zu werden. Anstatt zu handeln, fühlen sie sich als Sklaven der Handlung. Die Fäden der Handlung verwickeln sich mehr und mehr zu einer schrecklichen Schlinge um ihren Hals. Demgegenüber gibt es Menschen, die sich dazu entschließen, sich vom Feld des Handelns zurückzuziehen. Sie wählen den Weg der Negation, den Pfad des Nichthandelns oder der Stille. In nostalgischer Form sehnen sie sich nach unterschiedslosem Einssein des kindlichen Gemüts. Sie verlangen nach Rückkehr zur wonnevollen Sicherheit des Mutterleibs, in die stille Einsamkeit der Berghöhle oder das friedliche Schweigen des Kirchhofs. Während der Nach-außen-Gerichtete nicht die seelische Tiefe der Persönlichkeit kennt, kennt der Nach-innen-Gerichtete nicht den sozialen Gesichtskreis persönlichen Lebens.

Die menschliche Persönlichkeit ist im Aufbau psycho-sozial angelegt. Meditation ist die Kunst, die sozialen und die psychischen Aspekte der Persönlichkeit harmonisch zum Ausgleich zu bringen. Deshalb zielt Meditation auf die Entwicklung des Geistes heiterer Gelassenheit inmitten allen Handelns ab. Sri Krishna faßt das Wesentliche der Meditation in aller Kürze zusammen, wenn er in der Bhagavadgita zu Arjuna sagt: „Sei mit dem Göttlichen vereint und handle!" In der Tat gehört es zum Wesen der Meditation, im Geiste der Vereinigung mit dem Ewigen am sozialen Handeln beteiligt zu sein. Mit dem Ewigen vereint zu sein, heißt

Wahrheit und Liebe über das Ich stellen. Im mystischen Feuer dieser Vereinigung werden alle persönlichen Aktivitäten und egoistischen Eingebungen aufgezehrt. Handeln, das auf solcher Vereinigung gründet, ist Hervorbringen von Wahrheit und Liebe. Sich als gleichwertig betrachten ist nicht gefragt. Das kleine Ich wird auf Null gesetzt. Das Selbst handelt und handelt doch nicht. Es handelt insofern, als es mit den Werten gleichgesetzt wird, die aus der Vereinigung mit dem Ewigen hervortreten. Es handelt nicht, insofern alle selbstsüchtigen Beweggründe auf dem Altar höherer Werte geopfert werden. Identifikation mit Werten der Ewigkeit erzeugt grenzenlose Freiheit und glückselige Gelassenheit. Die Auslöschung selbstsüchtiger Beweggründe bewahrt das Freiwerden vor Furcht und Angst, vor Verhaftung und Ungeduld. Meditation verhindert, daß das Handeln zwingend und selbstverzehrend wird. Sie verhindert, daß die Kontemplation dauerhaft zurückgezogen und inaktiv wird. Sie überbrückt nach und nach die Kluft zwischen äußerem Handeln und innerem Frieden. Sie erleuchtet das Handeln mit dem Licht tieferen Selbst-Gewahrseins. Sie beruhigt das Handeln durch die Macht der Kontemplation. Umgekehrt setzt sie Wahrheit und Liebe als die dynamischsten Lebenskräfte ein, indem sie die Kontemplation in einen unmittelbaren Kontakt mit dem Ewigen verwandelt.

2. körperliche Disziplin: Da die Meditation ein vereintes Wirken der gesamten Persönlichkeit ist, muß die Notwendigkeit angemessener körperlicher Disziplin betont werden. Der Körper muß sorgfältig zu einem geeigneten und starken Werkzeug höheren geistigen Lebens aufgebaut werden. Körper und Mental sind untrennbar miteinander verflochten, untereinander zusammenhängende Aspekte des Daseinszusammenhangs.

Es gibt Menschen, die dem Körper übertriebene Bedeutung beimessen. Sie entwickeln die Muskeln des Körpers auf Kosten des Verstandes. Sie opfern Stunden zur Verschönerung des Körpers, während sie die wunderbaren Qualitäten der Seele übergehen. Sie können sogar ein ganzes Leben der Übung sehr kunstvoller und schwieriger körperlicher Stellungen weihen in der Annahme, daß dies zur geistigen Entfaltung ausreicht.

Umgekehrt gibt es Leute, die den Körper als ausgemachtes Hindernis für geistiges Wachstum betrachten. Sie sehen auf den Körper als eine Last der Seele oder als ein Gefängnis. Bestenfalls nutzt man den Körper als Leiter, über die man zum Dach geistigen Ruhms emporklettern kann. Erreicht man die ins Auge gefaßten Höhen geistiger Vollendung, macht es nichts aus, wenn der Körper in Stücke zerfällt. Einige scheinen der Annahme zu sein, sie könnten es sich leisten, den Körper zugrunde gehen zu lassen, da sie nur an der Entwicklung des Geistes interessiert sind. Daher praktizieren sie alle Formen von selbstverleugnenden Bräuchen einschließlich verlängerten Fastens, schlaflosen Nächten, Gleichgültigkeit gegenüber den Regeln der Hygiene. Andere wiederum kümmern sich um den Körper, solange er als Mittel zur Verwirklichung Gottes dienstbar sein kann. Sobald das geistige Ziel erreicht ist und je früher der Geist vom Lebenswirrwarr befreit ist, desto besser.

Sowohl diejenigen, die den Körper verhätscheln, wie jene, die den Körper bestrafen, sind auf dem Holzweg. Der Körper soll kräftig und gesund aufgebaut werden, nicht um seiner selbst sondern um höherer Werte willen – den Werten des sozialen Dienstes und des kulturellen Strebens. Und selbst nach tiefster geistiger Erfüllung hat der Körper noch eine ungemein wichtige Funktion zu erfüllen. Er ist nicht nur ein Mittel der Vereinigung mit dem Ewigen sondern auch das Medium für die Offenbarung der Herrlichkeit des Ewigen in Leben und Gesellschaft. Wenn ein Mensch im Verlauf seines geistigen Strebens den Körper vernachlässigt, zieht er sich Krankheit zu. Kommt auf ihn eine echte geistige Erfahrung zu, mag sein bereits entkräfteter Körper sie angesichts ihrer überwältigenden Wucht zulassen. Er versagt aber dabei, die neue geistige Erfahrung mit ihrem machtvollen emotionalen Druck friedlich aufzunehmen, einem Druck, der sich sogar für das Nervensystem als zerrüttend erweisen kann und möglicherweise in Verwirrung und seelischer Unsicherheit endet. Die Vernachlässigung des Körpers bewirkt, daß dieser zu einer Last oder einem Gefängnis wird. Genauer gesagt, ist der Körper dazu geschaffen, ein wirksames Mittel zur Verständigung mit der Außenwelt, ein machtvolles Instrument des schöpferischen Handelns zu sein. Meditation ist die Kunst, das körperliche Potential höchstmöglich zu entwickeln. Aus diesem Grunde sagt die Gita, man sollte weder zu viel noch zu wenig essen. Man sollte weder zu viel noch zu wenig schlafen[21]. Man sollte sich nicht zu sehr anstrengen noch von aller Anstrengung oder Übung fernhalten. Man hat von den jeweils neuesten Erkenntnissen der Hygiene, der Medizin, der Diätetik klugen Gebrauch zu machen und gleicherweise den Körper zu einem starken und gesunden Werkzeug seines zentralen Lebensideals zu entwickeln.

3. Konzentration: Konzentration bildet eine wichtige Stufe in der Meditation. Mit ihr richten wir die mentalen Hilfsquellen in eine Richtung aus. Sie bedeutet Übung in Ausrichtung der mentalen Energie auf ein bestimmtes Ziel. Sie beinhaltet den Rückzug des Mentals von allen unerheblichen Dingen und das Festhalten der Aufmerksamkeit an dem gewählten Interesse. Konzentration verwandelt das Mental in einen mächtigen Scheinwerfer. Gewöhnlich gleicht das Mental einer Kerze oder Kerosin-Lampe. Die Strahlen des Bewußtseins verbreiten sich in alle Richtungen. Die Aufmerksamkeit bewegt sich auf der Oberfläche der Dinge, ohne irgendwie tiefer zu dringen. Das konzentrierte Mental aber erlangt die Macht des Eindringens in das innerste Wesen einer Sache gleich einem mächtigen Scheinwerfer.

Konzentration nimmt unterschiedliche Gestalt an, entweder eine intellektuelle oder eine ästhetische, eine praktische, eine religiöse oder eine yogische Form. Kraft seiner Übung in intellektueller Konzentration ergründet der Wissenschaftler sowohl die Geheimnisse des Atoms wie auch das ausgedehnte Universum mit den sich darin bewegenden Galaxien. Kraft seiner Übung in ästhetischer Konzentration wird der Künstler eins mit dem Geist der Natur. Durch Konzentration auf eine Blume wird er eins mit ihr. Durch Konzentration auf eine Landschaft wird er eins mit der Landschaft. Er gestattet dann dem Geist der Blume oder der Landschaft, der in sein Mental eingedrungen ist, sich durch ihn in seinem besonderen künstlerischen Medium, sei es Malerei, Dichtung oder Bildhauerei, auszudrücken.

Der gesellschaftlich erfolgreiche Mensch, der Politiker oder Industriekapitän, praktiziert Konzentration in Form von Vergegenwärtigung. Er formt in seinem Mental ein klares Bild dessen, was er will. Dann schreitet er weiter in unerschütterlicher Entschlossenheit, mobilisiert all seine Hilfsquellen und ergreift die geeigneten Maßnahmen zur Verwirklichung seiner mentalen Vorhaben. Er erlaubt sich auf seinem Weg keine Ablenkung oder nicht zur Sache gehörige Erwägung.

Der religiöse Mensch konzentriert sich auf religiöse Symbole wie die Buddha-Gestalt, die Gestalt des Christus, das Kreuz, das Rad, den David-Stern, den Halbmond, die Gestalt Krishnas, das Yin-Yang-Symbol usw.. Da seine Konzentration eher emotional als intellektuell angelegt ist, wird er mehr und mehr mit dem Symbol eins, was im Ergebnis zu starker religiöser Verehrung und Begeisterung führt.

Religiöse Konzentration unterscheidet sich von wissenschaftlicher, ästhetischer und pragmatischer Konzentration durch ihre emotionale Befriedigung. Wissenschaftler, Künstler und Geschäftsmann können auf ihrem Gebiet sehr erfolgreich sein und doch große Atheisten oder Skeptiker bleiben. Ein religiöser Mensch aber ist ein Mensch des Glaubens. Er glaubt, daß sein Idol ein Sinnbild der absoluten Wahrheit, Göttlichkeit oder Liebe ist, ein unsterbliches Wahrzeichen Gottes.

Nichtreligiöse Konzentration kann ethisch neutral oder sogar böse sein. Ein Mensch kann einen Bankraub oder die Ermordung eines Konkurrenten planen. Er kann seinen Plan erfolgreich ausführen dank der ungeheuren Kraft seiner Konzentration oder Vergegenwärtigung und peinlicher Aufmerksamkeit, die er auch dem kleinsten Detail bei der Durchführung zollt. Konzentration wird nur dann religiös, wenn sie vom Sinn für höhere Werte geleitet wird. Meditation als geistiger Akt bedeutet Lenkung der Konzentration auf das Göttliche oder das Ewige.

Wenn religiöse Konzentration vorwiegend emotional ist und die kritische Intelligenz beiseite läßt, verherrlicht oder vergrößert sie das Sinnbild über den Wirklichkeitsgehalt hinaus, für den es steht. Der Unterschied zwischen dem Symbol und dem symbolisch Dargestellten wird nicht beachtet. Im Ergebnis kann religiöse Konzentration deshalb zu Dogmatismus, Sektierertum, Fanatismus und ähnlichem führen.

Aber religiöse Konzentration kann auch Intellekt und Gefühl in Ausgleich und Harmonie bringen. Gefühle von Liebe, Verehrung und Loyalität können mit intellektueller Darlegung, Bewertung und Kritik verbunden werden. In diesem Falle nimmt die religiöse Konzentration die Form yogischer Konzentration an. Yogische Konzentration kann mit einem der oben erwähnten religiösen Symbole beginnen. Aber ihr Ziel ist letztlich, zur universalen Wirklichkeit jenseits des besonderen Symbols durchzudringen. Obwohl sie beispielsweise mit dem Symbol der Christus-Gestalt, der Buddha-Gestalt oder der Krishna-Gestalt beginnen kann, zielt sie darauf ab, über derartige Symbole hinauszugehen zu dem universalen Prinzip – dem Prinzip der kosmischen Liebe und Weisheit, das in Buddha, Christus oder Krishna nur seine historische Manifestation findet.

Yogische Konzentration kann tatsächlich mit jeder Art Symbol beginnen, sei es religiös oder nichtreligiös. Sie kann mit einer Blume als dem Symbol reiner Liebe beginnen oder mit einer Flamme als dem Symbol von Licht und Wissen oder mit dem Meer als dem Symbol kosmischen Bewußtseins, in dem alle Geschöpfe leben, sich bewegen und ihr Dasein haben, oder mit einem Berg als dem Symbol des Erhabenen, das zugleich einschüchtert und fasziniert. Durch Konzentration versucht der Mensch, der sie praktiziert, mit der tiefsten Quelle von Werten wie Liebe, Weisheit,

Schönheit und Erhabenheit eins zu werden. Yogische Konzentration kann auch damit beginnen, daß sie die Aufmerksamkeit auf den eigenen Atemfluß, auf ein besonderes Bewußtseinszentrum oder die Mitte des Herzens ausrichtet. Ich habe die verschiedenen Methoden der Konzentration im einzelnen an anderer Stelle erläutert[22]. Kraft solcher Konzentration wird die zentrale psychische Kraft, Kundalini, erweckt. Die schlafende spirituelle Kraft wird aktiviert. Mit Hilfe geeigneter Kanalisierung aktiviert diese erwachende Energie die ungenutzten Gehirnzellen, stimuliert das gesamte Nervensystem und öffnet schließlich die Türen für die tiefere geistige Einsicht des Menschen. Gewöhnliche religiöse Kategorien sind kaum geeignet, um die letzte Dimension des Seins zu beschreiben. Weder Gott noch die Seele sondern jene reine Transzendenz ist die gemeinsame Grundlage von Gott und Seele, von Universum und Individuum.

4. unvoreingenommene Selbst-Beobachtung: Eine weitere Methode der Meditation liegt in einer Richtung, die von Konzentration radikal verschieden ist. Es ist die Methode des Gehenlassens, die Methode vollständiger Entspannung. Man läßt das Mental und den Körper los und entschließt sich, nichts zu tun. Indem man still und aufgerichtet dasitzt, entschließt man sich, alle Anstrengungen aufzugeben, und erlaubt, daß sich Ruhe und Schweigen in allen Wesensteilen niederlassen. Der Gedanke der Meditation hat zur Grundvoraussetzung: Gott wohnt im Herzen eines jeden Menschen. Das Licht der Wahrheit leuchtet immerwährend in der Tiefe einer jeden Seele. Wenn absolutes Schweigen herrscht, leuchtet die innewohnende Wahrheit hervor. Man fängt an, die Dinge genau so zu sehen, wie sie sind. Die Wahrheit über einen selbst und seine Umwelt tritt klar in den Bereich des Bewußtseins hervor.

Hier sollte darauf hingewiesen werden, daß die Meditationstechnik vollständiger Entspannung grundverschieden von der Entspannung des Schlafes ist. Im Schlaf versinkt das bewußte Mental im Unbewußten. Der rationale Wille wird stillgelegt. Dem liegt der Gedanke zugrunde, dem gesamten Körper und dem Nervensystem ein Maximum an Ruhe zu geben. Doch bei der meditativen vollständigen Entspannung gilt der Gedanke, bewußte Gemeinschaft mit den Tiefen des Unbewußten zu begründen. Hier gilt es, die gesamte Persönlichkeit zu vereinigen und alle Barrieren und Teilungen in ihr zu überwinden. Das bewußte Mental öffnet sich völlig dem inneren Licht. Es ist völlig leer, so daß es den wortlosen Klang des Schweigens unverzerrt zurückwerfen kann. In religiöser Terminologie: Das Bewußtsein wird still, so daß die Macht Gottes im gesamten Wesen des Menschen offenkundig wirksam werden kann.

Während der Schlaf durch Instinkt herbeigeführt wird, ist die vollkommene Entspannung der Meditation von Intelligenz geleitet. Man läßt das Mental und den Körper los und nimmt gleichzeitig die Haltung eines distanzierten Zuschauers an. Die Haltung des Meditierenden gleicht derjenigen eines erfahrenen Schlangenbeschwörers, der seine Schlange aus seinem Korb ins Freie entläßt, so daß sie sich frei umherbewegen kann. Er beobachtet sie aber wachsam. Genauso läßt der Meditierende die Schlange seines Mentals los, gestattet ihr, frei und ohne Beeinträchtigung zu handeln, beobachtet sie aber ununterbrochen. Der Meditierende erlaubt seinen Gedanken, Gefühlen, Trieben, Bewegungen, wie eine Schar Vögel vor seinem mentalen Himmel vorüberzufliegen. Er beobachtet sie nur. Er versucht, sie zu analysieren und zu verstehen. Er gestattet seinen seelischen Regungen, den guten wie den schlechten, den richtigen wie den verkehrten, freien Spielraum. Er weigert sich, von einer Welle der Gefühle oder einem Wind der Phantasie hinweggetragen zu werden. Wird er dennoch in einem unbewachten Augenblick entführt und findet er sich im Reich der Phantasie wieder, schüttelt er sich sofort frei und nimmt wieder seine Stellung als unbeteiligter Zuschauer ein. Wenn längst vergessene Erinnerungen, unterdrückte Wünsche, unausgesprochene Gefühle vor seinem Beobachtungsposten vorüberziehen, nimmt er alle sorgsam zur Kenntnis. Auch nimmt er seine instinktiven, gefühlsmäßigen Werturteile diese betreffend zur Kenntnis.

Indem er dieselbe Haltung objektiver Beobachtung auf sie aus-
dehnt, befreit er sich aus dem Fluß von Instinkt, Gefühlen und
dergleichen.

Wenn er auf diesem Weg weitergeht und der Methode selbsttranszendierenden Bewußtseins folgt, wird er auf einer bestimmten Stufe seiner selbst als eines Beobachters gewahr. Er erkennt
sein eigenes Ich und verwandelt es in ein Objekt. Er begreift, wie
andere Leute über ihn denken und wie Gott über ihn denken mag.
Er bewegt sich in Richtung eines ichlosen Bewußtseins. Dabei
wird eine Macht in ihm aktiv, die viel größer ist als seine eigene. Es
ist seine bisher schlafende Zentralmacht. Man kann sie die latent
vorhandene Macht Gottes in ihm nennen. Mit dem Erwachen
dieser zentralen seelischen Energie wird die Meditation zu einer
anstrengungslosen und spontanen Angelegenheit. Der Meditierende findet sich als Individuum schnell ergriffen von einer vereinigenden und selbsttranszendierenden Bewegung des Bewußtseins. Es kommt zu einer ungeheuren Intensivierung von Bewußtsein, die vom tiefsten Zentrum der Persönlichkeit her gelenkt wird.
Das wird begleitet von einer unablässig sich vertiefenden Erfahrung des Friedens, der Macht, der Freude und der Liebe. Letztes
Ziel der selbsttranszendierenden und selbstvervollständigenden
Tätigkeit des Bewußtseins ist die Entdeckung der nichtzeitlichen
Dimension des Daseins. Hier erkennt der Mensch sein Einssein
mit der Ganzheit des Daseins. Es handelt sich dabei um die
existentielle Erfahrung dessen, was die Religion Gott nennt.

Wie man hier leicht bemerken wird, setzt völlige Entspannung in
der Meditation einen hohen Grad von nach innen gerichteter
Konzentration voraus. Konzentration auf irgendein äußeres Objekt
wird hier durch Konzentration auf die mentale Wandlung ersetzt.
Sie nimmt die Form einer phänomenologischen Beobachtung der
ganzen Psyche an. Es kann keinem ethisch-religiösen Urteil,
keiner praktisch ausgerichteten Motivation, keinem aufs Nützliche
ausgerichteten Motiv, keinem metaphysischen Interesse am Wirklichen oder Unwirklichen gestattet werden, sich in eine solche

Beobachtung einzumischen. Aber in der Meditationspraxis wird solche phänomenologische Beobachtung mit der Absicht verfolgt, einem letzten Zweck zu dienen. Ziel solcher inneren Beobachtung ist umfassendes Kennenlernen der eigenen Persönlichkeit einschließlich ihrer Aktiva und Passiva, Tugenden und Mängel, ihrer tiefsten Wünsche und Bestrebungen. Im Verlauf von Meditation erwirbt man emotionale Duldsamkeit gegenüber den Schattenseiten der Persönlichkeit einschließlich ihrer Eigenheiten und Schwächen. Man fängt an, seine grundlegenden Wünsche und Sehnsüchte in kluger Weise zu ordnen. Aus solcher Selbst-Organisation und Selbst-Vervollständigung erwächst das transzendentale Gewahrsein des letzten Daseinsgrundes. Solches Gewahrsein eröffnet die verborgenen Quellen schöpferischer Eingebung und erhellt den letzten Sinn des Lebens.

Phänomenologische Selbst-Beobachtung wird durch rein theoretisches Interesse begründet. Sie zielt auf eine theoretische Untersuchung der Seele und all ihrer Manifestationen. Aber diese Art Selbst-Beobachtung, die zur Praxis der Meditation gehört, ist zweckgerichtet und existentiell. Sie wird durch die existentielle Leidenschaft veranlaßt, das zu werden, was man wesensgemäß ist. Sie wird von dem Willen geleitet, in Harmonie mit der fundamentalen Wahrheit des Daseins zu leben. Die Leidenschaft zu sein, der Wille, im Lichte des Seins zu leben, gehört zum wesenhaften Aufbau der menschlichen Wirklichkeit. Vom Standpunkt der Meditation bildet der intellektuelle Akt phänomenologischer Selbst-Beobachtung nur einen untergeordneten Faktor bei der existentiellen Selbst-Verwirklichung.

Aber bedeutet nicht die Methode unvoreingenommener Selbst-Beobachtung, daß man das Prinzip des Dualismus akzeptiert? Ist die letzte Wirklichkeit nicht ungeteilt und nichtdual? Führt nicht der Meditierende, indem er die Haltung des unbeteiligten Zuschauers einnimmt, in seinem eigenen Dasein ein radikales Teilungsrecht ein? Ist Meditation nicht zersetzend für das einheitliche Wirken der Persönlichkeit?

Wenn man auf solche Zweifel oder Einwände antworten will, muß man sich daran erinnern, daß das Tor zur Schau der nicht-dualen Wahrheit durch ein deutliches Gewahrsein der Unterschiede, wie sie sind, erreicht wird. Die Wirklichkeit ist nichtdual, aber nicht in dem Sinne, daß Unterschiede wie Instinkt und Vernunft, Materie und Form, Gefühl und Wissen, Gedächtnis und Vorwegnahme, Wahrnehmung und Halluzination, Theorie und Tatsache, Symbol und Versinnbildlichtes, Subjekt und Objekt sämtlichst unwirklich sind. Die Wahrheit ist das exakte Gegenteil. Solche Unterschiede sind durchaus real. Das rechte Verständnis solcher Unterschiede ist die Essenz der Weisheit. Aber die Wirklichkeit ist nichtdual insofern, als solche Unterschiede trotz ihrer ausgeprägten Besonderheit nicht existentiell getrennt oder unzusammenhängend sind. In Wahrheit sind sie eng aufeinander bezogen und untrennbar miteinander verknüpfte Aspekte des einen kontinuierlichen Seins.

Der Zweck der Meditation besteht nicht darin, zu dem impulsiven Verhaltensmuster des Kindes oder des Primitiven zurückzukehren. Man muß nicht zur Spontaneität des animalischen Instinkts zurückgehen. Das würde bedeuten, Jahrhunderte kultureller Entwicklung und ethisch-sozialen Fortschritts, wie er im Vormarsch der Zivilisation verzeichnet ist, zu negieren. Zweck der Meditation ist es, jenen letzten Daseinsgrund zu entdecken, in dem alle Unterschiede versöhnt sind, ohne ihren besonderen Charakter zu verlieren. Sie zielt auf das elementare Prinzip der Geeintheit ab, aus dem endlose Unterschiede in ihrem farbigen Reichtum fließen. Sie zielt auf jene Art von Selbst-Vervollständigung, in der Handlungen nicht durch gedankenlose Triebe oder willkürliche Launen sondern durch leuchtende Schau des kosmischen Zwecks des individuellen Daseins vollzogen werden.

Das Licht der Weisheit, das in der Meditation entsteht, gleicht dem nicht-unterscheidenden Licht der Sonne. Es scheint gleichermaßen auf alle ohne Vorliebe und Vorurteil. Und gerade dadurch enthüllt sie alle Unterschiede genau so, wie sie sind, nämlich mannigfaltiger Ausdruck des Einen. Daher ist das Leben des weisen Menschen zum einen außergewöhnlich farbig, zum anderen ist es auf die Wohlfahrt aller gerichtet.

5. Einsicht und kritische Bewertung: Konzentration und unvoreingenommene Selbst-Beobachtung erschöpfen keineswegs den Sinn von Meditation als geistiger Praxis (dhyana). Meditation ist ohne wachsende geistige Einsicht und kritische Bewertung (viveka) unvollständig.

Konzentration ist ganz sicher ein wichtiger Aspekt der Meditation. Sie steigert unsere mentale Kraft und vergrößert unsere Wirksamkeit. Sie kann sogar zur Entfaltung von Kräften der unseren Sinnen nicht zugänglichen Wahrnehmung führen wie Hellsehen, Hellhören, Telepathie usw.. Aber mit all seiner Macht, Wirksamkeit und paranormalen Begabung kann ein Mensch statt dem Göttlichen dem Dämon dienen wollen. Er kann sich der Versuchung ausliefern, die Kraft für seine Selbst-Erhöhung anstatt für den sozialen Fortschritt zu verwenden. In solch einem Fall hört die Konzentration auf, geeigneter Bestandteil der Meditation zu sein. Sie verkommt vielmehr zu gesteigertem Ego-Streben.

Meditation ist Konzentration plus eines sich vertiefenden Gefühls für höhere Werte. Sie bedeutet zunehmende Ausrichtung des konzentrierten Mentals auf die Vereinigung mit dem Sein als der Quelle aller Werte.

Genauso wird unvoreingenommene Selbst-Beobachtung in der Meditation nicht um ihrer selbst willen praktiziert und auch nicht um der bloßen Befreiung von den Strapazen und Belastungen des täglichen Lebens willen. Letzteres ist natürlich ein Gewinn von nicht zu unterschätzender Bedeutung. Aber Meditation beinhaltet viel mehr. Meditation ist die Praxis unvoreingenommener Selbst-Beobachtung, welche völlige Entspannung, Selbst-Entleerung usw. einschließt mit einem eindeutigen Orientierungssinn und im Rahmen eines klaren Ziels. Dieses Ziel ist das Gewahrsein des Seins als der Grundlage aller wahren Werte.

Kritisches Urteilsvermögen und kritische Bewertung müssen im Mental stets hellwach angewandt werden, da die Meditation das Suchen nach den wahren weil im Sein verankerten Werten darstellt. Insoweit höhere Mächte hervortreten, muß die Versuchung, sie für egoistische Zwecke einzusetzen, überwunden werden. Insoweit abwechslungsreiche Visionen das Mental bezaubern, muß die Neigung, davon begeistert zu sein, gezügelt werden.

Manchmal kann man leidenschaftliche Ekstasen erleben und sie irrtümlich für das Nirvana oder eine Erleuchtung halten. Heutzutage machen junge Leute unter dem Einfluß verschiedenster starker Drogen diesen Fehler. Aber man sollte daran denken, daß das Ziel der Meditation, Erleuchtung, keineswegs eine bloß subjektive Erfahrung freudvoller Entzückung ist, wie erregend diese auch immer sein mag. Wahre Erleuchtung ist das ungetrübte Gewahrsein des Seins. Gewahrsein des Seins wird zweifellos von dem Erlebnis tiefer Freude begleitet. Aber nicht alle freudvollen Erlebnisse bedeuten echtes Gewahrsein des Seins.

Während man sich in Meditation befindet, kann man mitunter das himmlische Erlebnis haben, gnadenreiche Götter und Göttinnen zu erblicken. Man darf aber nicht vergessen, daß dies nichts als Projektionen des eigenen unbewußten Mentals sind, die vom guten Karma abhängen. Ein anderes Mal macht man die schreckliche Erfahrung, von terrorisierenden Ungeheuern oder Dämonen gepeinigt zu werden. Hier sollte man ebenso daran denken, daß diese dunklen Kräfte nichts als Projektionen des eigenen unbewußten Gemüts sind, durch schlechtes Karma hervorgerufen. Solcher Scharfblick und solche Bewertung können einem helfen, die ruhige Gelassenheit und selige Verwurzelung im Sein zu bewahren. Das Sein ist jenseits der Dualitäten von Göttern und Dämonen, jenseits von Engeln und Ungeheuern. Gewahrsein des Seins ist durchdringende Einsicht in den schöpferischen Urgrund aller Dinge und lebendigen Geschöpfe. Es bedeutet leuchtendes Erfassen des Einsseins alles Daseienden als dem mannigfaltigen Ausdruck des Seins.

6. Erleuchtung: Meditation erweist sich als richtig mit dem Erlangen von Erleuchtung. Ohne Erleuchtung wird sie auf eine nutzlose Übung reduziert. Ein Mensch kann sein ganzes Leben yogische Stellungen, Atemübungen oder Konzentrationsübungen praktizieren. Bleibt die Erleuchtung aus, bleibt ihm das Wichtigste in Bezug auf Meditation vorenthalten.

Erleuchtung, gleichsam die Seele der Meditation, bedeutet Gewahrsein des Seins. Entsprechend den vier Dimensionen des Seins kann man sagen, daß Erleuchtung vierfach gestaltet ist.

Zunächst ist Erleuchtung das Gewahrsein des Seins als des formlosen Grundes allen Daseins, als zeitloser Transzendenz. In dieser Hinsicht bedeutet sie transzendentales Bewußtsein, eine tiefgreifende Erfahrung des Friedens, der Verstehen überschreitet.

Zweitens bedeutet Erleuchtung das Gewahrsein des Seins, das als kosmisches Ganzes offenbar ist. Sie ist die seligmachende Schau des Universums in seiner umfassenden Einheit. Aus dieser Perspektive wird alles Leben als das angenommen, was es ist, und in seiner beherrschenden Harmonie und Schönheit geschätzt.

Drittens bedeutet Erleuchtung das Gewahrsein des Seins, das sich unaufhörlich selbst im evolutionären Fortschreiten der Zeit zum Ausdruck bringt. Folglich ist es das betroffen machende Erkennen des Lebens als einer Aufgabe, – der Aufgabe, am Wesen der Welt teilzuhaben und die Entwicklung zu immer neuen prächtigen Höhepunkten zu führen. Im XI. Kapitel der Bhagavadgita vermittelt Lord Krishna dem Arjuna diese Ehrfurcht einflößende Schau der alles hervorbringenden und alles verschlingenden Zeit und drängt ihn zu handeln.

Viertens bedeutet Erleuchtung das Gewahrsein des Seins als des Selbst (atman), als des innersten Zentrums eigenen Daseins. Sie ist Erfahrung der Freiheit und Selbst-Genügsamkeit. Sie bedeutet Entdeckung des Göttlichen in einem selbst. Solche Selbst-Erkenntnis kennzeichnet das volle Erblühen der menschlichen Persönlichkeit.

7. Hingabe an weltumspannende Wohlfahrt: Jetzt sind wir in der Lage, die letzte Phase der Meditation zu verstehen. Sie besteht in der aktiven Hingabe an weltumspannende Wohlfahrt. Während die Meditation ihrem Wesen nach das Gewahrsein des Seins bedeutet, ist sie hinsichtlich ihres Ergebnisses Dienst am Sein aus der Fülle der Liebe.

Mittelalterliche Mystiker in Indien wie in Europa haben häufig Erleuchtung mit dem transzendentalen Bewußtsein gleichgesetzt, d.h. das Gewahrsein des Seins als ewigen Frieden oder überirdische Glückseligkeit verstanden. Darin liegt eine unwiderstehliche Faszination für all jene, die des Lebens überdrüssig oder hinsichtlich der Gesellschaft ernüchtert sind. Jene, die das Leben in dieser Welt als sinnlos empfinden, sind geneigt, das transzendentale Bewußtsein als Gipfel der Weisheit zu überhöhen.

Das transzendentale Bewußtsein ist aber das Gewahrsein nur eines Aspektes des Seins, nämlich seiner zeitlosen Transzendenz. Das Sein ist, wie wir gesehen haben, auch das kosmische Ganze, die evolutionäre Bewegung der Zeit und das individuelle Selbst als ein einzigartig schöpferisches Zentrum. Vereintes Gewahrsein des Seins in seiner mannigfaltigen Fülle macht die Erleuchtung zu einem schöpferischen Akt. Es nimmt die Gestalt der Hingabe an weltumspannende Wohlfahrt an.

Kraft umfassender Erleuchtung erfährt der Mensch transzendenten Frieden in seinem Inneren und entschließt sich gleichzeitig, sein Bestes zum Besten aller zu geben. Innere Erleuchtung strömt spontan hervor und findet ihren Ausdruck in altruistischem Handeln.

Meditation als Kunst, umfassende Erleuchtung zu erreichen, ist somit vervollständigend und dynamisch. Sie erblüht als ein mehr und mehr einheitliches Gewahrsein des Seins in seiner Fülle. Sie kommt zur Erfüllung in freiem, spontanem und freudvollem Selbst-Ausdruck, im Geiste der Hingabe an das kollektive Gute des Menschen (janahita).

10. Kapitel

Das Problem der Identität

Das Problem der Identität liegt im Zentrum des menschlichen Daseins. Viele andere Probleme sind darauf zurückzuführen.

Jedes individuelle Selbst ist ein einzigartiges inhaltsvolles Ganzes, eine ausgeprägte Persönlichkeit. Es hat seine Wurzeln in einem sozio-kulturellen Boden. Es bezieht seine Nahrung aus diesem Boden. Es wächst und reift in einem besonderen historischen Zusammenhang, aus dem es unbewußt seine Ideen und Normen, seine Hoffnungen und Bestrebungen aufnimmt. Ist es seiner unsichtbaren vitalen Verbindungen zum geschichtlichen Mutterboden des Daseins bewußt?

Jeder Mensch hat einen eigenen persönlichen Wert und eine eigene einzigartige Bedeutung. Er ist fähig, einen einzigartigen Beitrag zur Welt zu leisten. Wenn er sich dieser Tatsache wirklich bewußt ist, bekommt sein Leben einen Sinn. Dann entwickelt er sich als schöpferischer Prozeß des Wachstums und der Selbstverwirklichung nach vorne. Demgegenüber geht in Abwesenheit solchen Gewahrseins jedes Gefühl für Wert und Sinn verloren. Das Leben reduziert sich dann auf einen Albtraum, auf eine „Geschichte, die ein Dummkopf erzählt, voller Schall und Rauch und nichts bedeutend".

Die entscheidensten Probleme, denen sich ein Mensch in seinem Leben gegenübersieht, spiegeln sich in Fragen wie diesen wider: „Wer bin ich?", „Woher komme ich?", „Wohin gehe ich?",

„Wo stehe ich im Universum?" Gewisse Antworten auf diese Fragen sind für einen Menschen unbedingt notwendig, um als menschliches Wesen leben zu können. Solche Fragen sind vitale Bestandteile seiner Suche nach dem Sinn. Wenn er in sich selbst eine Antwort darauf findet, wird wahrscheinlich eine wundersame Verwandlung seiner Persönlichkeit stattfinden. Ungeahnte Fähigkeiten werden freigesetzt. Verborgene Quellen der Kreativität beginnen zu sprudeln. Ein klarer Richtungssinn wird gewonnen. Eine feste Entscheidungsgrundlage wird erlangt. Und infolgedessen gewinnt das Leben schöpferischen Sinn. Ein echtes Gefühl für die eigene Identität öffnet so die Tür zu den wertvollsten geistigen Schätzen. Im umgekehrten Fall löst der Verlust der eigenen Identität das Leben auf. Nicht einmal die Eroberung der ganzen Welt vermag diesen entsetzlichen Verlust auszugleichen. „Was würde es dir nützen, wenn du die ganze Welt gewönnest, und würdest deine Seele verlieren?"

Verlust der Identität wird in alten Schriften als Verlust des Kontaktes mit der eigenen Seele beschrieben. Er bedeutet Selbst-Vergessenheit oder Selbst-Vergeßlichkeit in Bezug auf das eigene authentische Ich. Modern gesprochen bedeutet er Selbst-Entfremdung oder Entfremdung vom innersten Zentrum des Wesens. Er bedeutet Verlust der Substanz, Erschütterung des Daseins. Er ist das Gefühl, dem eigenen geistigen Boden entwurzelt zu sein.

Jede entscheidende Stufe in der Entwicklung der Persönlichkeit ist durch den Tod des alten Selbst und die Geburt eines neuen gekennzeichnet. Am Anfang einer jeden neuen Phase der Höherentwicklung stellt sich der Mensch mit neuer Dringlichkeit die Frage: „Wer bin ich?". Das Stellen dieser Frage zeigt bereits den Beginn einer neuen Identität, eines tieferen und wahreren Aspektes des Selbst an.

Da war einmal ein Mensch, der sich jeden Morgen, wenn er aufstand, einem großen Problem gegenübersah. Er hatte vergessen, wohin er Hose und Jacke gehängt hatte. Nachdem er sie gefunden hatte, mußte er nach Krawatte und Hut suchen. Dann nach Stift und Uhr. Das Problem wurde so akut, daß er davor Angst hatte, ins Bett zu gehen. Eines Nachts aber kam er auf eine kluge Idee. Er schrieb auf einem Blatt Papier nieder, sorgfältig genau beschrieben, an welchen besonderen Plätzen er seine Kleidungsstücke aufbewahrte. Am nächsten Morgen erwachte er als neuer Mensch. Er nahm das Blatt Papier und wußte genau, wo die verschiedenen Sachen lagen. Als er aber angezogen und bereit war, auszugehen, tauchte plötzlich ein neues Problem auf. Die neue Frage, die ihm an diesem Morgen in den Sinn kam, lautete: „Wer bin ich? Wo befinde ich mich in diesem weiten Universum?" Indem er sich diese Frage stellte, war dieser für gewöhnlich lethargische und verzweifelte Mensch auf dem Weg zu einem neuen Leben schöpferischer Freude und sinnvollen Handelns.

Das Problem der Identität kann von verschiedenen Standpunkten aus erörtert werden: psychologisch, sozio-politisch, ethisch, metaphysisch und spirituell. Wir werden in diesem Kapitel kurz die Besonderheiten dieser verschiedenen Aspekte des Problems aufzeigen.

Der psychologische Aspekt

Psychologisch gesehen stellt der Identitätssinn eines Menschen einen Ableger seiner frühen Identifikation mit unterschiedlich bedeutsamen Menschen in seinem Leben dar. In einer gesunden Familie mit emotional reifen Eltern wird sich der heranreifende Junge in zunehmendem Umfang mit dem Vater identifizieren. Das Bild des Vaters wird ein bestimmender Faktor seiner sich erweiternden Zukunftsschau sein. Der Betreffende wird mehr und mehr, in größerem oder geringerem Maße, die Werte und Ideale des Vaters übernehmen. Während er aufwächst, entwickelt sich sein Ich-Ideal durch seine Identifikation mit Vater-Surrogaten als da sind der Lehrer in der Schule, der Professor an der Universität, der religiöse Prophet, der politische Führer usf.. Durch seine Beziehung zur Mutter entwickelt er die Haltung gefühlvoller Loyalität, jedoch keine existentielle Identifikation. Er ist stolz auf sich als den Sohn solch einer liebevollen und bescheiden in den Hintergrund tretenden Mutter. Er liebt und achtet seine Mutter. Aber er möchte nicht wie seine Mutter sein und keine weibliche Rolle im Leben spielen, die zur Aufgabe seiner männlichen Merkmale führen würde. Umgekehrt wird sich ein heranwachsendes Mädchen mehr und mehr existentiell mit der Mutter identifizieren. Es wird sein Identitätsgefühl zur liebenden und schönen Weiblichkeit hin entwickeln. In seiner Beziehung zum Vater aber wird es als Haltung Zuneigung, Achtung und Loyalität entwickeln. Es wird im Geiste des Gehorsams und der Unterwerfung unter den Vater sowie der Achtung vor allem, was der Vater vertrat, aufwachsen. Es würde aber nicht wie er werden und seine männliche Rolle übernehmen wollen.

Wir wollen nun eine andere Familiensituation betrachten. Der heranwachsende Junge hat nicht viel Kontakt zum Vater, der gewöhnlich nicht zu Hause ist, Interesse an seiner Familie vermissen läßt, ein Alkoholiker, ein Narr oder nur zu abgehoben und egozentriert ist. Folglich entwickelt der Junge, während er aufwächst, eine existentielle Identifikation mit der Mutter. Die Mutter prägt seine Seele als der für sein Selbst-Bild ausschlaggebende Faktor. So entwickelt er dem Leben gegenüber eine weibliche Haltung. Er kann homosexuell werden und Freude daran finden, weibliche Eigenschaften und Tugenden zur Schau zu stellen. Genauso kann das heranwachsende Mädchen die Identität des Vaters annehmen. Ist die Stellung der Mutter in der Familie aus diesem oder jenem Grunde verachtens- oder beklagenswert oder glaubt das Mädchen in seinem Inneren, daß die weibliche Rolle eigentlich zu verachten sei, kann es jungenhaft werden und sich das männliche Selbst-Bild zu Eigen machen.

Betrachten wir noch eine andere Sachlage. Die Atmosphäre in der Familie kann extrem ungeordnet und verwirrend sein. Die

Eltern können äußerst labil und nicht in der Lage sein, ein klares und eindeutiges Inbild zu entwerfen. Manchmal ist es der Vater, der mit seiner Liebe verschwenderisch umgeht, dem Kind mit übertriebener und ungewöhnlicher Zärtlichkeit begegnet. Vielleicht benutzt er das Kind als Mittel persönlicher Sicherheit und persönlichen Gewichts. Es dürfte aber nicht lange dauern, bis sich die Lage abrupt und unerwartet ändert. Plötzlich hält er sich von dem Kinde fern und wird ihm gegenüber seltsam gleichgültig. Oder er beginnt, das Kind zu schelten und ohne ersichtlichen Grund zu bestrafen. Er läßt seinem Zorn und seinem Ärger seiner Frau gegenüber freien Lauf. Das Ergebnis ist äußerste Verwirrung bei dem Kind. Dasselbe geschieht in seiner Beziehung zur Mutter. Manchmal ist sie äußerst sanft und nachgiebig, übersprudelnd vor mütterlicher Zuneigung. Aber ohne Vorwarnung kann sie sich plötzlich ins Gegenteil verwandeln und wie eine Rabenmutter verhalten. Diese seltsam schwankenden Launen der Eltern scheinen in keinem Zusammenhang mit einer objektiven Ursache zu stehen. Unter solchen Umständen hat das heranwachsende Kind keine Gelegenheit, eine klare Identifikation zu entwickeln. Es wächst verwirrt und mental in die Irre geführt heran. Es glaubt nicht zu wissen, wer es ist und wo es steht. Da ihm jegliches Identitätsgefühl fehlt, gelingt es ihm nicht, irgendein Leitprinzip für sein Leben zu finden. Es weiß nicht, auf welcher Grundlage es handeln soll.

Mangel an Identität ist eine unerträgliche psychische Verfassung. Sie droht, das ganze Wesen zu lähmen. Kein Wunder also, daß ein Kind in solch einer Situation dazu gebracht wird, nach irgendeiner Identität oder einem identifizierenden Etikett zu greifen, auf das es sich bequem stützen kann.

Ein Kind, das von der Familie nicht gewünscht wurde oder das dauernd gescholten und kritisiert wird, hat keine Gelegenheit, daheim seine Identität zu finden. So holt es sich seine Identifikation draußen in der Welt. Die Zurückweisung daheim liefert ihm die groben Konturen seines Selbst-Bildes. Es ist nichtsnutzig, böse,

Abschaum. Ausgestattet mit solch unbestimmt negativem Bild von sich selbst, wird es sich wahrscheinlich zu denen hingezogen fühlen, die sich von der Gesellschaft ähnlich vernachlässigt glauben. Es füllt die Reihen jugendlicher Straftäter. In ihrer Gesellschaft wird seine Identitätsleere mehr und mehr mit Inhalt gefüllt, wenn auch in negativer Form. Es beginnt, die Identität eines Rebellen, eines Betrogenen, eines Vernachlässigten oder Zurückgewiesenen anzunehmen, der es sich selbst und seinen Kumpanen schuldig ist, die Gesellschaft, von der er schlecht behandelt wurde, zu zerstören.

Da ein Mensch nicht ohne Identitätsgefühl leben kann, wird natürlich eine schändliche oder verdammte Identität gar keiner Identität vorgezogen. Dies hat schon Jean-Paul Sartres Buch „Saint Genet" in bemerkenswerter Weise deutlich gemacht. Jean Genet war ein gefeierter französischer Kriminalschriftsteller und -stückeschreiber. Er kannte seine eigenen Eltern nicht und wurde daher von Fremden großgezogen. Schon in früher Kindheit fing er an, Dinge aller Art zu stehlen. Gestohlene Gegenstände, die er sein Eigen nennen konnte, schienen ihn mit einer gewissen grundlegenden Identität zu versehen. Je mehr Dinge er stahl und ansammelte, desto mehr verstärkte sich diese Grundlage. Eines Tages, im Alter von zehn Jahren, wurde er geschnappt, und die Gesellschaft brandmarkte ihn als Dieb. Er wurde verurteilt, gleichzeitig aber auch gerettet. Er entdeckte nämlich eine ganz bestimmte Identität in der Bezeichnung „Dieb". Von da an sah er sich gezwungen, das Stehlen als seine persönliche Bestimmung fortzuführen. Es ist faszinierend zu sehen, wie er beim Erfüllen seiner Identität als Dieb seine weiteren personalen Verwandlungen zum Heiligen der Unterwelt, zum existentiellen Helden, Dichter, Stückeschreiber, Schauspieler und Märtyrer durchmachte[23].

Aus all dem wird ersichtlich, daß eine gesunde und emotional gefestigte Familienatmosphäre von ausschlaggebender Bedeutung für die Heranbildung der rechten Art von Identität für heranwachsende Kinder ist.

Der ethische Aspekt

Vom ethischen Standpunkt aus hat jede Art von Identität eigene Werte oder Unwerte. Es gibt einige Pflichten, Verantwortlichkeiten oder Privilegien, die einer gesellschaftlich akzeptierten Identität zugehören. Es gibt auch Rangfolgen unterschiedlicher Identitäten. Die Identität eines Diebes, eines Mörders oder eines Kindesentführers hat ethisch etwas Geringwertiges. Sie wirkt als angewandter Grundsatz zersetzend für die Sozialordnung. Die Identität eines Polizeioffiziers, eines Soldaten, eines Richters, eines Lehrers oder eines Rechtsanwalts ist ethisch wertvoll. Sie hilft Gesetz und Ordnung zu bewahren und den sozialen Fortschritt voranzubringen.

Es gibt mehrere verschiedene Identitätsformen: familiäre Identität, kommunale Identität, rassische Identität, religiöse Identität, politische Identität usw.. Der Einzelne kommt aus dieser oder jener Familie. Er ist Einwohner eines bestimmten Landes. Er gehört einer bestimmten Rasse oder Religion an. Er ist Bürger eines bestimmten Staates, vielleicht ist er in einer bestimmten politischen Partei aktiv. Diese verschiedenen Identitäten erlegen ihm verschiedene Verpflichtungen auf und teilen ihm unterschiedliche Rechte und Privilegien zu. Jede Identität enthält eine genau definierte Reihe von Funktionen und Aktivitäten. Wenn beispielsweise ein Polizist in Übereinstimmung mit dem sozial-ethischen Bild eines Polizeioffiziers handelt und, falls sich die Gelegenheit bietet, einen Verbrecher faßt und ihn vor den Richter bringt, handelt er gut und richtig. Verletzt er dieses Bild, weil er Bestechungsgelder annimmt, wird er von der Gesellschaft entsprechend verurteilt und bestraft. In jeder Familie haben die verschiedenen Angehörigen – Vater, Mutter, Sohn, Tochter, Bruder, Schwester – ihre mehr oder weniger genau definierten ethischen Rechte und Pflichten.

Das wichtigste ethische Problem ist die Frage der Priorität unter den verschiedenen Identitäten des Menschen. Eine Person, von der vermutet wird, sie habe einen Diebstahl oder einen Mord begangen, wird vor ein Strafgericht gebracht. Zufällig ist der Richter ein Freund der Familie des mutmaßlichen Straftäters. Darf der Richter sich aufgrund seiner Freundschaft ein Vorurteil zugunsten des Beschuldigten erlauben? Oder sollte er solche Erwägungen beiseite lassen und förmlich gemäß seiner Identität als Hüter der Gerechtigkeit und öffentlichen Wohlfahrt wirken? Das Urteil des Gewissens ist klar und betont den Vorrang des letzteren.

Eine andere Person ist zufällig ein sehr treues und aktives Mitglied einer politischen Partei in einer bestimmten Nation. Neben ihrer Mitgliedschaft in der Partei gehört sie aber der Nation auch als Bürger an. Ethische Erwägungen stellen ihre nationale Identität unzweideutig über ihre Parteizugehörigkeit. Die Partei besteht, um den besten Interessen der Nation zu dienen. Ihr Machtanspruch darf nicht so groß werden, daß das große nationale Interesse verletzt wird. Kommt es zu einem Konflikt zwischen der Partei und der Nation, sollte kein Zweifel in dem Betroffenen an der Priorität seiner nationalen Identität aufkommen.

Rassismus oder rassisches Vorurteil ist ethisch tadelnswert, weil es die rassische Identität über die der Menschheit stellt. Es gibt verschiedene Rassen in der Welt. Es gibt Menschen von unterschiedlicher Hautfarbe – weiße, schwarze, braune, gelbe und was für Abstufungen da noch sein mögen. Natürlicherweise hat jede Rasse ihren Stolz. Es ist ganz natürlich, daß jede danach strebt, ihren eigenen Fortbestand und besonderen Charakter zu bewahren. Aber wenn dieses rassische Bewußtsein so weit getrieben wird, daß es zu Gewalt und Haß gegen andere Rassen ermuntert, wird es zu einem verbrecherischen Bewußtsein, das sich gegen die Menschheit richtet. Wenn Rassismus seine zerstörerische Wut an Fremden mit anderer Hautfarbe ausläßt, leidet das Identitätsgefühl unter bösartiger Fäulnis. Wir sind alle menschliche Wesen zusätzlich zu unserer rassischen Identität. Unsere Identität als Mensch hat Vorrang vor rassischer oder Religionsgruppen betreffender Zugehörigkeit.

Aus dem gleichen Grund ist religiöses Sektierertum oder religiöse Beschränktheit ethisch tadelnswert. Neben seiner Zugehörigkeit zu verschiedenartigen Religionen ist der Mensch ein Mensch. Seine Identität als menschliches Wesen steht über seiner Identität als Christ oder Buddhist, als Hindu, Moslem oder Jude. Falls sein religiöser Glaube und seine religiösen Aktivitäten ihn ermuntern, ein Verbrechen gegen die Menschlichkeit zu begehen, ist es höchste Zeit, etwas kritisch über seine abergläubischen religiösen Vorstellungen nachzudenken.

Das ethische Problem kann auch auf andere Weise klargemacht werden. Was ist im Hinblick auf seine psycho-soziale Struktur des Menschen beste Identität? Ist er ein absolut unabhängiges, selbstbeherrschtes Individuum? Ist er eine Zelle des sozialen Organismus? Oder verfügt er neben seinem Zustand als verantwortliches Glied der gesellschaftlichen Ordnung über eine unabhängige Dimension des Daseins? Individualismus, Sozialismus und Integralismus geben unterschiedliche Antworten auf diese Fragen[24].

Man kann erneut fragen: Ist der Mensch wesenhaft auf der Suche nach Lustbefriedigung oder ein rationales Geschöpf und das Triebwesen nur eine nebensächliche Unreinheit seiner Art? Oder bildet er eine übernatürliche Wesenheit, die aufgrund des Verlustes der Gnade Gottes im Fleisch eingekerkert ist? Oder ist er ein vieldimensionales Wesen mit körperlichen, mentalen, moralischen und nichtzeitlichen Dimensionen des Daseins, betraut mit der Aufgabe, eine kraftvolle Harmonie von ihnen allen zu erreichen? Ein geeignetes Verständnis seiner wesenhaften Identität könnte der Schlüssel zu all seinen anderen Problemen sein. Hedonismus, Rationalismus, Übernaturalismus und Integralismus versuchen, die innerste Identität des Menschen auf unterschiedlichen Wegen zu definieren. Gemäß dem integralen Nicht-Dualismus ist das Individuum einerseits ein wesentliches Element des sozialen Gefüges. Gemäß seiner Begabung und seinem einzigartigen Wirkungsvermögen hat es darin seinen passenden Platz und seine

Funktion zu erkennen. Es erfreut sich zu Recht der Wohltaten des sozialen Daseins und der gesellschaftlichen Zivilisation und ist dazu aufgerufen, seinen eigenen Beitrag zur Gesellschaft auf die ihm bestmögliche Weise zu leisten. Andererseits eignet ihm eine Art und Weise des Daseins völlig außerhalb der gesellschaftlichen Ordnung. Mit dieser Art und Weise des Daseins befindet es sich allein in seiner Beziehung zum Alleinigen. In diesem Bereich entdeckt es seine tiefste Ergebenheit und größte Verantwortlichkeit. Die sich stufenweise verbessernde Einsicht in Bezug auf die genaue Art dieser Ergebenheit und Verantwortlichkeit ist Sache seiner fortschreitenden inneren Entwicklung.

Der metaphysische Aspekt

Vom metaphysischen Standpunkt aus hat das Problem der Identität mit der genauen Art jenes Prinzips zu tun, das dem menschlichen Dasein Kontinuität und Identität verleiht. Jedes menschliche Wesen ist, was es ist. Sokrates ist Sokrates, und Platon ist Platon. Buddha ist Buddha, und Christus ist Christus. Natürlich unterliegt jedes Individuum auch fortgesetztem Wandel, von Tag zu Tag, von Monat zu Monat, von Jahr zu Jahr. Wandlungen im körperlichen Dasein, in den sozialen Beziehungen, in Gedanken, Gefühlen, Vorstellungen, Erfahrungen, Begehren, Vorhaben gehen mitunter sehr langsam und unmerklich vor sich. Manchmal aber ereignen sie sich auch abrupt, radikal, revolutionär und verändern den Menschen beinahe bis zur Unkenntlichkeit. Trotz all dieser fortgesetzten Veränderungen in variierendem Ausmaß bleibt der Mensch ein identisches Individuum. Von der Geburt bis zum Tod hat jeder Mensch – ob Sokrates oder Platon, Buddha oder Christus oder ein Namenloser aus der unermeßlichen Menge – ein zusammenhängendes und identisches Leben. Kein noch so großer Wandel kann aus Paul Peter machen, aus Platon Sokrates oder aus Buddha Christus. Keine noch so großen

Veränderungen können einen Menschen substantiell in einen anderen verwandeln. Warum nicht? Wie sieht die Art dieses Prinzips der Kontinuität und Identität aus?

Die traditionelle Metaphysik ist der Meinung, daß jeder Mensch in Bezug auf seine innerste Identität eine unveränderliche und unwandelbare geistige Substanz ist. Er ist eine Seele, wesenhaft verschieden von allen anderen Seelen, und hält sein Eigenes gegen alle unwesentlichen Veränderungen fest. Genauso besteht die Identität einer materiellen Substanz, sagen wir eines Tisches, in der Anwesenheit einer unveränderlichen materiellen Substanz, zu der die besonderen Eigenschaften des Gegenstandes gehören. Diese zugrunde liegende Substanz ist ein geheimnisvoller, unbekannter Faktor, ein unbestimmbares „X". Was als gewiß bekannt ist, ist eine Entscheidung, eine Eigenschaft, eine Beifügung, eine Voraussetzung oder ein Gegenstand für die Sinne.

Nun ist im modernen Denken die alte metaphysische Vorstellung zurückgewiesen worden. Substanz als unbekanntes und unwißbares „X" ist als Prinzip der Erklärung wertlos. Bekannte Tatsachen und Phänomene können kaum in Begriffen des Unbekannten erklärt werden. Darüber hinaus ist Substanz als unwandelbare Wesenheit ein gänzlich transempirischer Begriff. Alle Wesenheiten, die wir kennen, alle Gegenstände und Ereignisse unterliegen einer ständigen Veränderung. Alles, was wir erleben, fällt unter dieses Gesetz des Wandels.

Wenn wir das Unbekannte als Erklärungsprinzip zurückweisen, finden wir im Ergebnis, daß in der modernen Wissenschaft die Vorstellung von der Substanz durch den Begriff der Energie ersetzt worden ist. Der materielle Gegenstand ist nicht eine Masse sich verändernder Eigenschaften, die zu einer unveränderlichen Substanz gehören. Er ist vielmehr eine Konfiguration meßbarer Energieeinheiten oder Vibrationen von Energie. Er ist ein organisiertes System von Wandlungen. Seine Identität wohnt nicht im Geheimnis einer unveränderlichen Substanz sondern in der Fortdauer eines gewissen Baumusters.

Genauso liegt die Identität eines Menschen nicht in einer geheimnisvollen unbekannten und unwißbaren, unveränderlichen und unwandelbaren Seelensubstanz. Keine noch so große Selbst-Prüfung und redliche Selbst-Erforschung offenbart eine solche geheimnisvolle Wesenheit. Geradeso wie in der Physik Substanz durch Energie ersetzt worden ist, ist auch in der modernen Psychologie die alte metaphysische Idee einer permanent mentalen Substanz durch die Vorstellung von psychischer Energie oder Libido ersetzt worden.

Das menschliche Individuum ist identisch insoweit, als es ein bestimmtes Mental-Körper-Kontinuum darstellt. Im Verlauf seines konstanten Wandels und seiner konstanten Reifung bewahrt es ein bestimmtes Muster. Es stellt eine besondere Konstellation physikalischer und mentaler Prozesse dar. Seine Identität gleicht der eines Liedes oder eines Musikstücks. Sie gleicht einer brennenden Flamme oder einem dahinfließenden Strom. Wie steht es aber um das Bewußtsein des Menschen, das seines Daseins bewußt wird als eines Stromes oder eines Musikstücks? Befindet es sich nicht außerhalb des Stroms der Veränderung, den es erkennt? Gewiß tut es das. Indem es den Wandel erkennt, überschreitet das Bewußtsein den Wandel. Indem es die fortgesetzte Bewegung der Zeit erfaßt, überschreitet es zweifellos die Zeit. Aber Bewußtsein ist keine Sache, kein Gegenstand. Es ist weder Wandel noch Substanz, beide sind seine objektiven Inhalte. Bewußtsein ist, um einen buddhistischen Ausdruck zu gebrauchen, Leere (Sunyata). Es ist, wie Sartre es nennt, Nichts. Es ist, wie der Vedanta meint, unbestimmbares Sein.

Aber Bewußtsein als Nichts ist noch erkennbar als ein Wirken, das Körper und Mental, die Physis und die Psyche, überschreitet. Es ist ein hervortretender Wert. Es offenbart sich auf der menschlichen Stufe der Evolution. Es ist die Art und Weise, in der reine Transzendenz im menschlichen Leben wirkt.

Bewußtsein offenbart das charakteristische Potential des menschlichen Individuums. Infolgedessen überträgt es ein Gefühl für Bestimmung, ein Empfinden für die einzigartige Berufung auf den Menschen. Dies hebt die Identität des Menschen auf eine höhere Ebene. Der Mensch, seines einzigartigen Potentials bewußt, erfreut sich eines erhabenen Gefühls der Identität. Seine Identität ist qualitativ von der eines Felsen oder der einer Pflanze oder der eines Tieres verschieden, vielleicht sogar von der des unbekannten Durchschnittsmenschen, der der Masse nachläuft.

Der spirituelle Aspekt

Die vorhergehende Erörterung führt uns direkt zum Kern des spirituellen Problems der Identität.

Was ist die Identität des Einzelnen in seiner Beziehung zur letzten Wirklichkeit? Wie ist das menschliche Individuum auf Gott oder das Absolute bezogen? Allein die Entdeckung dieser Beziehung kann helfen, im Lichte der höchsten Wahrheit zu leben. Es kann keine Erlösung oder Befreiung ohne diese Entdeckung geben. Letzte Selbst-Verwirklichung kann nur auf die Erkenntnis der eigenen echten geistigen Identität folgen.

Traditionelle religiöse und mystische Denkweisen interpretieren häufig den Geist im Menschen in übernatürlichen oder transzendentalen Begriffen. Übernatürliches Denken behauptet die Wirklichkeit eines übernatürlichen himmlischen Königreiches jenseits der äußersten Grenzen der natürlichen Ordnung. Allein das Übernatürliche ist letztlich wirklich. Der Mensch als geistiges Wesen gehört wesenhaft zum übernatürlichen Königreich. Seine Fesseln und sein Leiden gründen in seinem Fall aus dem Übernatürlichen gemäß seiner Sündhaftigkeit. Sein Dasein im Reich der Materie ist eine Art Exil. Es ist Abfall von der Gnade. Es ist Bestrafung für seine Sünden. Sein höchstes Ziel ist vollständige Auflösung – Emanzipation von den Fesseln des Fleisches – und Wiedereingliederung in das spirituelle himmlische Königreich. Nach dieser Betrachtung verfügt der Mensch in seinem geistigen Wesen über eine getrennte erhabene Art und Weise des Daseins abseits der natürlichen Ordnung. Er ist eine Art Substanz, die sich radikal von der materiellen Substanz unterscheidet.

Die traditionelle Mystik, so sie über den religiösen Supranaturalismus hinausgeht, peilt die geistige Identität des Menschen in transzendentalen Begriffen an. Der Geist im Menschen ist keine abgetrennte Substanz, ätherisch, übernatürlich oder sonstwie. Alle Substanzen sind, bei näherer Betrachtung, raum-zeitliche Konfigurationen. Sie existieren im Raum, ob im natürlichen oder übernatürlichen. Sie dauern an in der Zeit, sei es der physikalischen, sei es der mentalen Zeit. Folglich ist Geist jenseits von Substanz und Attribut, Quantität und Qualität. Er bildet eine insgesamt vom Dasein radikal verschiedene Dimension. Er stellt keine Wirklichkeit außerhalb der natürlichen Ordnung, kein Königreich außerhalb des Reichs der Materie dar. Als raum- und zeitlose Dimension des Daseins durchdringt der Geist die gesamte natürliche Ordnung und erhält das Reich der Materie. Der Geist im Menschen ist das Element reiner Transzendenz in ihm. Um den Geist wissen bedeutet, das Einssein allen Daseins zu begreifen und die wesenhafte Identität des Menschen mit dem Höchsten Sein zu erkennen. So wird die höchste und profundeste mystische Erkenntnis in der Aussage zusammengefaßt: „Das bist du!" Das menschliche Individuum ist in seinem innersten Selbst genauso identisch mit dem Erhabenen, wie der begrenzte Raum, in einem Zimmer eingeschlossen, mit dem unendlichen Raum eins ist.

Übernatürlichkeit ist die volkstümlich vergegenständlichte Version von Mystik. Sie begünstigt Jenseitigkeit. Sie treibt einen Keil zwischen die Natur und die Übernatur und zerteilt ontologisch den Kern der Wirklichkeit.

Mystik handelt von der reinen geistigen Dimension des Menschen, seiner nichtzeitlichen Dimension. Sie offenbart das Sein als das allumfassende Medium des Daseins, in dem alle Gegensätze wie eines und vieles, Mensch und Universum, Wandel und Dauerhaftigkeit versöhnt werden. Aber ausschließliches Beschäftigtsein mit dem Nichtzeitlichen bewirkt Gleichgültigkeit gegenüber der Welt. Es macht den Mystiker den sozialen, ökonomischen und politischen Werten des Daseins gegenüber gleichgültig. Es blockiert das Verständnis für die wirklichen Werte und die Bedeutung von Raum und Zeit, von Evolution und Individuation.

Die ganze Wahrheit über die geistige Identität des Menschen kann nur in einer umfassenden Weltanschauung offenbart werden, in der Naturalismus und Mystik, Evolutionismus und Eternalismus, so wie es sich gehört, miteinander versöhnt sind.

Der Mensch ist in seinem geistigen Wesen eine einzigartige Synthese von Natürlichem und Geistigem. Er stellt einen dynamischen hervorragenden Wert dar. Auf der natürlichen Seite ist er ein höchst differenziertes Mental-Körper-Kontinuum. Er ist mit einem so hoch entwickelten Nervensystem ausgestattet, das in der Lage ist, das Licht des Nichtzeitlichen widerzuspiegeln. Auf der geistigen Seite ist er ein einzigartiger Brennpunkt des Nichtzeitlichen. Er ist ein Kind der Unsterblichkeit. Wenn sich das Materielle und das Geistige, das Zeitliche und das Nichtzeitliche in ihm treffen, kommen Wesensmerkmale wie Bewußtsein, Freiheit, Wertgefühl und Überschreiten des Ichs zum Vorschein, und er entwickelt Eigenschaften wie Liebe, Verehrung der Wahrheit und echtes Interesse an weltumspannender Wohlfahrt.

Auf der natürlichen Seite gehört der Mensch zum kosmischen Ganzen. Er gehört zu einer Familie, zu einer Gemeinde, zu einer Rasse, zu einer Nation, zur internationalen Ordnung. Bei genauer Betrachtung gehört er zum evolutionären Welt-Geist, zum evolutionären Ganzen der Natur.

Auf der rein geistigen Seite verfügt der Mensch über eine Art und Weise des Daseins jenseits aller Gruppierungen und Kollektive. Er hat eine Weise des Daseins jenseits von Wandel und Entwicklung, von Geburt, Wachstum, Zerfall und Tod. Auf diese Art und Weise ist er reine Freiheit und Freude. Keine Furcht, keine Angst, kein Zweifel und keine Verzweiflung können ihn dort beeinträchtigen. Aber die Unterscheidung von Natürlichem und Geistigem bedeutet nicht Teilung im Herzen des Menschen. Sie sind nicht zweierlei Arten von Substanz, aus denen der Mensch zusammengesetzt ist. Sie sind zwei untrennbare Aspekte oder Dimensionen derselben Wirklichkeit, die der Mensch darstellt. Als eine Synthese von Zeit und Ewigkeit besteht die höhere Funktion des Menschen darin, am schöpferischen Fluß der Zeit teilzunehmen mit jener furchtlosen Gelassenheit und Heiterkeit, die der Vereinigung mit dem Ewigen entspringt.

Man kann auf den wesenhaften Aufbau des Menschen von einem dieser gegensätzlichen Standpunkte blicken. Vom natürlichen Standpunkt aus ist der Mensch ein Kind der evolutionären Natur und in der Lage, die Evolution auf eine höhere Ebene der Schöpfung zu bringen. Vom geistigen Standpunkt aus betrachtet, ist der Mensch ein Kind des unsterblichen Geistes, das hinabgestürzt ist in den evolutionären Gang der Zeit. Sein starker Sinn für höhere Werte wurzelt in dieser Tatsache.

11. Kapitel

Wie man ein ausgeglichenes Leben führt

Wahrheit ist Harmonie. Sie ist jenes vereinigte Ganze, in dem alle ersichtlichen Widersprüche miteinander versöhnt werden. Sie ist auch jene mit dem Selbst zusammenhängende Schau des Daseins, in der alle fragmentarischen Standpunkte harmonisiert werden.

Daraus folgt, daß wahres Leben harmonische Selbst-Entwicklung als Antwort auf die ganze Wirklichkeit bedeutet. Es ist die ausgeglichene Entwicklung der Persönlichkeit mit der Absicht, dem kosmischen Lebenszweck zu dienen.

Es kann kein dauerhaftes Glück ohne ausgeglichenes Wachstum geben. Dauerhafte Freude an der Erfüllung kann nur aus der Integration der ganzen Persönlichkeit eines Menschen erwachsen. Ausschließliche Genugtuung an diesem oder jenem besonderen Aspekt des Lebens wie z.B. einem vorübergehenden Antrieb oder einem vereinzelten Begehren kann Spaß erzeugen, aber nicht bleibendes Glück. Wahres Glück wird wirksam, wenn die gesamte Begehrens-Natur in ein mit dem Selbst zusammenhängendes Ganzes gestaltet wird.

In unserem menschlichen Wesen gibt es zahlreiche einander widerstreitende Tendenzen. Es gibt viel zu viele gegensätzliche Impulse und Motivationen. Ein bedauerlicher Fehler, der häufig gemacht wird, besteht darin, dieses oder jenes besondere Verlangen zu weit zu treiben. Oftmals wird der Versuch unternommen, den inneren Konflikt dadurch zu lösen, daß man die Verfahrensweise des Extremismus anwendet, d.h. man übertreibt die Bedeutung eines einzelnen Lebensaspektes auf Kosten all der anderen.

Ein erfolgreicher Geschäftsmann, der vom Wein des Erfolgs trunken ist, mag sich einseitig entwickeln. In seiner alles verzehrenden Leidenschaft für sich auftürmenden Geschäftserfolg stellt er alle anderen Aktivitäten zurück. Er ist für alle anderen Lebensinteressen blind und erstickt die Eingebungen seiner inneren Seele. Die wachsenden Millionen auf seinem Bankkonto scheinen alle seine anderen Entgleisungen und Versäumnisse zu kompensieren. Unehrenhafte Praktiken und skrupellose Geschäfte werden als notwendiges Übel gerechtfertigt. Sich mehr und mehr vom Familienleben lösen und Gleichgültigkeit gegenüber kulturellen und spirituellen Werten mag als der natürliche Preis erscheinen, der bezahlt, oder als das notwendige Opfer, das auf dem Altar des Erfolgsgottes erbracht werden muß.

Aber auf dem Höhepunkt seiner glänzenden Karriere als Geschäftsführer eines Millionenunternehmens empfindet er eines Tages sein inneres Leben unerwartet verarmt. Ein Blick in seinen inneren Abgrund ängstigt ihn zu Tode. Das Gefühl innerer Leere, das ihn ergriffen hat, zermürbt sein Herz. Was kommt nach der tatsächlichen Anhäufung der begehrten Millionen? Welchen Wert hat all dies? Die Aussicht, die angesammelten Millionen hinter sich lassen zu müssen, beraubt sie ihres wirklichen Wertes. Ein Rückblick auf die Unterdrückung seiner feineren Empfindungen und das Opfern höherer Werte erfüllt sein Gemüt mit Verzweiflung und Reue. Mit anderen Worten, einseitiges Verfolgen eines einzelnen Zieles führt häufig in eine Sackgasse. Am Ende der verrückten Hetze erkennt man, daß sich das Gold in Asche, der Erfolg in Kummer verwandelt.

Extremismus im Dienst am Mammon ist ein Laster, Extremismus im Dienst an Gott ist ein schwerwiegender Irrtum. Wer dem Leben vorzeitig entsagt und der Gesellschaft seinen Rücken zukehrt in der Annahme, Gott zu finden, handelt neurotisch.

Solche Menschen machen sich etwas vor und rechtfertigen ihr Handeln mit hochtönenden nebulösen Begriffen. Sie versuchen, vor ihren eigenen Problemen davonzulaufen, tragen aber unentrinnbar die Probleme mit sich herum, wo immer sie auch hingehen. Sie häufen durch die Verdrängung natürlichen Begehrens nervöse Spannung an. Sie haben ständig mit den dämonischen Kräften zu kämpfen, die sie aus ihren Verstecken im Unterbewußten bedrohen, verschwenden riesige Mengen an Kraft und blockieren emotional ihr unbewußtes Gemüt. Hinsichtlich der Wahrheit reduziert der Extremismus im Suchen nach Gott das Göttliche auf einen extremen Gegensatz zum Leben. Solch extremer Gott hört auf, Gott zu sein. Gott ist, richtig verstanden, weit davon entfernt, der Gegensatz zum Leben zu sein, ist vielmehr das harmonisierende Prinzip des Lebens. In Gott werden die gegensätzlichen Aspekte des Lebens in Einklang gebracht, die zahlreichen Begehren der menschlichen Natur harmonisch erfüllt. Deshalb ist die echte Suche nach Gott eine Suche nach ausgeglichenem und harmonischem Leben. Sie ist keine Bewegung weg vom Leben.

Sri Aurobindo, der große Weise aus Pondicherry, hat davor gewarnt, daß das vorzeitige Hereinziehen der Macht Gottes sich als katastrophal erweisen kann. Berührung mit dem Göttlichen ist ein überwältigendes Erlebnis. Es enthält ungeheure Macht. Steigt höhere Macht in den Körper herab, ohne daß dieser bereit und hinreichend stark ist, kann es zu mentaler Verwirrung kommen. Manche Menschen werden so sehr von emotionalen Wellen, die von dem Herabstieg herrühren, hinweggetragen, daß sie reichlich Kraft durch unstetes Verhalten wie wildes Tanzen, Singen, Schreien oder Auf-dem-Boden-Rollen verschwenden. Hinreichende Vorbereitung von Mental und Körper, genügende Stärkung des Nervensystems und Stabilisierung des Gefühlslebens muß unmittelbarer mystischer Erfahrung vorausgehen. Ausgeglichenheit ist in der Tat das Hauptthema angemessener geistiger Entwicklung.

Wendung nach innen und Wendung nach außen sind zwei gegensätzliche Tendenzen des menschlichen Gemüts. Sie repräsentieren zwei gegensätzliche Bewegungen des Bewußtseins. Während Extraversion die nach außen gehende Bewegung des Bewußtseins, das anderes liebt, darstellt, ist Introversion die in sich gehende Bewegung des Bewußtseins, das sich selbst liebt. Extraversion ist die Ausrichtung des Denkwesens auf das Objektive, Introversion ist die Ausrichtung des Denkwesens auf das Subjektive. Introversion und Extraversion sind in den verschiedenen Menschen unterschiedlich vorhanden. Die vorwiegend Extravertierten glauben, daß alle guten Dinge des Lebens von draußen kommen. So werden sie gewinnsüchtig und aggressiv. Sie finden es gut, Menschen zu treffen und auf Parties zu gehen. Sie mögen es, von aller Art wertvoller Dinge umgeben zu sein. Sie haben es gern, in aller Art Affären verwickelt zu werden. Ihr Lebensstil besteht darin, sich in den Gang der Ereignisse in der äußeren Welt einzumischen.

Diejenigen, die vorwiegend introvertiert sind, glauben, daß alle guten Dinge des Lebens von innen kommen. So ziehen sie sich mehr und mehr in die private Welt ihres privaten subjektiven Daseins zurück. Sie sehen in der äußeren Welt nur einen Schatten des Geistes. So folgen sie dem einsamen Pfad der Loslösung. Entdeckung des inneren Bewußtseinsreiches ist ihr erregender Zeitvertreib. Umfassendes Abenteuer im Reich des Geistes ist ihr Lebensstil.

Ein zu stark extravertierter Mensch führt ein oberflächliches Leben. Ein packendes Gefühl innerer Leere frißt sich allmählich in sein Vitalwesen. Trotz all seiner beeindruckenden äußeren Positionen kann er an einer seltsamen Empfindung wie Frustration leiden. Ein Gefühl der Entfremdung von der Mitte seines Seins kann den ganzen glitzernden Überbau seiner äußeren Fertigkeiten untergraben.

Auf der anderen Seite führt ein zu sehr introvertierter Mensch ein verstümmeltes Leben. Er unterdrückt einen wesentlichen Teil seiner Personalität, vor allem seine Beziehung zur äußeren Welt und zu seinen Mitmenschen. Niemand vermag sein ganzes Potential zu entwickeln, es sei denn durch persönliche Beziehungen und durch kontinuierlichen Dialog mit anderen. Teilnahme an der gesellschaftlichen Entwicklung ist ein wesentlicher Bestandteil der Entwicklung des Selbst und der persönlichen Erfüllung. Da der Introvertierte sich mehr und mehr in seine private Welt zurückzieht, erlebt er das Gefühl einer Entfremdung vom sozialen Umfeld. Er kommt sich wie ein Fremder in dieser Welt vor. Wenn er bei seiner gesellschaftlichen Anpassung gescheitert ist, verdammt er die Gesellschaft als unverbesserliches Übel oder als trügerisches Schattenspiel. In seinem Inneren mischt sich Bitterkeit mit Einsamkeit.

Vollkommen ist derjenige, der erfolgreich die extravertierten und die introvertierten Tendenzen seiner Natur zusammen- und zu harmonischem Ausgleich bringt. Korzybski bemerkte einmal treffend, der vollkommene Mensch sei entweder ein introvertierter Nach-außen-Gerichteter oder ein extravertierter Nach-innen-Gerichteter[25]. Ist ein Mensch hauptsächlich introvertiert, sollte man ihn der Neigung seiner Natur schöpferisch folgen lassen. Man sollte ihn vertieft Einblick in sein inneres Selbst, in die unermeßlichen Regionen der unbewußten Seele und in seine Beziehung zum Ewigen nehmen lassen. Man sollte ihn entsprechend seinem natürlichen Interesse Schätze in Kunst, Psychologie, Religion oder Mystik sammeln lassen. Aber gleichzeitig sollten all seine introvertierten Bestrebungen von der Motivation zum Dienst an Gesellschaft und Menschheit beherrscht werden. Er sollte daran denken, daß die letzte Wirklichkeit nicht das Selbst sondern das zusammenhängende Ganze von Selbst und Gesellschaft ist. Die letzte Wahrheit ist nicht der Geist sondern das zusammenhängende Ganze von Geist und Natur. Das Absolute ist nicht ein außerkosmischer Gott sondern das zusammenhängende Ganze von Gott und Kosmos. Von daher muß Selbst-Entdeckung von zunehmendem Selbst-Bezug zum Universum begleitet sein.

Ist ein Mensch vorwiegend extravertiert, mag er ruhig der Neigung seiner Natur folgen. Er mag Fertigkeiten in extravertierten Berufen und Bereichen wie Sport, Politik, Handel und Verkehr oder in der Geschäftsverwaltung entwickeln. Aber gleichzeitig sollte er daran denken, daß es kein letztes Glück im Leben gibt, das nicht angemessene Bestätigung durch die inneren Erfordernisse der Seele erhält. Es täte ihm gut, etwas Interesse an ästhetischen Beschäftigungen wie Musik, Tanz, Dichtung oder Malerei zu entwickeln. Diese sollten von ihm als ein Lebensbereich betrachtet werden, in den er sich selbst aus reiner Liebe einbringen kann, wobei er die hier nicht angebrachten Erwägungen der Nützlichkeit und des Profits außer acht läßt. Es sollte einige Menschen in seinem Leben geben, die er nur um der Liebe willen liebt, wobei er alles Verlangen, zu dominieren oder auszubeuten, beiseite läßt. Es sollte einige Augenblicke in seinem Leben geben, in denen er die ganze äußere Welt hinter sich läßt und in das vollkommene Schweigen des eigenen Selbst eintritt. Das wären die Augenblicke seiner stillen Gemeinschaft mit sich selbst, in denen er sich besser kennenlernt und etwas über seine Beziehung zum Höchsten Schöpfer erfährt. Wenn er Einsicht in sein Selbst erfährt, werden seine extravertierten Bestrebungen sinnvoller. Sie würden in jene neue Dimension selbstlosen sozialen Dienstes und echter Hingabe an die soziale Wohlfahrt aufbrechen. Dank innerer Stille würde er die innere Freude erfahren, die dem reinen Dasein innewohnt. Seine äußeren Aktivitäten würden das spontane Ausströmen seiner inneren Freiheit sein.

Kluge Gestaltung des Selbst

Kluge Gestaltung des Selbst ist ein weiterer fundamentaler Grundsatz ausgeglichenen Lebens. Es gibt ganz offensichtlich widerstreitende Begehren, die in die menschliche Seele hineingewoben sind. Es gibt verschiedene instinktive Triebe wie Lust auf

Nahrung, Sexualität, Wohlbehagen, Macht, Sicherheit usw.. Es gibt ebenso rein rationale Empfindungen wie Verehrung der Wahrheit, Streben nach Reinheit und Vollkommenheit, Pflichtgefühl, sittliche Verantwortung. Genauso, wie es primitive egoistische Triebe gibt, sind auch altruistische Impulse wie Sympathie, Mitgefühl, selbstlose Liebe, Opfergeist um anderer willen und viele andere vorhanden.

Die grundlegende Zweiteilung, die quer durch das Herz der menschlichen Natur verläuft, wird traditionell als Fleisch und Geist, Leidenschaft und Vernunft, Trieb und Gesetz beschrieben.

Einige Menschen sind kompromißlos bestrebt, ein Leben der reinen Vernunft zu leben. Sie ringen darum, aus ihrer Natur alles auszumerzen, was sie niedere Triebe und Begehren nennen. Sie sind Rationalisten, Puritaner, Asketen. Sie praktizieren alle Formen von Einschränkung und selbstverleugnenden Riten um subjektiver Reinheit und Vollkommenheit willen. Damit amputieren sie aber einen vitalen Teil ihrer Natur, nehmen dem Leben Stoßkraft und Schwung, seine Spontaneität und Kreativität, seine Frische und Farbigkeit. Die unbewußte Seele, jene Wohnung der instinktiven Triebe, ist auch Sitz der schöpferischen Energie. Unterdrückung des instinktiven Unbewußten läuft deshalb auf innere Blockade der Quellen frischer Kreativität hinaus. Sie behindert das volle Aufblühen der Persönlichkeit. Sie hindert den Menschen am Erreichen seiner wahren Bestimmung, nämlich dem reifen Erwachsensein, und erzeugt innere Konflikte und Verzweiflung.

Die instinktiven Triebe sind wie Pferde, die den Wagen des Körpers ziehen. Vernunft ist der Zügel. Der Mensch ist der Fahrer. Von Natur aus sind die Instinkte wild und chaotisch. Zuweilen scheinen sie unkontrollierbar zu werden. Der Puritanismus bietet eine Lösung des Problems an: Losmachen der instinktgelenkten Pferde vom Wagen. Wird das gemacht, kann der Mensch zweifellos einen gewissen mentalen Frieden erzielen. Es ist aber der Friede des Grabes, nicht der des Lebens und des Sieges. Die fundamentale Aufgabe des Lebens liegt nicht darin, Pferde auszuspannen, sondern sie zunehmend unter Kontrolle zu bringen und so der Erfüllung des höchsten Lebenszieles entgegenzureisen. Die Wirkweise der Vernunft besteht nicht darin, Triebe zu zerstören, sondern dieselben klug zu höheren Daseinszielen hinzuleiten. Ein erfahrener Fahrer weiß, daß Pferde mit Geduld und Verständnis trainiert und beherrscht werden können. Sie sind besonders ungestüm, weil sie vielleicht hungrig oder durstig, ermüdet oder ängstlich sind oder von Insekten geplagt werden. Beseitigt man diese Störungsfaktoren geduldig und sorgsam, verhalten sich die wilden Tiere brav und vernünftig.

Einige Menschen sind extrem mißtrauisch gegenüber der Vernunft und ihrer Disziplin. Sie betrachten jede Disziplin als Beschränkung der Freiheit; sie wollen so leben, wie es ihnen gefällt, in völliger Mißachtung von Gesetz und Autorität. Tyrannische Launen und vorübergehende Begehren werden für sie zum Wegweiser. Sie gestatten sich, von dem Impuls des Augenblicks geführt zu werden. Sie sind Hedonisten, Genußmenschen, Leichtlebige oder Antikonformisten. Aber der Pfad chaotischer Selbst-Befriedigung führt genauso wenig zum Sieg über das Selbst wie der der asketischen Selbst-Verleugnung. Mit dem Gelöbnis, frei dem Trieb des Augenblicks zu dienen, wird der Mensch Sklave flüchtiger Impulse. Sein Leben wird von widerstreitenden Begehren zerrissen. Er treibt ziel- und zwecklos umher. Ohne Sinn und Verstand verkümmert sein Dasein zu einer Folge krampfhafter Handlungen. Sehr bald wird es durch ein Gefühl der Nichtigkeit und Sinnlosigkeit belastet. Das Leben erlangt Sinn nur durch Selbst-Transzendenz. Das Leben gewinnt erst dann an Bedeutung und sein Stumpfsinn wird erst dann überwunden, wenn der Mensch seine Begehren als Streben nach transzendenten Zielen gestaltet, Zielen wie Wahrheit, Schönheit, soziale Qualität, menschliche Wohlfahrt, Befreiung von Sklaverei, Brüderlichkeit. Sobald er sich aber höheren Werten verpflichtet, kommt die Vernunft ins Spiel. Seine Triebe müssen jetzt der Disziplin der Vernunft im Dienst an einer über das Selbst hinausgehenden Sache gehorchen.

Von daher besteht das Geheimnis ausgeglichenen Lebens in der Erkenntnis, daß Leidenschaft und Vernunft, Fleisch und Geist keineswegs unversöhnliche Aspekte der menschlichen Personalität sind. Das eine soll nicht herausgeschnitten werden, um das andere zu verherrlichen. Beide sind, gerade wegen ihrer ersichtlichen Gegensätzlichkeit, unverzichtbare und wesentliche Bestandteile der Persönlichkeit. Die Vernunft muß die Leidenschaft in ein System bringen. Die Leidenschaft muß die Vernunft mit Kraft aufladen. Die Funktion des innewohnenden Geistes besteht darin, das Fleisch mehr und mehr in ein Bild des Göttlichen, in einen Tempel des Ewigen zu verwandeln. Die Wirkungsweise der Natur besteht zunehmend darin, das Licht des Geistes in ihrer Tiefe zu reflektieren und das Unstoffliche im Stofflichen zu verkörpern.

Die Kunst, integriert zu leben, besteht im Geiste klugen Zusammenwirkens von Natur und Geist. Natur ist ohne Geist blind, Geist ist ohne Natur lahm. Nach einer Erzählung in der indischen Sankhya-Philosophie verliefen sich einmal ein Blinder und ein Lahmer im Wald. Jeder der beiden war in einer hilflosen Lage und wußte nicht, was er tun sollte. Als sie einander trafen, kam Hoffnung auf. Der Lahme sprang auf die Schultern des Blinden. Zusammen konnten beide leicht aus dem Wald gelangen und ihr Ziel erreichen. Genauso können Natur und Geist gemeinsam – dank des Vorteils ihres gezielten Zusammentuns – das Leben herrlich und sinnvoll gestalten.

Das Gesetz ausgeglichener Verteilung

Das höchste Maß an Glück im Leben kann nur erreicht werden, wenn das Gesetz ausgeglichener Verteilung beachtet wird. Ausgeglichene Verteilung ist ein maßgeblicher Grundsatz im Programm der Harmonie. Er weist alle Arten von Extremismus und einseitiger Übertreibung zurück. Er gestaltet die verschiedenen Triebe der Persönlichkeit zu einem ausgeglichenen Ganzen.

Angenommen ein Mensch empfängt am Ende eines Monats harter Arbeit einen Lohn von 300 Dollar. Er wird geneigt sein, das Geld auf verschiedene Art und Weise auszugeben. An jenem Abend mag er auf eine wilde Party gehen und sein ganzes Geld für Champagner und Geschenke an Freundinnen verschwenden. Auf diese Weise erkauft er sich gewiß einen wundervollen Abend. Für den Rest des Monats aber ist er pleite und fühlt sich miserabel. Übertriebene Erfüllung eines speziellen Bedürfnisses unter Vernachlässigung aller anderen Notwendigkeiten bedeutet Leiden, nicht Glück. Höchstes Glück verlangt von uns gerechte Verteilung der Einkünfte und verfügbaren Mittel auf die vielfältigen fundamentalen Bedürfnisse und Ziele.

Man hat also im harmonischen Leben alle fundamentalen Zwänge und Bestrebungen einzubeziehen. Das Leben gut leben heißt, die vitale Kraft unter den verschiedenen Lebensantrieben klug zu verteilen. Jeder Mensch hat eine bestimmte Menge an Energie zu seiner Verfügung. Er kann sie innerhalb gewisser Grenzen vermehren. Er erkennt, daß es im Strom seiner Lebenskraft so etwas wie Ebbe und Flut gibt. Es verändert sich von Jahr zu Jahr. Aber alle Schwankungen vollziehen sich in bestimmten Grenzen. Ein reifer Mensch überlegt, wie er am besten die ihm zur Verfügung stehende Lebenskraft unter den von ihm am meisten geschätzten Zielen und Projekten verteilen kann.

Zum Beispiel hat jeder normale Mensch grundlegende Begehren wie behagliches Wohnen, Freiheit, angenehme Gemeinschaft, geistiges Verlangen in der einen oder anderen Form usw.. Man mag ein oder zwei der Begehren überbetonen und den Rest unterdrücken. Das Ergebnis solcher Überbetonung wäre sprudelnde Heiterkeit, begleitet von einer tiefen Unterströmung an Frustration. Ein Hauch von Traurigkeit, entstanden aus der Unterdrückung des Selbst, wird auf jeden Fall die Freuden des Ungleichgewichts aufheben. Dies trifft nicht nur auf denjenigen zu, der seine ganze Zeit unter äußerster Vernachlässigung kultureller und spiritueller Werte in das Hohelied des Mammonismus investiert. Es trifft auch auf denjenigen zu, der unter vollständiger Ignorierung sozialer und materieller Werte dem Hohenlied übernatürlicher Erlösung folgt.

Ausgeglichene Erziehung

Für ausgeglichenes Leben ist ausgeglichene Erziehung wichtig. Einseitig intellektuelle Entwicklung ist ein Hindernis für soziale Wohlfahrt. Sie untergräbt außerdem das eigene Glück.

Der Leitgedanke einer ausgeglichenen Erziehung liegt in einer klugen Kombination von spezieller Ausbildung und Erweiterung der persönlichen Lebensanschauung und des menschlichen Mitgefühls. Ein Mensch, der Hans-Dampf-in-allen-Gassen aber Meister von nichts ist, kann sich keinen Namen im Leben machen, schon gar nicht in unseren Tagen der Spezialisierung. Während sich die Grenzen in allen Gebieten der Erkenntnis, des Wissens und der Technologie ausweiten, hat der Typus „Allerweltskerl" nicht viel zum sozialen Fortschritt beizutragen. Mehr noch, ohne besondere Kenntnisse auf einem bestimmten Gebiet zu erlangen, wird ein Mensch oberflächlich. Er kann sich nur an der Peripherie des Lebens bewegen. Er kann auf keinem Gebiet glaubwürdig operieren. Er kann nicht überzeugend sprechen. Er strahlt nicht das Gefühl aus, im Leben fest eingewurzelt zu sein.

Wir alle wissen, daß ein Baum in der Lage sein muß, tief in der Erde Wurzel zu schlagen, wenn er seine Krone zum Himmel heben und seine Zweige weit ausbreiten will. Je tiefer die Wurzel, desto höher der Schößling. Ähnlich muß ein Mensch zumindest auf einem Lebensgebiet spezielle Kenntnisse und Fähigkeiten erlangen, damit er in der Lage ist, sich selbst in den Fortschritt des Lebens einzubringen und einen nennenswerten Beitrag dazu zu leisten.

Aber gleichzeitig ist Überspezialisierung ein anderes Extrem, das vermieden werden muß. Sie macht das Leben zu einem Engpaß, indem sie alle Fenster der Verständigung mit dem sich ständig ausweitenden Schauplatz menschlichen Handelns und gegenseitiger Beziehungnahme verschließt. Ein Mensch, der immer nur dasselbe im Kopf hat, kann leicht zum Teufelsschüler werden: Macht, hervorgegangen aus speziellem Wissen, kann zur bösartigsten Aufgeblasenheit des Egos führen und sich für die Gesellschaft als gefährlich erweisen.

Wahre Selbst-Vervollkommnung beruht auf ausgeglichener Selbst-Entwicklung. Der einzelne Mensch kann sich gemäß seiner besonderen Begabung dazu entschließen, sich auf einem besonderen Gebiet ein Spezialwissen anzueignen. Aber gleichzeitig muß er eine tolerante Lebensanschauung, umfassendes menschliches Mitgefühl sowie ein umfassendes Verständnis der grundlegenden Probleme der Gesellschaft, in der er lebt, entwickeln. Nur im Licht eines umfassenden humanistischen Weltbildes kann er am ehesten konstruktiven und sinnvollen Gebrauch von seinem Spezialwissen machen.

Fünf Seiten der Persönlichkeit

Allgemein gesagt, gibt es fünf Seiten der menschlichen Persönlichkeit: die körperliche, die emotionale, die intellektuelle, die moralische und die geistige Seite. Selbst-Vervollkommnung bedeutet harmonische Entwicklung all dieser Aspekte des Daseins.

Fraglos ist der Mensch im Kern ein geistiges Wesen. Aber es ist ein schwerer Fehler, das Geistige als unmittelbare Antithese zum Körperlichen aufzufassen. Die traditionelle Zweiteilung in Fleisch und Geist gründet in einem unzureichenden Verständnis der unteilbaren Lebensganzheit. Der Körper ist keineswegs das Gefängnis der Seele. Noch ist er eine bloße Leiter, auf der man zum Geist hinaufklettert und die man nach Erreichen geistiger Erfüllung umwirft. Im Gegenteil, der Körper ist die Wand eines Tempels, in dem der Geist lebt. Er kann auch als Vermittler kreativen Selbst-Ausdrucks des Geistes beschrieben werden.

Daraus folgt, daß der Körper bei ausgeglichener Entwicklung zu einem starken und geeigneten Werkzeug höheren Lebens aufgebaut werden muß. Er muß gereinigt und gestärkt werden, um als Kanal für das göttliche Handeln fungieren zu können. Es ist frevelhaft, den Körper zu mißhandeln, das Fleisch im Namen Gottes abzutöten oder den Körper zu verstümmeln in dem irrigen Bestreben, das Geistige zu verherrlichen. Andererseits soll der Körper nicht um seiner selbst willen verhätschelt werden. Es ist reine Dummheit, Muskeln auf Kosten des Verstandes zu entwickeln. Es ist töricht, dem Weg des Fleisches zu folgen und die höheren Lebenswerte absichtlich zu übersehen. Der Körper soll als Mittel zum Erstreben höherer Werte und zur Erkenntnis des Ewigen gestärkt werden. Er soll auch vervollkommnet werden, um die Herrlichkeit des Ewigen in Leben und Gesellschaft zum Ausdruck zu bringen.

Das Emotionale ist die vitalste Seite der menschlichen Persönlichkeit. Einerseits umfaßt sie die instinktiven Triebe der Natur. Andererseits schließt sie so feine Gefühle wie Liebe zur Wahrheit, Mitleid mit anderen, Verehrung und Hingabe ein. Im Mittelpunkt des Emotionalen befindet sich das Verlangen nach Liebe und Geliebt-Werden. Eine Persönlichkeit verharrt im Rohzustand, solange nicht dieser Liebesantrieb in ihr geregelt ist und reift. Ein Mensch kann hohes intellektuelles Ansehen erreichen und doch emotional ein Kleinkind bleiben. Ein glänzender Gelehrter beispielsweise kann sich völlig hilflos vorkommen, sobald er von seiner Mutter oder Frau entfernt ist. Er kann leicht aus der Fassung geraten, wenn er kritische Bemerkungen über seine gelehrten Ausführungen zu hören bekommt. Eine kleine Schmeichelei kann ihn dazu bewegen, oberflächliche Urteile über seine Schmeichler zu fällen oder in seinem öffentlichen Verhalten das Recht zu verletzen. Er kann vom bezaubernden Kreis der eigenen Ideen so völlig in Anspruch genommen sein, daß er gegenüber den Leiden seiner Zeitgenossen höchst gleichgültig wird. Echte Anteilnahme an den anderen kann seiner inneren Veranlagung völlig fremd bleiben.

Emotionale Ausgeglichenheit und Reife sind wesentliche Bestandteile der Selbst-Entwicklung. Um dieses Zieles willen muß einer sich selber genau kennen. Er muß seiner grundlegenden natürlichen Triebe und Begehren bewußt sein und sie klug und systematisch verwirklichen. Er muß lernen, sinnvoll mit anderen in Beziehung zu treten. Liebe ist keine Einbahnstraße. Um Liebe zu empfangen, muß man die Macht selbstloser Liebe entfalten. Je mehr ein Mensch echte Liebe gibt, umso mehr erfährt er eine Ausweitung seines Wesens. Seine Liebe kommt hundertfach zurück. Umgekehrt erfährt er umso mehr Verengung des Wesens, Zerstörung seiner Seele und Verstümmelung seiner Persönlichkeit, je mehr er sich dem Haß überläßt. Haß fällt als eine das Selbst zerstörende Waffe bumerangartig auf einen zurück. Auch Teilnahmslosigkeit ist gefährlich selbstzerstörerisch, weil sie höchst boshaft ist. Sie tötet die Seele wie ein verborgenes Krebsgeschwür. Aus diesem Grunde haben die großen Weltreligionen Liebe und Teilnahme in ihren Mittelpunkt gestellt. Gott kann wahrlich mit Liebe gleichgesetzt werden. Um emotionale Reife zu erlangen, muß Leidenschaft in Mitleiden verwandelt und Liebe von egoistischem Unrat befreit werden.

Die Entwicklung des Menschen kann ohne richtige Entwicklung seiner intellektuellen Fähigkeiten niemals angemessen stattfinden. Der Verstand ist in der Tat eine charakteristische Begabung des Menschen. Er hebt ihn aus der Unmittelbarkeit animalischen Daseins heraus. Er befähigt ihn, den chaotischen Fluß seiner Gefühlseindrücke in eine weltweite Ordnung, in eine sinnvolle Umwelt, in der er leben kann, zu transformieren. Er weitet seinen mentalen Horizont über dessen gegenwärtige Begrenzungen hinaus aus und gestattet ihm einen flüchtigen Blick auf das Ewige.

Vergangenheit, Gegenwart und Zukunft werden als sich gegenseitig durchdringende Elemente in der schöpferischen Bewegung des Ewigen enthüllt. Die Gegenwart enthält alle Vergangenheit in lebendiger und dynamischer Form in sich. Die Zukunft klopft im Innersten der Gegenwart als Hoffnung und Bestreben, als der selbst-transzendierende Antrieb, als Drang, sich selbst zu überwinden.

Der Verstand befreit den Menschen auch von seinem tierischen Zustand als bloßes Bündel augenblicklicher Antriebe und instinktiver Triebe. Ihnen gibt er eine Ausrichtung nach oben. Er fügt sie zum Dienst an einigen großen Werten oder Gedanken zusammen.

Intellektuelle Entwicklung ist wichtig, um Verwirrung, Unordnung und verworrenes Denken zu überwinden. Wirre Gedanken können für die ungeheure Verschwendung menschlicher Anstrengung und Begabung verantwortlich sein. Schlechte Gedanken haben zahlreiche ehrenwerte Seelen in die Irre geführt. Ohne klares und folgerichtiges Denken kann ein Mensch das Opfer krankhafter Gefühlsduselei sein. Wo die geeignete intellektuelle Übung fehlt, degeneriert der religiöse Glaube zu Sektierertum, Engstirnigkeit, Fanatismus, Ritualismus oder Okkultismus. Der Mensch benötigt dringend das scharfe Schwert eines geübten Intellekts, um das üppige Wachstum populären Aberglaubens zu beschneiden.

Aber der Intellekt hat seine Grenzen. Von Liebe und Mitleid abgetrennt, kann er eine teilnahmslose Haltung des Sichfernhaltens einnehmen. Er kann auch viel Dünkel und Arroganz, ein Gefühl von Überlegenheit, von turmhohem Überragen der großen Masse zeigen. Intellektueller Dünkel ist ein Neid erregendes Hindernis auf dem Weg zur vollen Entwicklung der Persönlichkeit.

Der Intellekt verhindert oftmals eine unmittelbare Begegnung mit der Wirklichkeit, indem er verbale und begriffliche Strukturen herausarbeitet. Zu viel Bezug auf Begriffe und verbale Symbole verfehlt den letzten Zweck des Menschen: die Wirklichkeit zu verstehen. So kann der Intellekt zu einem großen Hindernis für weiteren Fortschritt werden, obwohl er zugleich eine große Hilfe für die Entwicklung darstellt. Um eine unmittelbare Schau der Wahrheit zu gewinnen, muß man über den Intellekt hinausgehen. Das ist der beständige Sinnauftrag aller großen westlichen und östlichen Mystiker.

Die Entwicklung des Menschen ist ferner ohne Stärkung des moralischen Bewußtseins unvollständig. Einseitig intellektuelle Entwicklung verleitet oftmals zu der Annahme, das Selbst des Menschen sei ein erkenntnistheoretisches Subjekt – das höchste Ziel des Menschen liege in Kontemplation über die Wirklichkeit aus dem Elfenbeinturm, fern der tobenden Masse. Dies ist ein bedauerlicher Irrtum. Wahre Weisheit ist mit aktivem Mitleid und Liebesdienst untrennbar verbunden. Der Geist im Menschen ist kein isoliertes Bewußtsein. Das menschliche Individuum ist untrennbar ein Mitglied des gesellschaftlichen Organismus. Sein Wesen ist, wie Martin Heidegger sagt, In-der-Welt-Sein[26]. Es kann daher nicht volle Erfüllung abseits von Gesellschaft und Welt erfahren. Pflege der Einsamkeit kann nur eine vorübergehende Zuflucht zwecks Sammlung und Fassung des Selbst sein. Im Geiste von Welt- und Lebensverneinung der Einsamkeit nachzujagen, ist für das integrale Dasein des Menschen schädlich.

Das menschliche Individuum, begriffen als selbst-existierendes Atom, ist eine reine Abstraktion. Jedes Individuum entwickelt sich in unaufhörlichem Verkehr mit seiner sozialen Umwelt. Um sich geistig aufzubauen, greift es auf das kulturelle Erbe der Gesellschaft zurück. Man erwartet von ihm einen eigenen Beitrag zum Fortschritt von Gesellschaft und Kultur.

Es gibt verschiedene Stufen in der Entwicklung eines moralischen Bewußtseins. Am Anfang hat die Moral die Form der Achtung vor Gesetz und Autorität. Diese Achtung unterscheidet die menschliche Gesellschaft vom Chaos des Dschungels. Das Gesetz garantiert allen Gliedern der Gesellschaft ein gewisses Maß an Freiheit. Es sichert den Menschen gegen äußere Unsicherheit im Zustand der Anarchie. Es sichert ihn auch gegen gemeine Sklaverei unter machtgieriger Despotie.

Zweitens nimmt die Moral die Gestalt einer inneren Schau von reiner Gerechtigkeit und reiner Rechtschaffenheit an. Solch innere Schau steht im rechten Verhältnis zur Stärke und Selbst-Disziplin des Einzelnen.

Der Gesetzesapparat jeder vorhandenen Gesellschaft ist gewiß unvollkommen. Alle menschlichen Einrichtungen bieten aber Raum für Verbesserungen. Unrecht geschieht oft im Namen der Gerechtigkeit. Gesetze werden oftmals durch die Gesetzeswächter gebrochen um deren persönlicher Vorteile willen. Unter der Maske gesellschaftlichen Ansehens wird häufig Scheinheiligkeit praktiziert. Die Rechte der gesellschaftlich Unterlegenen werden oft von Leuten in Machtpositionen und mit Amtsbefugnissen unbarmherzig niedergetrampelt. Man trägt strahlende Masken, um die häßlichen Beweggründe von Gier und Selbstsucht zu verbergen.

Moral in der zweiten – und höheren – Form besteht darin, daß man seine Stimme gegen die gesetzlosen Gesetze der herrschenden Gesellschaftsordnung erhebt. Sie besteht darin, unerschrocken gegen die legalisierte Heuchelei einzutreten und die unheilvollen Konsequenzen daraus auf sich zu nehmen. Sie besteht darin, für die Gerechtigkeit zu kämpfen, wo Ungerechtigkeit die Oberhand gewonnen hat, für Wahrheit zu kämpfen, wo die Lüge vorherrscht, für legitime Rechte einzutreten, wo Despotie und Ausbeutung sich unbarmherzig durchsetzen.

Drittens besteht Moral in dem positiven Geiste, mit anderen zu teilen. Sie bedeutet gesteigertes Verantwortungsgefühl für alle Mitmenschen. Solches Verantwortungsgefühl kann aus der deutlichen Wahrnehmung der engen Wechselbezogenheit allen Lebens stammen. Was der Einzelne macht, kann mittelbar oder unmittelbar andere Menschen in der Welt in Mitleidenschaft ziehen. Moralisches Bewußtsein erlegt ihm daher in all seinem Handeln eine

Anteilnahme am Schicksal der anderen auf. Es begeistert ihn für den Pfad der Hingabe für die Wohlfahrt aller.

Der Impuls, mit anderen zu teilen, kann auch geistig erweckt werden durch die Schau des Einen in allem Dasein – durch Erkenntnis der Anwesenheit Gottes in aller lebendigen Kreatur. Sobald sich dies ereignet, wird moralisches Verhalten zum spontanen Ausströmen des Geistes der kosmischen Liebe. Man opfert sein Leben im Dienst an den Armen und Unterdrückten, im Ernähren der Hungrigen, im Bekleiden der Nackten, im Heilen der Kranken, im Bieten von Zuflucht den Unbehausten. Man tut dies alles nicht, weil man es tun muß, sondern weil es die große Freude des eigenen Lebens ist. Man engagiert sich in solch humanitärem Dienst, ohne Belohnung oder Anerkennung zu erwarten. Der Lohn ist das eigene tugendhafte Verhalten. Hier erreicht moralisches Bewußtsein höchste Verwirklichung.

Die Selbst-Entwicklung des Menschen ist ohne das Erwachen des Geistes im Inneren nicht vollständig. Echte geistige Verwirklichung ist in der Tat die letzte Phase der persönlichen Entwicklung zur Ausgeglichenheit hin.

Nun, was bedeutet der Geist? Geist ist das Element reiner Transzendenz im Menschen. Es stellt jene Dimension des Daseins dar, die vom körperlichen, vom intellektuellen, vom emotionalen und vom moralischen Aspekt der Persönlichkeit radikal verschieden ist. Er überschreitet sie alle und durchdringt und erhält sie. Er kann als die nichtzeitliche Dimension des Daseins definiert werden. Das letzte Ziel aller höheren Religion und Mystik ist das Selbst-Gewahrsein des Menschen auf dieser letzten Stufe der Persönlichkeit.

Was passiert einem Menschen, wenn er die geistige Dimension des Daseins entdeckt? Er erkennt sein wesenhaftes Verwurzeltsein im Ewigen. Er wird in die unmittelbare Gegenwart des Höchsten gebracht. Er erkennt sich allein mit dem Alleinigen. Er begegnet dem unbeschreiblichen Einen in dem Medium, aus dem alle Kreatur lebt, sich bewegt und ihr Dasein hat. Seine Welterkenntnis wird einer tiefgreifenden Transformation unterzogen. Er beginnt zu begreifen, daß die Welt von Raum und Zeit kein aus sich selbst existierender Prozeß sondern ein mannigfaltiger Ausdruck des Ewigen ist. Er erfährt die wesentliche Einheit alles Daseienden in der Identität des Höchsten Wesens.

Geistige Erkenntnis kann statisch oder dynamisch sein. In der statischen geistigen Erkenntnis kommt es zur Ausrichtung auf den transzendentalen Aspekt des Ewigen. Infolgedessen erscheint die Welt als unwirklich oder unverbesserliches Übel. Daher wird Kontemplation höher gewürdigt als Handeln. Handeln ist bestenfalls ein Mittel zur Selbst-Reinigung in der Vorbereitung auf vollkommene Kontemplation. In der dynamischen geistigen Erkenntnis wird das Ewige als Fundament der schöpferischen Bewegung der Zeit erfahren. Die Welt tritt ins Blickfeld als mit eigentlicher Wirklichkeit und eigenständiger Bedeutung ausgestattet. Sie ist der raum-zeitliche und evolutionäre Mittler der Offenbarung des unerschöpflichen Reichtums des Ewigen. In Folge davon wird das Handeln begriffen, als sei es vom Wesen menschlicher Wirklichkeit: Es ist nicht weniger wirklich und nicht weniger wertvoll als Kontemplation. Wenn Handeln zur Kontemplation führt, führt Kontemplation zurück zum Handeln. Erkenntnis des Ewigen muß in geeignetes zeitliches Handeln hineinströmen – in selbstlose mutige Taten, in Taten der Liebe und des guten Willens für alle Mitmenschen.

In einer dynamischen Selbst-Erkenntnis nehmen die körperlichen, emotionalen, intellektuellen und moralischen Seiten der Persönlichkeit ihren rechten Platz ein. Jede wirkt werkzeughaft für den schöpferischen Selbst-Ausdruck des authentischen Selbst als eines aktiven Zentrums des Ewigen. Einseitige Entwicklung einer dieser Seiten ist einem ausgeglichenen Leben abträglich.

Wie erlangt man dynamische geistige Verwirklichung? Eine Antwort auf diese Frage habe ich in meinem Buch „Integral Yoga" zu geben versucht, ein kurzes Wort dazu wird deshalb hier genügen. Beim Streben nach solcher Verwirklichung muß man zweifach beflügelt sein: auf der einen Seite zu dynamischem Selbst-Opfer an das Ewige und auf der anderen Seite zu selbstlosem Handeln. Mit Hilfe verschiedener geistiger Praktiken wie Gebet, Meditation und Selbst-Erforschung hat man sich mehr und mehr als egoloses Werkzeug dem Ewigen anheimzugeben. Dann hat man diese Haltung der Selbst-Übergabe im täglichen Leben zu praktizieren. Aktive Rücksichtnahme auf die weltumspannende Wohlfahrt soll als letztes Kriterium für alle Entscheidungen gelten. Verschiedene Aktivitäten im Leben müssen im Geiste des Selbst-Opfers auf dem Altar des kollektiven Guten durchgeführt werden.

Gänzliches Selbst-Opfer an den Ewigen erzeugt echte Weisheit. Selbstloses Handeln ist das Wesen der Liebe. Weisheit vervollkommnet Liebe zur unbegründeten Selbst-Einbringung in den Dienst an allen. Liebe vervollkommnet Weisheit zum Bewußtsein des Einsseins alles Daseienden.

Anmerkungen

Der Verfasser nimmt in seinen Anmerkungen ausschließlich auf die ihm vorgelegenen Buch-Ausgaben auch bekannter indischer, deutscher und französischer Titel Bezug. Da die Hinweise kaum einem wissenschaftlichen Zweck dienen, wurden sie hier am Schluß des Buches zusammengefaßt und mit ihrer Verweisung auf die amerikanischen Ausgaben und deren bibliographische Angaben übernommen.

[1] Martin Heidegger, *Essays in Metaphysics*, übers. v. Kurt F. Leidecker, New York: Philosophical Library, 1960, S. 22-24.

[2] Karl A. Menninger, *The Human Mind*, New York: Alfred A. Knopf, 1959, 3. Aufl., S. 256.

[3] Ernest Jones, *The Life and Work of Sigmund Freud*, New York: Basic Books, 1957, Vol. I, S. 258.

[4] Ebenda, Vol. II, S. 224.

[5] Ebenda, Vol. III, S. 255.

[6] Paul Tillich, *The Courage to Be*, New Haven: Yale University Press, 1959, S. 35.

[7] Søren Kierkegaard, *Der Begriff der Angst* (amerik. Ausgabe: *The Concept of Dread*, übers. v. Walter Lowrie, Princeton: Princeton University Press, 1957, S. 55.

[8] Martin Heidegger, *Existence and Being* (amerik. Ausgabe: übers. v. Werner Brocks, Chicago: Henry Regnery Company, 1949, S. 16).

[9] Søren Kierkegaard, *Furcht und Zittern + Die Krankheit zum Tode* (amerik. Ausgabe: *Fear and Trembling + Sickness Unto Death*, Garden City: Doubleday and Company, 1954, S. 151).

[10] Ira Progoff, *Depth Psychology and Modern Man*, New York: The Julian Press, 1959, S. 261, 276.

[11] Sri Aurobindo, *The Life Divine*, Pondicherry: Sri Aurobindo Ashram, 1955, S. 123.

[12] Mundaka Upanishad, II, 2. 9.

[13] Patanjali, *Yoga Sutras*, Sutra II.

[14] Rabindranath Tagore (Herg.), *Bhanusingher Padavali*, Calcutta: Viswa Bharati, 1962, S. 33.

[15] A.J. Arberry, *Tales from the Masnavi*, London: George Allen & Unwin Ltd., 1961, S. 48.

[16] Ernest Jones, *The Life and Work of Sigmund Freud*, New York: Basic Books, 1957, Vol. III, S. 279.

[17] B.V. Narasimha Swami, *Self-Realisation*, Tiruvannamalai: Sri Ramanasramram, 1962, 6. Aufl., S. 20-23.

[18] „WHO", Maha Yoga, *Tiruvannamalai: Sri Ramanasramram*, 1947, S. 6.

[19] Ebenda, S. 8.

[20] Perry D. LeFevre, *The Prayers of Kierkegaard*, Chicago: The University of Chicago Press, 1956, S. 202.

[21] Bhagavadgita, VI, 16.

[22] Haridas Chaudhuri, *Integral Yoga*, London: George Allen & Unwin Ltd., 1965, S. 118-129.

[23] Jean-Paul Sartre, *Saint Genet* (amerik. Ausgabe: New York 1963; deutsch: *Saint Genet – Kommödiant und Märtyrer*, Reinbek 1982).

[24] Zu einer kurzen Erörterung dieses Problems siehe Haridas Chaudhuri, *Sri Aurobindo: The Prophet of Life Divine*, Pondicherry: Sri Aurobindo Ashram, 1960, 2. Aufl., S. 184-190.

[25] Alfred Korzybski, *Science and Sanity*, Clinton, Mass.: The International Non-Aristotelian Library Publishing Co., 1962, 4. Aufl., S. 88.

[26] Martin Heidegger, *Sein und Zeit* (amerik. Ausgabe: New York: Harper and Row, 1962, S. 78 ff.).

Andere Titel aus dem Verlag Hinder + Deelmann

Maik Hosang

Der integrale Mensch

Homo sapiens integralis

224 Seiten, kart. (ISBN 3-87348-168-5)

Mit dem als Titel und Paradigma gewählten Begriff des „integralen Menschen" knüpft Hosang neben Bahro an visionäre Vordenker wie Fichte, Marx, Aurobindo, Gebser u.a. an. Die zentrale These geht davon aus, daß es für ein würde-, sinn- und freudvolles Überleben der Spezies Mensch vor allem darauf ankommt, die Denken und Handeln lähmenden Spaltungen in und um sich bewußt zu integrieren. Dies betrifft nicht nur die Spaltung zwischen Natur- und Geisteswissenschaften, sondern auch die zwischen Erkenntnis, Liebe und Arbeit, zwischen Wirtschaft und Ökologie, Gesellschaft und Gemeinschaft, Individuum und Kosmos, Materie und Geist.

Nicht die natürliche Um- sondern die zu eng, egozentrisch und abgespalten gedachte Innenwelt des Menschen droht, die Erde unbewohnbar zu machen. Ein integrales, im mitfühlenden und mitgestaltenden Menschen gipfelndes Identitätsbewußtsein der nur äußerlich getrennt erscheinenden Dinge könnte ein neues Sein von Mensch und Erde ermöglichen.

Satprem

Sri Aurobindo

oder Das Abenteuer des Bewußtseins

Deutsche Übersetzung von Cay Hehner

345 Seiten, kartoniert (ISBN 3-87348-147-2)

In seiner inzwischen klassischen Aurobindo-Biographie nimmt Satprem den Leser mit in eine methodische Erforschung des Integralen Yoga. Mit ihm entdeckt man die Tugenden der mentalen Stille, die unsichtbaren Bewußtseinsstufen oberhalb des Intellekts und die vielen Wesensteile, die uns ausmachen. All unsere unbekannten Möglichkeiten werden vor unseren Augen lebendig, und es wird uns verständlich, welche Auswirkungen diese ungenutzten Fähigkeiten auf unser alltägliches Leben haben und wie wir es von innen heraus verändern können. Den großen Zuspruch verdankt dieser „Einstieg in die Philosophie Sri Aurobindos" nicht zuletzt seiner literarischen Qualität.

Sri Aurobindo
Das Ideal einer geeinten Menschheit
362 Seiten, Paperback (ISBN 3-87348-113-8)

In diesem Buch äußert sich nicht nur der Künder einer vom Gang der Evolution geforderten neuen Stufe des Menschseins, sondern auch ein profunder Kenner der Geschichte der westlichen wie der östlichen Hemisphäre. Er analysiert mit wissenschaftlicher Akribie alle Versuche, die bisher von Welt-Imperien zur Einigung der Menschheit unternommen wurden, und zeigt die Gründe für ihren Fehlschlag auf. Dabei wird die Möglichkeit des Versuchs zu einer sozialistischen Weltherrschaft einbezogen. »Freiheit, Gleichheit, Brüderlichkeit« – nicht nur deren eine, sondern alle drei Forderungen seien zu erfüllen. Die bisher ungelöste Spannung zwischen dem Recht des Individuums auf volle Entfaltung seiner Personalität und dem Anspruch des diktatorischen Staates könne nur durch einen universalen Menschentypus, nach Transmutation des mentalen zum supramentalen Menschen gelöst werden.

I.H. Azad Faruqi
Sufismus und Bhakti
Maulana Rumi und Sri Ramakrishna
152 Seiten, Paperback (ISBN 3-87348-131-6)

Faruqis Studie porträtiert Rumi, den großen Dichter und Heiligen persisch-türkischer Provenienz, ordnet ihn in die Entwicklungsgeschichte der islamischen Mystik ein und setzt ihn in Vergleich zu Leben und Werk des indischen Mystikers und Heiligen Sri Ramakrishna. Sie liefert den Beweis, daß Sufismus und Bhakti, die islamische Mystik und die Religion der Göttlichen Liebe in Indien, wesentliche Züge gemeinsam haben. Der Leser gewinnt ein neues Verhältnis zur islamischen Religiosität und nimmt Einblick in das Werden der indischen Liebesreligion (Bhakti-Kult).

Vivekananda
Meditation
64 Seiten, kart. (ISBN 3-87348-161-8)

„Durch Swami Vivekanandas Worte kann man nicht nur mit den allgemeinen Prinzipien der Meditation vertraut werden, sondern auch Inspiration und Stärke erlangen, um die Gottheit zu suchen, die im Menschen wohnt."

Vinoba Bhave

Gespräche über die Gita

Mit einem Vorwort von Jayaprakash Narayan
Aus dem Hindi übertragen von Hema Anantharaman
271 Seiten, Leinen (ISBN 3-87348-088-3)

An 18 aufeinanderfolgenden Sonntagen, vom 21. Februar bis zum 19. Juni 1932, sprach Acharya Vinoba Bhave zu seinen Mitgefangenen im Gefängnis von Dhulia, West-Kandesh, Bombay, über die Bhagavad Gita. Er hielt seine Ansprachen in Marathi, seiner Muttersprache, in der sie auch niedergeschrieben und erstmals veröffentlicht wurden. Später wurden sie, nach Überprüfung durch Vinoba, in die Sprachen Hindi, Bengali, Gujarati, Tamil, Telegu, Malayalam, Oriya, Sindhi, Urdu, Kannada, Konkani und Englisch übersetzt. Weit mehr als eine Million Exemplare davon wurden bisher verkauft. Die vorliegende deutsche Übersetzung basiert (dem Wunsche des Verfassers gemäß) auf der Hindi- und der englischen Ausgabe der „Talks on the Gita".

Vinoba Bhave

Struktur und Technik des inneren Friedens

Aus dem Englischen übertragen von Irene Köpfer,
Ellen Tessloff und Rolf Hinder
Mit einem Vorwort des deutschen Herausgebers
174 Seiten, kart. (ISBN 3-87348-097-2)

Vinoba Bhave hat in diesem Buch den inneren Frieden des Einzelnen, jene wesentliche Voraussetzung des äußeren Friedens, gemäß seiner Struktur dargelegt und die Technik seiner Gewinnung entwickelt. Formal gesehen stellt das Buch ein Stück Kommentar zur Bhagavad Gita dar. Inhaltlich bietet es eine Anleitung zum Erlangen der Grundlagen von Selbstdisziplin, Gleichmut und Gelassenheit als höchster Stufen yogischer Intelligenz.

M.K. Gandhi

Eine Autobiographie

oder

Die Geschichte meiner Experimente mit der Wahrheit

480 Seiten, Paperback (ISBN 3-87348-162-6)

Mahatma Gandhis Autobiographie wurde von Gandhi in den zwanziger Jahren in Form wöchentlicher Beiträge zu seiner Gujarati-Zeitschrift „Navajivan" niedergeschrieben, dann von seinem Sekretär Mahadev Desai ins Englische übersetzt und nach Durchsicht und Billigung Gandhis in Buchform veröffentlicht. Sie ist ein einzigartiges Dokument seiner Wahrheitssuche und der Nachwelt gegenüber ein lebendiger Protest gegen die Verflüchtigung des Mahatma-Bildes zur Legende, denn sie schildert mit einer Offenheit, die gleich weit entfernt ist von eitler Selbststilisierung wie von koketter Selbstentlarvung, die Entwicklung dieser ebenso bedeutenden wie eigenartigen Persönlichkeit, bei der der Mensch deshalb nicht vom Politiker zu trennen ist, weil beide gleichermaßen im religiösen Grunde wurzeln.

Michael Blume

Satyagraha

Wahrheit und Gewaltfreiheit, Yoga und Widerstand bei M. K. Gandhi

395 Seiten, kart. (ISBN 3-87348-124-3)

„Michael Blume stellt erstmals (nicht nur im deutschsprachigen Bereich!) mit der gehörigen Gründ- und Ausführlichkeit die … Grundlagen der politischen Philosophie Gandhis dar, um darauf aufbauend dann Satyagraha, das Festhalten (graha) an der Wahrheit (satya) einmal als Lebensweise und dann als politische Strategie des gewaltfreien Widerstandes zu analysieren.

Nicht erst Attenboroughs Film, in dem Gandhi ja als Freiheitskämpfer und ohne jeden Verweis auf diese tieferliegenden religiösen und sozio-kulturellen Wurzeln seines politischen Engagements dargestellt wurde, sondern vor allem auch die Versuche, gandhianische Formen der Gewaltlosigkeit verkürzt und als wohlfeile Taktik im Demonstrationskampf einzusetzen, geben der Arbeit von Michael Blume besondere Aktualität."

– *Die Zeit,* Hamburg

Helmtrud Wieland

Das Spektrum des Yoga

Seine weltanschaulichen Grundlagen und Entwicklungen

531 Seiten mit zahlreichen Abbildungen, kart. (ISBN 3-87348-150-2)

Einen Zeitraum von rund 3000 Jahren indischer Geistesgeschichte zu erfassen, ist ein gewaltiges Unterfangen, und kaum ein Fach-Indologe hat sich bisher daran gewagt; die meisten haben nur einen Ausschnitt der Entwicklung bearbeitet. Von daher schließt das vorliegende Buch nicht nur eine Lücke, es besticht auch durch das Ergebnis, den Yoga in all seinen Aspekten aufzuschlüsseln und an den Wurzeln seiner Entwicklungen weltanschaulich verständlich werden zu lassen. So entstand ein einmaliges Kompendium des yogischen Spektrums, von allen Verzweigungen des Buddhismus über Vedanta- und Samkhya-Philosophie, Tantra und Chakra-Lehre bis zur Konfrontation von östlicher und westlicher Denkungsart, der Aufnahme östlicher Ideen im Abendland und der Gestaltwerdung eines Integralen Yoga, mit den erforderlichen Sanskriterklärungen und Literaturverweisen. Ein Buch, das einerseits als Nachschlagwerk von großem Nutzen sein kann und andererseits trotz knapper, sachlicher Diktion vor dem Leser die ganze Welt des Yoga in ihrer faszinierenden Mannigfaltigkeit, geistigen Fülle und Aktualität neu erstehen läßt.